Printed in the United States
By Bookmasters

بسم اللـه الرحمن الرحيم

مقومات عقد الزواج
في الفقه والقانون

مقومات عقد الزواج في الفقه والقانون

الدكتور جميل فخري محمد جانم

الطبعة الأولى
2009م

المملكة الأردنية الهاشمية
رقم الإيداع لدى دائرة المكتبة الوطنية
(2008 / 1 / 156)

346.016
جانم، جميل فخري
مقومات عقد الزواج(الخطبة) في الفقه والقانون / جميل فخري جانم. _ عمان : دار الحامد ، 2008 .
( ) ص .
ر. أ. : (156 / 1 / 2008) .
الواصفات : /الزواج// الفقه الإسلامي // الخطبة// فسخ الزواج//العلاقات الأسرية/

❖ أعدت دائرة المكتبة الوطنية بيانات الفهرسة والتصنيف الأولية .

* (ردمك) ISBN 978-9957-32-378-3

دار الحامد للنشر والتوزيع

شفا بدران – شارع العرب مقابل جامعة العلوم التطبيقية
هاتف: 5231081 -00962 فاكس : 5235594 -00962
ص.ب . (366) الرمز البريدي : (11941) عمان – الأردن
Site : www.daralhamed.net
E-mail : info@daralhamed.net
E-mail : daralhamed@yahoo.com
E-mail : dar_alhamed@hotmail.com

لا يجوز نشر أو اقتباس أي جزء من هذا الكتاب، أو اختزان مادته بطريقة الاسترجاع، أو نقله على أي وجه، أو بأي طريقة أكانت إليكترونية، أم ميكانيكية، أم بالتصوير، أم التسجيل، أم بخلاف ذلك، دون الحصول على إذن المؤلف الخطي، وبخلاف ذلك يتعرض الفاعل للملاحقة القانونية.

بسم الله الرحمن الرحيم

قال الله تعالى: ﴿ وأخذن منكم ميثاقاً غليظاً ﴾

سورة النساء: آية 21

قال الرسول ـ صلى الله عليه سلم ـ: ﴿ لا نكاح إلا بولي وشاهدي عدل ﴾

السنن الكبرى: البيهقي

قال الإمام الغزالي: " المرأة الصالحة المصلحة للمنزل عون على الدين "

إحياء علوم الدين: الغزالي

المحتويات

مقدمة

الحمد لله رب العالمين الذي ميز الإنسان عن سائر المخلوقات، وخصه بنعمة الزواج التي ترقى به عن الدائرة الحيوانية إلى العلاقة الروحية التي تحقق مقاصد الزواج، وتؤدي إلى حفظ النوع الإنساني فقال الله عز وجل: ﴿ ومن آياته أن خلق لكم من أنفسكم أزواجاً لتسكنوا إليها وجعل بينكم مودة ورحمة إن في ذلك لآيات لقوم يتفكرون﴾[1]، والصلاة والسلام على أشرف الخلق والمرسلين سيدنا محمد القائل: ﴿ الثيب أحق بنفسها من وليها، والبكر تستأذن، وإذنها سكوتها﴾[2] وعلى آله وصحبه أجمعين، ومن اهتدى بهداه وسار على نهجه إلى يوم الدين.

وبعد:

إن الزواج يؤدي إلى تكوين الأسرة التي هي اللبنة الأولى في بناء المجتمع، فصلاح المجتمع من صلاح الأسرة وفساده من فسادها، لذا فقد أعطت الشريعة الإسلامية الأسرة جل اهتمامها، وأولتها عناية ورعاية خاصة، وقد حرصت الشريعة الإسلامية الغراء على دوام الحياة الزوجية واستقرارها.

ومن أجل الحفاظ على الحياة الزوجية ودوامها، فقد جعلت الشريعة الإسلامية رابطة الزواج الشرعي القائم على كتاب الله وسنة رسوله **صلى الله عليه وسلم** هي الوسيلة الوحيدة لتكوين الأسرة المسلمة، ولقد بلغ تعظيم الإسلام لهذه الرابطة أن اعتبرها معادلة في الأهمية لشطر الإسلام فقال الرسول **صلى الله عليه وسلم**: ﴿ من رزقه الله امرأة صالحة فقد أعانه على شطر دينه فليتق الله في الشطر الباقي ﴾[3].

ونظراً لقداسة عقد الزواج وعظم خطره، فقد سماه الله عز وجل بالميثاق الغليظ -أي العهد المؤكد باليمين - فقال سبحانه وتعالى:﴿ وأخذن منكم ميثاقاً غليظاً ﴾[4]، واهتمت الشريعة الإسلامية به، فأحاطته بسياج حصين، وسور متين، وحرصت على توثيقه فحددت الأركان

---

[1] سورة الروم : آية 21 .

[2] صحيح مسلم : مسلم 220/5 .

[3] الترغيب : المنذري 41/3.

[4] سورة النساء : آية 21.

والشروط التي لا بد منها في لصحة عقد الزواج وانعقاده ولزومه ونفاذه، ومن أجل المحافظة على ديمومته وبقائه.

وبعد أن فرغت من الكتاب الأول في الأحوال الشخصية، والذي يبحث في مقدمات عقد الزوج، كان لا بد استكمالاً للموضوع أن أبحث في مقومات عقد الزواج وآثاره، وقد خصصت هذا الكتاب للحديث عن مقومات عقد الزواج، وقسمته إلى أربعة فصول هي: الفصل الأول بعنوان: تعريف الزواج ومشروعيته، وقد اشتمل على تعريف الزواج ومشروعيته وحكمه، وكان الفصل الثاني بعنوان: أركان وشروط عقد النكاح التي لا يقوم إلا بها، وقد احتوى على أركان عقد الزواج وهي صيغة العقد والعاقدان ومحل العقد، وشرائط النكاح التي لا يقوم إلا بها وهي قسمان هما شرائط الصحة وشرائط الانعقاد، أما الفصل الثالث فكان بعنوان: الشرائط الشرعية المتممة لعقد الزواج، وقد تتضمن شرائط اللزوم وشرائط النفاذ، وأما الفصل الرابع فكان بعنوان: الشروط القانونية لعقد الزواج، وقد بينت فيه الشروط التي تسبق عقد الزواج وشروط تسجيل عقد الزواج.

أما آثار عقد الزواج، فسأتناولها في كتاب آخر إن شاء الله تعالى.

وإني أرجو من الله سبحانه وتعالى التوفيق والسداد فيما قمت به، فإن أصبت فلله الحمد والشكر، وإن أخطأت، فأرجو من الله ثواب صدق النية وحسن التوجه في هذا العمل إلى الله سبحانه وتعالى، إنه سميع قريب مجيب الدعاء.

والحمد لله رب العالمين

الفصل الأول

تعريف الزواج ومشروعيته

المبحث الأول: تعريف الزواج

المبحث الثاني: مشروعية الزواج

الفصل الأول

تعريف الزواج ومشروعيته

المبحث الأول

تعريف الزواج

المطلب الأول

تعريف الزواج لغة

الزواج في اللغة الاقتران والاختلاط[1]: يقال: زوج الشيء بالشيء وزوجه إليه: قرنه، وكل شيئين اقترن أحدهما بالآخر فهما زوجان قال الله تعالى: ﴿ وزوجناهم بحور عين ﴾[2] أي وجعلنا لهم قرينات صالحات، وزوجات حسان من الحور العين، وقال تعالى: ﴿ احشروا الذين ظلموا وأزواجهم وما كانوا يعبدون﴾[3]، أي قرناءهم الذين كانوا يحضونهم على الظلم ويغرونهم به، وقال تعالى: ﴿ وإذا النفوس زوجت ﴾[4]، أي قرنت، ويقال: زوج فلان إبله، إذا قرنها ببعضها البعض وتقول تزوجه النوم: أي خالطه، ثم شاع استعمال لفظ الزواج في اقتران الزوج بزوجته على سبيل الدوام والاستقرار[5].

والزوج من ألفاظ الأضداد إذ يطلق على الذكر والأنثى، فيقال الرجل زوج المرأة، والمرأة زوج الرجل، قال الله تعالى: ﴿اسكن أنت وزوجك الجنة﴾[6].

---

[1] المعجم الوسيط: إبراهيم مصطفى وآخرون 407/1.
[2] سورة الدخان: آية 54.
[3] سورة الصافات: آية 22.
[4] سورة التكوير: آية 7.
[5] المعجم الوسيط: 407/1.
[6] سورة البقرة: آية 35.

ويطلق لفظ الزواج على النكاح قال الله تعالى:﴿ فلما قضى زيدٌ منها وطراً زوجناكها﴾[1] أي أنكحناك إياها، والعرب تقول: تزوج في بني فلان: أي نكح فيهم، وتقول تزوج امرأة، وزوجه إياها، وزوجه بها: أنكحه إياها.

ومن معاني النكاح في اللغة الضم والاختلاط والتداخل:يقال تناكحت الأشجار إذا تمايلت وانضم بعضها إلى بعض، ونكح المطر الأرض إذا خالط ثراها، ونكح النعاس عينيه إذا غلبه النعاس[2].

كما يطلق النكاح في اللغة على العقد، ويأتي بمعنى الوطء: قال الأزهري: "وأصل النكاح في كلام العرب: الوطء، وقيل للتزويج: نكاح؛ لأنه سبب الوطء. وقال أبو القاسم الزجاجي: النكاح في كلام العرب الوطء والعقد جميعاً، وقال أبو علي الفارسي: فرقت العرب بينهما فرق لطيف، فإذا قالوا نكح فلان فلانة أرادوا عقد عليها، وإذا قالوا نكح امرأته أو زوجته لم يريدوا إلا الوطء؛ لأنه بذكر امرأته أو زوجته يستغني عن العقد. وقال ابن فارس والجوهري وغيرهما من أهل اللغة: النكاح الوطء، وقد يكون العقد، ويقال نكحتها ونكحت هي: أي تزوجت، وأنكحته: زوجته، وهي ناكح: أي ذات زوج، واستنكحها: تزوجها "[3].

وقد اختلف الفقهاء في حقيقة النكاح على ثلاثة أوجه هي:

الأول: النكاح حقيقة في الوطء مجاز في العقد:

وهو رأي الحنفية وقول عند الشافعية[4]، فمتى ورد النكاح في الشرع يراد به الوطء قال الرسول صلى الله عليه وسلم :﴿ ولدت من نكاح﴾[5]، أي من وطء حلال، وقال عليه الصلاة والسلام فيما يحل للرجل من امرأته وهي حائض: ﴿ اصنعوا كل شيء إلا النكاح﴾[6].

---

[1] سورة الأحزاب: 37.
[2] المعجم الوسيط 960/2
[3] شرح النووي على مسلم: النووي 187/5، 188.
[4] الاختيار: الموصلي 81/3، البحر الرائق: ابن نجيم 82/3، مغني المحتاج: الشربيني 123/3، شرح النووي: النووي 188/5، نيل الأوطار: الشوكاني 227/6.
[5] الاختيار: 81/3.
[6] صحيح مسلم: مسلم 214/2.

الثاني: النكاح حقيقة في العقد مجاز في الوطء:

وهو رأي الحنابلة والراجح عند الشافعية والمالكية[1] لكثرة وروده بمعنى العقد في الكتاب والسنة: ﴿ فإن طلقها فلا تحل له من بعد حتى تنكح زوجاً غيره ﴾[2]، وقد وضح الرسول صلى الله عليه وسلم أن مراد الله عز وجل بلفظ النكاح هنا الوطء لا العقد في حديث العسيلة بقوله عليه الصلاة والسلام: ﴿ لا حتى تذوقي عُسَيْلَتَه ويذوق عُسَيْلَتَك ﴾[3]، ولصحة نفيه عن الوطء يقال في الزنا سفاح لا نكاح وصحة النفي دليل على أن النكاح مجاز في الوطء حقيقة في العقد[4].

الثالث: النكاح مشترك لفظي بين العقد والوطء: وهو قول عند الشافعية[5].

وتظهر فائدة الخلاف بين الفقهاء: فيمن زنا بامرأة فإنها تحرم على والده وولده عند القائلين بأنه حقيقة في الوطء مجاز في العقد كالحنفية، ولا تحرم عليهما عند القائلين بأنه حقيقة في العقد مجاز في الوطء كالشافعية والحنابلة.

كما تظهر فيمن علق طلاق زوجته على نكاح أخرى، فإنها تطلق بمجرد العقد على الثانية عند الشافعية إلا إذا نوى بلفظ النكاح الوطء، ولا تمام عند الحنفية إلا بالوطء[6].

---

[1] مغني المحتاج: الشربيني 123/3،شرح النووي: النووي 188/5،المغني: ابن قدامه 333/7،الفقه على المذاهب الأربعة: الجزيري 1/4،نيل الأوطار: الشوكاني 227/6.

[2] سورة البقرة: آية 230

[3] نص الحديث كما ورد في صحيح مسلم عن عائشة رضي الله عنها قالت جاءت امرأة رفاعة إلى رسول الله صلى الله عليه وسلم فقالت: كنت عند رفاعة، فطلقني، فبت طلاقي، فتزوجت عبد الرحمن بن الزبير، وإن ما معه مثل هدبة الثوب، فتبسم رسول الله صلى الله عليه وسلم وقال: ﴿ أتريدين أن ترجعي إلى رفاعة؟ لا: حتى تذوقي عُسَيْلَتَه ويذوق عُسَيْلَتَك ﴾ صحيح مسلم: مسلم 255/5.

[4] مغني المحتاج: الشربيني 123/3.

[5] مغني المحتاج: الشربيني 123/3، شرح النووي: النووي 188/5.

[6] البحر الرائق: ابن نجيم 82/3، مغني المحتاج: الشربيني 123/3.

المطلب الثاني

تعريف الزواج اصطلاحاً

اختلف الفقهاء في تعريف النكاح في الاصطلاح على النحو التالي:

أولاً: تعريف الحنفية:

عقد يرد على ملك المتعة قصداً، ومعنى وروده، أي أنه عقد يفيد حكمه بحسب وضع الشارع لا وضع المتعاقدين وقولهم قصداً خرج به ما يفيد ملك المتعة ضمناً كما لو اشترى جارية ولو للتسري بأن عقد نكاحها يفيد حل وطئها ضمناً وهو ليس عقد نكاح[1].

ثانياً: تعريف الشافعية:

عقد يتضمن إباحة وطء بلفظ إنكاح أو تزويج أو ترجمة[2].

ثالثاً: تعريف المالكية:

عقد لحل تمتع بأنثى غير محرم أو مجوسية وأمة كتابية بصيغة لقادر محتاج أو راج نسلاً[3].

رابعاً: تعريف الحنابلة:

عقد التزويج، فعند إطلاق لفظه ينصرف إليه ما لم يصرفه عنه دليل[4].

اعتراضات على هذه التعريفات:

1. ركزت هذه التعريفات على موضوع الزواج وهو الاستمتاع والمعاشرة، وثمرته وهي حل الاستمتاع، مع أن قصد الشارع من الزواج التناسل والتكاثر لحفظ النوع الإنساني، وهذا ما افتقدته هذه التعريفات ما عدا المالكية.

2. غفلت بعض التعريفات عن ذكر قيد بأن تكون المرأة ممن تحل له شرعاً، فإن عقد الرجل على امرأة تحرم عليه كأمه وأخته، انطبق عليه التعريف القائل: بأنه عقد يرد

---

[1] البحر الرائق: ابن نجيم 82/3.

[2] مغني المحتاج: الشربيني 123/3.

[3] الشرح الصغير: الدردير 332/2ـ334.

[4] المغني: ابن قدامه 333/7، الشرح الكبير: المقدسي 333/7.

على ملك المتعة قصداً، مع أنه عقد باطل لا يعترف به الشارع ولا يرتب عليه آثار الزواج الشرعي.

3. خلت هذه التعريفات من تقييد عقد الزواج بأن يكون على نية التأبيد لا التأقيت حتى يستثنى منه زواج المتعة والزواج المؤقت المحرمان في الشريعة الإسلامية لتعارضهما مع شرط الدوام والاستمرارية في الزواج.

المطلب الثالث

تعريف الزواج قانوناً

اختلفت قوانين الأحوال الشخصية العربية في تعريف الزواج قانوناً على النحو التالي:

أولاً: عرفه قانون الأحوال الشخصية الأردني في المادة (2)[1]، وقانون الأحوال الشخصية السوري في المادة (1)[2]، وقانون الأحوال الشخصية العراقي في المادة (3)[3] بأنه "عقد بين رجل وامرأة تحل لـه شرعاً لتكوين أسرة وإيجاد نسـل بينهما ".

ثانياً: عرفه قانون الأحوال الشخصية السوداني في المادة(11)[4] بأنه " عقد بين رجل وامرأة علـى نيـة التأبيـد يحـل استمتاع كل منهما بالآخر على الوجه المشروع ".

ثالثاً: عرفه مشروع القانون العربي الموحد في المادة (5)[5]، ومشروع القانون الموحد لدول مجلس التعاون الخليجي في المادة (4)[6] بأنه "عقد شرعي بين رجل وامرأة غايته الإحصان وإنشاء أسرة مستقرة برعاية الزوج على أسس تكفل لهـما تحمل أعبائها بمودة ورحمة".

رابعاً: عرفته مدونة الأحوال الشخصية المغربية في الفصل الأول[7] بأنه " ميثاق تـرابط وتماسـك شرعـي بـين رجـل وامرأة على وجه البقاء غايته الإحصان والعفاف مع تكثير سواد

---

[1] مجموعة التشريعات الخاصة بالمحاكم الشرعية: راتب الظاهر ص 101.

[2] قانون الأحوال الشخصية السوري المعدل: وزارة العدل ص 22.

[3] الأحوال الشخصية: الكبيسي 398/2.

[4] قانون الأحوال الشخصية السوداني للمسلمين لسنة 1991م ص6.

[5] المجلة العربية للفقه والقضاء: العدد الثاني ص 19.

[6] جريدة الخليج: العدد 6379 ص11.

[7] الوثائق العدلية وفق مدونة الأحوال الشخصية: العراقي ص 123.

الأمة بإنشاء أسرة تحت رعاية الزوج على أسس مستقرة تكفل للمتعاقدين تحمل أعبائها في طمأنينة وسلام وود واحترام ".

يؤخذ على هذه التعريفات بأنها ليست جامعة مانعة، وأقربها إلى المعنى الشرعي للزواج التعريف الـذي جـاءت به مدونة الأحوال الشخصية المغربية إلا أنه يؤخذ عليه بأنه لم يقيد عقد الزواج بمن تحل له شرعاً.

المطلب الرابع

التعريف المختار

بناء على الملاحظات التي أخذت على التعريفات السابقة نستطيع أن نعرف الزواج بأنه "ميثاق تـرابط وتماسـك شرعي بين رجل وامرأة يحل لكل منهما الاستمتاع بالآخر على نية التأبيد بقصد الإحصان والعفاف وتكثير سواد الأمـة بإنشاء أسرة تحت رعاية الزوج على أسس مستقرة تكفل لهما تحمل أعبائها في سكينة وطمأنينة ومودة واحترام ".

تحليل التعريف:

1- " ميثاق ترابط وتماسك: " أخذت هذه العبارة من قول اللـه تعـالى: ﴿وإن أردتـم اسـتبدال زوج مكـان زوج وآتيتم إحداهن قنطاراً فلا تأخذوا منه شيئاً أتأخذونه بهتاناً وإثماً مبيناً، وكيـف تأخذونـه وقـد أفضى۔ بعضكم إلى بعض وأخذن منكم ميثاقاً غليظاً﴾[1]

2- " بين رجل وامرأة ": قيد خرج به كل علاقة جنسية لا تكون قائمة على أساس زواج شرعي بـين رجـل وامـرأة، ومن ذلك الزنا واللواط والسحاق التي حرمتها الشريعة الإسلامية، وشرعت العقوبات الزاجرة بحق مرتكبيها صيانة للأسرة والمجتمع.

3- " يحل لكل منهما الاستمتاع بالآخر ": قيد خرج به النساء المحرمات تحريماً مؤبداً والمحرمات تحريمـاً مؤقتـاً، والذي يعد شرطاً من شروط صحة عقد الزواج. وقد ذكر الاستمتاع للإشارة إلى أن مـن مقاصـد الـزواج استمتاع كـل مـن الزوجين بالآخر وقضاء الوطر، مع التنبيه على أن عقد الزواج لم يكن لمجرد الاستمتاع واللذة فقط، وإنما لغايات أسـمى كالإحصان وبقاء النوع الإنساني وقوة الأمة.

[1] سورة النساء: آية 21، 22.

4- " نية التأبيد ": قيد خرج به كل عقد يتم بـين رجـل وامرأة لمـدة معينة مثل زواج المتعة والـزواج المؤقت، المحرمان في الشريعة الإسلامية لتحديدهما مدة معينة للزواج، وانعدام نية الدوام والاستمرارية فيه.

5- " بقصد الإحصان والعفاف مع تكثير سواد الأمة ": قيـد يوضح أن مـن أهـم مقاصـد عقـد الـزواج أن يكـون الهدف منه الإحصان والعفة وإيجاد النسل لتكثير الأمة وإظهار قوتها ومنعتها بعيداً عـن الانحـراف والفسـاد والانحـلال الخلقي، فالغاية من الزواج ليست فقط إشباع الغريزة الجنسية والسعي وراء الاستمتاع وقضاء الشهوة الجنسية، وإنمـا الإحصان والتناسل لبقاء الأمة الإسلامية وتكثيرها والمحافظة على النوع الإنساني، حيث أن الأسرة هـي الركيزة الأولى لبناء المجتمع الإسلامي وإظهار قوته وهيبته وعزته.

6- " بإنشاء أسرة تحت رعاية الزوج " يفيد هذا القيد بأن الزوج هو القائد للأسرة وصاحب القوامة فيها، وأن لـه حقوقاً وعليه واجبات طبقاً لقوله اللـه تعـالى:﴿ الرجال قوامون على النساء بما فضل اللـه بعضهم على بعض وبمـا أنفقوا من أموالهم﴾[1].

7- " على أسس مستقرة تكفل لهما تحمل أعبائها ": قيد يفيد بأن مـن مقاصـد الـزواج الشعـور بالمسؤولية حيـث يشترك الزوج والزوجة بتحمل مسؤولية تربية الأولاد ورعايتهم والعناية بهم وتنشئتهم تنشئة إسلامية فيسعى الـزوج للعمل من أجل تأمين النفقة للأسرة ويقوم بواجب الإصلاح والإرشاد والتربية والتوجيه للأسرة والصبر على ذلك، وتقوم الزوجة بتدبير شؤون البيت ورعاية الأبناء والمحافظة على ماله وعرضها.

8- " في سكينة وطمأنينة ومودة ": قيد يشير إلى أن من مقاصـد الـزواج تحقيق السكينة والمـودة والرحمـة بـين الزوجين، والتي ينتقل أثرها إلى أسرتيهما ثم المجتمع امتثالاً لقول اللـه تعـالى:﴿ ومن آياته أن خلق لكم مـن أنفسـكم أزواجاً لتسكنوا إليها وجعل بينكم مودة ورحمة﴾[2].

---

[1] سورة النساء: آية 34.
[2] سورة الروم: آية 20.

المبحث الثاني

مشروعية وحكمة الزواج

المطلب الأول

مشروعية الزواج

الزواج مشروع بالكتاب والسنة والإجماع والمعقول:

أولاً: القرآن الكريم:

1- قال الله تعالى: ﴿ فانكحوا ما طاب لكم من النساء مثنى وثلاث ورباع فإن خفتم ألا تعدلوا فواحدة أو ما ملكت أيمانكم ﴾[1].

وجه الدلالة: في هذه الآية توجيه من الله عز وجل إلى الناس بالزواج الطيب وفق طاقة الإنسان المادية والمعنوية.

2- قال الله تعالى: ﴿ وأنكحوا الأيامى[2] منكم والصالحين من عبادكم وإمائكم ﴾[3].

وجه الدلالة: الآية واضحة الدلالة في الحث على الزواج، لما فيه من استقرار وطمأنينة.

3- قال الله تعالى: ﴿ و الله جعل لكم من أنفسكم أزواجاً وجعل لكم من أزواجكم بنين وحفدة ورزقكم من الطيبات ﴾[4].

وجه الدلالة: امتن الله عز وجل على عباده بأن جعل لهم من أنفسهم أزواجاً، ورزقهم من أزواجهم بنين وحفدة، مما يدل على مشروعية الزواج.

ثانياً: السنة النبوية:

1- عن عبد الله بن مسعود **رضي الله عنه** قال: قال لنا رسول الله **صلى الله عليه وسلم** :

﴿ يا معشر الشباب من استطاع منكم الباءة فليتزوج ومن لم يستطع فعليه بالصوم فإنه له وجاء ﴾[5].

---

[1] سورة النساء: آية 3.

[2] الأيم: العزب رجلاً كان أو امرأة، تزوج من قبل أو لم يتزوج.

[3] سورة النور: آية 32.

[4] سورة النحل: آية 72.

[5] صحيح البخاري: البخاري 4/7، صحيح مسلم: مسلم 186/5.

وجه الدلالة: يحث الحديث الشريف الشباب القادر على مؤنة النكاح على الزواج، وخص الشباب بالخطاب؛ لأن الغالب وجود الداعي فيهم إلى النكاح بخلاف الشيوخ، وإن كان المعنى معتبراً إذا وجد السبب في الشيوخ والكهول أيضاً.

2- عن أنس بن مالك رضي الله عنه قال جاء ثلاثة رهط إلى بيوت أزواج النبي صلى الله عليه وسلم يسألون عن عبادته فلما أخبروا كأنهم تقالوها، فقالوا: وأين نحن من النبي صلى الله عليه وسلم قد غفر له ما تقدم من ذنبه وما تأخر. قال: أحدهم، أما أنا فإني أصلي الليل أبداً، وقال آخر أنا أصوم الدهر ولا أفطر، وقال آخر: أنا أعتزل النساء فلا أتزوج أبداً، فجاء النبي صلى الله عليه وسلم فقال: ﴿ أنتم الذين قلتم كذا وكذا، أما و الله إني لأخشاكم لله وأتقاكم منه ولكني أصوم وأفطر، وأصلي وأرقد، وأتزوج النساء، فمن رغب عن سنتي فليس مني ﴾[1].

وجه الدلالة: يدل الحديث الشريف على فضل النكاح والترغيب فيه، حيث عده الرسول عليه الصلاة والسلام سنة من سنن الإسلام، والإعراض عنه مخالفة لسنة رسول الله صلى الله عليه وسلم .

3- عن سعد بن أبي وقاص قال:﴿ رد رسول صلى الله عليه وسلم على عثمان بن مظعون التبتل[2]، ولو أذن له لاختصينا [3]﴾[4]

وجه الدلالة: الحديث صريح الدلالة في النهي عن التبتل والانقطاع للعبادة، وأنه مناف لفطرة الإنسان ومغاير لدينه.

4- عن أبي ذر الغفاري رضي الله عنه قال:﴿ دخل على رسول الله صلى الله عليه وسلم رجل يقال له عكاف بن بشر التميمي، فقال له النبي ـ عليه الصلاة والسلام ـ: هل لك زوجة؟ قال: لا، قال: وأنت موسر بخير، قال: وأنا موسر بخير، قال: أنت إذاً من إخوان الشياطين، لو كنت من النصارى كنت من رهبانهم، إن من سنتنا النكاح، شراركم عزابكم، وأراذل موتاكم عزابكم ﴾[5].

---

[1] صحيح البخاري: البخاري 2/7.

[2] التبتل: الانقطاع عن النساء، وترك النكاح وما يتبعه من الملاذ إلى العبادة. نيل الأوطار: الشوكاني 229/6، شرح النووي: النووي 191/5، الموجز في أحاديث الأحكام: الخطيب 22.

[3] الخصي: شق الأنثيين وانتزاع البيضتين. نيل الأوطار: الشوكاني 6:229. قال الطيبي: كان الظاهر أن يقول: ولو أذن له لتبتلنا، لكنه عدل عن الظاهر إلى قوله لاختصينا لإرادة المبالغة، أي لبالغنا في التبتل حتى يفضي بنا الأمر إلى الاختصاء، ولم يرد به حقيقة الاختصاء؛ لأنه حرام، وقيل بل هو على ظاهره وكان ذلك قبل النهي عن الاختصاء. نيل الأوطار: الشوكاني 229/6.

[4] صحيح البخاري: البخاري 6/7، صحيح مسلم: مسلم 187/5.

[5] المصنف: الصنعاني 171/6، ضعفه الألباني.

وجه الدلالة: صرح النبي ـ عليه الصلاة والسلام في هذا الحديث الشريف بأن النكـاح مـن سـنن الإسلام، وألحـق المعرض عن الزواج القادر عليه بالشيطان، ووصف العزاب بالأشرار الأراذل.

ثالثاً: الإجماع:

انعقد إجماع الأمة على مشروعية النكاح، حيث جاء في المغني قوله " وأجمع المسلمون على أن النكاح مشروع "[1].

رابعاً: المعقول:

شُرع الزواج منذ عهد آدم عليه السلام لقول اللـه تعـالى: ﴿ يا أيها الناس اتقوا ربكـم الـذي خلقكـم مـن نفـس واحدة وخلق منها زوجها وبث منهما رجالاً كثيراً ونساءً ﴾[2].

والزواج سنة من سنن اللـه في الكون لأنه مطلوب عقلاً وطبعاً، أما العقل؛ فإن كل عاقل يجب أن يبقى اسـمه ولا ينمحي رسمه، وهذا لا يتحقق إلا بالنسل. وأما الطبع؛ فإن النفس الإنسانية تطلب ذلك لقضاء غريزتها الجنسية.

المطلب الثاني

حكمة مشروعية الزواج

جاء الإسلام بل جاءت الشرائع الإسلامية كلها بوجوب المحافظة على الضروريات الخمس - الدين والنفس والعقل والنسل والمال - وبذل النفس والنفيس في سبيل رعايتها والمحافظة عليها. ويسهم الزواج في ذلك إلى مدى كبير؛ لذلك رغب الإسلام في الزواج للمحافظة على هذه الضرورات الخمس، ولتحقيق مقاصد طيبة وغايات جليلـة وآثار نافعـة تعـود علـى الفرد والأمة والنوع الإنساني بالخير والبركة، وما من شك في أن الزواج أساس عمران الكون وتناسل البشر وتكاثر الأمة، وأنه سبيل تكون الأسر وبناء المجتمع وراحة النفوس؛ لذلك كانت حِكَمُه كثيرة نجملها فيما يلي:

---

[1] المغني: ابن قدامه 334/7.
[2] سورة النساء: آية 1.

أولاً: تحصين النفس الإنسانية وتهذيب الغريزة الجنسية

قضت الفطرة التي فطر الله سبحانه وتعالى البشر عليها أن تكون لديهم غرائز وميول،كما عملت الشريعة الإسلامية السمحة على إشباع هذه الغرائز والميول محققة المصالح والعدالة والاستقامة بعيدة عن الفاسد والظلم والعدوان والانحراف.

وتعد الغريزة الجنسية من أقوى الغرائز الفطرية التي زود الله تعالى بها الإنسان لبناء حياته، وهذه الغريزة تلح على صاحبها دائماً في إيجاد حل لها التي لا تكاد تهدأ حتى تنطلق من عقالها، فإن لم تجد ما يشبعها انتاب الإنسان القلق والاضطراب، وإن تركت هذه الغريزة لطبيعتها الحيوانية دون تنظيم أو تشريع يحكمها، كما ترك عجم الحيوانات إلى غرائزهم، يخلو كل رجل بكل امرأة أراد أن يخلو بها؛ لأدى ذلك إلى مفاسد عظيمة ولتدافع الكثير من أفراد الأمة على المرأة الواحدة كل منهم يريد أن يستخلصها لنفسه إشباعاً للأنانية التي فطر عليها، ولأدى ذلك إلى انتشار الحقد والكراهية والبغضاء، وهضم الحقوق، وكثرة الظلم والعدوان، وسيادة الفوضى والاضطراب، وكثرة الجرائم وانتشار الأمراض والأوبئة، وتفكك الأسر، وضعف الأمة.

ولكن الله عز وجل ميز الإنسان بالعقل والفطرة السليمة، وخصه بالتكريم وفضله على كثير من خلقه، قال الله تعالى:﴿ ولقد كرمنا بني آدم وحملناهم في البر والبحر ورزقناهم من الطيبات وفضلناهم على كثير ممن خلقنا تفضيلاً ﴾[1]، فاقتضى هذا التمييز والتكريم أن يعلي من شأن الإنسان، ويرقى به عن الدائرة الحيوانية، وينأى به عن طبائعها، ويسمو به إلى العلاقة الروحية التي تهذب غرائزه وتنظمها بطريقة مشروعة تبعده عن المفاسد والطغيان والانحراف والعدوان، وتحقق المقاصد والغايات النبيلة التي خلق من أجلها، والمكانة التي هيئ لها وفضل بها على غيره من المخلوقات.

لذا كان الزواج الطريق الوحيد السليم لتنظيم الغريزة الجنسية وإشباعها، وبذلك تهدأ النفس وتطمئن وتبتعد عن أسباب القلق والاضطراب قال الله تعالى:﴿ ومن آياته أن خلق لكم من أنفسكم أزواجاً لتسكنوا إليها، وجعل بينكم مودة ورحمة﴾[2]، فعبر الله عز وجل عن الزوجة بأنها قرينة النفس ليحصل سكون الرجل إليها وسكونها إليه، وهي الطمأنينة التي تغمر مشاعر

---

[1] سورة الإسراء: آية 70.

[2] سورة الروم: آية 21.

الإنسان بالرضا، وتحصل بها راحة الزوجين، وتبعدهما عن التفكير في الشهوات، قال الرسول عليه الصلاة والسلام:﴿ إذا تزوج العبد فقد استكمل نصف دينه، فليتق الله في النصف الآخر﴾[1].

والزواج يؤدي إلى تحصين النفس الإنسانية، وكسر التوقان، ودفع غوائل الشيطان، وغض البصر، وحفظ الفرج، وذلك بإباحة أن يقضي كل واحد حاجته الجنسية عن طريق مباح حلال ـ الزواج ـ والابتعاد عن انتهاك الحرمات، فقد روي عن عبد الله بن مسعود أن الرسول صلى الله عليه وسلم قال: ﴿ يا معشر الشباب من استطاع منكم الباءة فليتزوج ومن لم يستطع فعليه بالصوم فإنه له وجاء ﴾[2].

وعن جابر رضي الله عنه أن الرسول صلى الله عليه وسلم قال:﴿ إن المرأة تقبل في صورة شيطان، وتدبر في صورة شيطان، فإذا أبصر أحدكم امرأة فليأت أهله، فإن ذلك يرد ما في نفسه ﴾[3]، وقال الجنيد: " المرأة قوت لا بد منه، فإذا اشتهت نفسك امرأة ما وقع عليها نظرك، فيجب أن تسارع إلى نكاح زوجتك "[4].

لذلك نرى بأن الزواج هو الطريق الصحيح والمسلك الأسمى والأحب إلى ذوي العقول الواعية والفطر السليمة، والذي يحقق السعادة للمتحابين في الدنيا والآخرة لما روي عن ابن عباس ـ رضي الله عنهما ـ أن الرسول صلى الله عليه وسلم قال: " لم نر للمتحابين مثل النكاح "[5].

ثانياً: إشباع غريزة البقاء، والامتداد في شخص الأبناء والأحفاد

لقد أودع الله عز وجل في الإنسان غريزة حب البقاء والتعلق بأهداب الحياة الدنيا، وكراهية الموت والخوف من شبح الموت، ولكنه يعلم بأن الموت سنة إلهية ماضية في الخلق، قال الله تعالى:﴿ كل نفسٍ ذائقة الموت ﴾[6]، وقال الله تعالى:﴿ أينما تكونوا يدرككم الموت ولو كنتم في بروج مشيدة ﴾[7]، ويوقن أن الموت آت لا مفر ولا مهرب منه، لذلك نجده يسعى جاهداً للبحث عن طريق يلتمس من خلاله البقاء، ويخلد اسمه من بعده ويبقى أثره بعد وفاته، فلا يجد ذلك إلا

---

1 سورة الروم: آية 21.
2 سبق تخريجه.
3 صحيح مسلم: مسلم 191/5.
4 إحياء علوم الدين: الغزالي.
5 سنن ابن ماجة: ابن ماجة.
6 سورة آل عمران: آية 185.
7 سورة النساء: آية 80.

في الإنجاب، حيث يرى أن في نسبة الولد إليه تخليداً لاسمه، وامتداداً له بعد وفاته، وإحياءً لذكره من بعده والذكر للإنسان عمر ثان، ولا يتحقق ذلك إلا بالزواج الشرعي.

من أجل ذلك جعل الله عز وجل الزواج من سنن الأنبياء والمرسلين قال الله تعالى: ﴿ ولقد أرسلنا رسلاً من قبلك وجعلنا لهم أزواجاً وذرية ﴾[1]، وعن أبي أيوب رضي الله عنه قال: قال رسول الله صلى الله عليه وسلم : ﴿ أربع من سنن المرسلين: الحياء والتعطر والسواك والنكاح ﴾[2].

بل نجد أن الرسل والأنبياء يتضرعون إلى الله تعالى ويتوجهون إليه بالدعاء ويسألونه أن يرزقهم الذرية الصالحة، ومن ذلك دعاء سيدنا زكريا عليه الصلاة والسلام حيث قال الله تعالى على لسانه: ﴿ هنالك دعا زكريا ربه قال رب هب لي من لدنك ذرية طيبة إنك سميع الدعاء ﴾[3]، وقال تعالى: ﴿ هب لي من لدنك ولياً يرثني ويرث من آل يعقوب واجعله ربّ رضيا ﴾[4].

كما امتدح الله تعالى عباد الرحمن ووصفهم بصفات عدة منها أنهم يلجأون ويتوجهون إلى الله بالدعاء كي يرزقهم الذرية الصالحة المطيعة لله تعالى فتقر بهم أعينهم قال الله تعالى:﴿ والذين يقولون ربنا هب لنا من أزواجنا وذرياتنا قرة أعين واجعلنا للمتقين إماماً ﴾[5].

لذلك يعد الزواج الوسيلة الشرعية لإنجاب الأولاد والتكاثر، وقد بين ذلك الرسول صلى الله عليه وسلم في مجال الأمر بالزواج والحث عليه كدافع إليه ومرغب فيه فقد روي عن أم المؤمنين حفصة رضي الله عنها أن النبي صلى الله عليه وسلم قال: ﴿ لا يدع أحدكم طلب الولد، فإن الرجل إذا مات وليس له ولد انقطع اسمه ﴾[6]......

﴾[6]...... ويشير الإمام الغزالي إلى ذلك بقوله: " لقد أودع الله تحت تلك الشهوة حياتين: حياة ظاهرة، وحياة باطنة، فالحياة الظاهرة حياة المرء ببقاء نسله، فإنه نوع من دوام الوجود، والحياة الباطنة هي الحياة الأخروية فإن هذه اللذة الناقصة تحرك الرغبة في اللذة الكاملة بالآخرة "[7].

---

[1] سورة الرعد: آية 38.

[2] سنن الترمذي: الترمذي 342/2. قال الترمذي عنه حديث أبي أيوب حديث حسن غريب 342/2.

[3] سورة آل عمران: آية 38.

[4] سورة مريم: آية 5 ـ 6.

[5] سورة الفرقان: آية 74.

[6] مجمع الزوائد: الهيتمي 58/4.

[7] إحياء علوم الدين: الغزالي 301/5.

فضلاً عن ذلك فإن الولد ذخر لوالديه في الدنيا والآخرة؛ أما في الدنيا: فالميت ينتفع بدعاء ولده بعد مماته فقد روي عن أبي هريرة رضي الله عنه أن رسول الله صلى الله عليه وسلم قال: ﴿ إذا مات الإنسان انقطع عمله إلا من ثلاثة: إلا من صدقة جارية أو علم ينتفع به، أو ولد صالح يدعو له ﴾[1]، وورد في الخبر بأن الأدعية تعرض على الموتى على أطباق من نور[2].

أما في الآخرة: فإن الولد الذي يموت في حياة والديه يكون ذخراً لهم يوم القيامة: ﴿يوم تجد كل نفس ما عملت من خير محضراً وما عملت من سوءٍ تود لو أن بينها وبينه أمداً بعيداً﴾[3]، حيث يشفع لهم عند الله، ويقيهم من عذاب جهنم، ويدخلهم الجنة لقاء صبرهم عليه، فقد روي عن أبي هريرة رضي الله عنه أن رسول الله صلى الله عليه وسلم قال:﴿ لا يموت لأحد من المسلمين ثلاثة من الولد فتمسه النار إلا تحلة القسم ﴾[4].

وعن أبي هريرة رضي الله عنه أنه قال: جاءت امرأة إلى النبي صلى الله عليه وسلم بابن لها فقالت: يا رسول الله إنه يشتكي وإني أخاف عليه قد دفنت ثلاثة، قال:﴿ لقد احتظرت بحظار شديد من النار[5]﴾[6].

وعن أبي حسان قال: ﴿ قلت لأبي هريرة: إنه قد مات لي ابنان، فما أنت محدثي عن رسول الله صلى الله عليه وسلم : بحديث يطيب به أنفسنا عن موتانا؟ قال: قال: نعم " صغارهم دعاميص الجنة[7] يتلقى أحدهم أباه - أو قال أبويه - فيأخذ بثوبه - أو قال بيده - كما آخذ أنا بِصَنِفَةِ ثوبك[8] هذا. فلا يتناهى، - أو قال: فلا ينتهي - حتى يدخله يدخله الله وأباه الجنة "﴾[9].

---

[1] صحيح مسلم: مسلم 95/6.

[2] إحياء علوم الدين: الغزالي 298/5.

[3] سورة آل عمران: آية 30.

[4] صحيح مسلم: مسلم 429/8.

[5] احتظرت بحظار شديد من النار: منعت بمانع وثيق من النار. أنظر شرح النووي: النووي 432/8.

[6] صحيح مسلم: مسلم: 431/8.

[7] صغارهم دعاميص الجنة: جمع دعموص وأصله دويبة تكون في الماء لا تفارقه أي أن هذا الصغير في الجنة لا يفارقها. أنظر شرح النووي: النووي 432/8.

[8] بصنفة ثوبك: طرفه. أنظر شرح النووي: النووي 432/8.

[9] صحيح مسلم: مسلم 430/8 -431.

وعن أبي سعيد الخدري رضي الله عنه أن رسول الله صلى الله عليه وسلم قال لنسوة من الأنصار: ﴿ " ما منكن من امرأة تقدم بين يديها من ولدها ثلاثة إلا كانوا لها حجاباً من النار" فقالت امرأة: واثنين. واثنين. واثنين؟ فقال رسول الله صلى الله عليه وسلم " واثنين. واثنين. واثنين " ﴾[1].

ومما يؤكد على أن من غايات الزواج التوالد والتكاثر ليكون الولد ذخراً لوالديه في الدنيا والآخرة ما روى سعيد بن منصور في سننه عن سفيان عن عمرو بن دينار قال: " أراد ابن عمر أن لا يتزوج فقالت له حفصة: " أي أخي.. لا تفعل، تزوج، فإن ولد لك ولد فماتوا كانوا لك أجراً، وإن عاشوا دعوا الله عز وجل لك ".

ثالثاً: بقاء النوع الإنساني وتكاثر الأمة:

إن من أهم مقاصد الزواج بقاء النوع الإنساني وتكاثر الأمة، قال الله تعالى:﴿ يا أيها الناس اتقوا ربكم الذي خلقكم من نفس واحدة وخلق منها زوجها وبث منهما رجالاً كثيراً ونساءً واتقوا الله الذي تساءلون به والأرحام إن الله كان عليكم رقيباً ﴾[2]، وقال الإمام الغزالي: الفائدة الأولى من فوائد النكاح: الولد، وهو الأصل، وله وضع النكاح، والمقصود إبقاء النسل وأن لا يخلو العالم عن جنس الإنس "[3]، فلو أن كل فرد عزف عن الزواج لأدى إلى انقراض النوع الإنساني، واندثار معالم الحضارة؛ لذا كان الزواج أحسن وسيلة لتكثير النسل وبقاء النوع الإنساني مع المحافظة على الأنساب التي يوليها الإسلام عناية فائقة، ومن هنا فقد حثت الشريعة الإسلامية الغراء على الزواج من المرأة الودود الولود تنبيهاً إلى ما فيه من بقاء النوع الإنساني، وتكاثر الأمة الإسلامية من أجل إعلاء كلمتها، وتحقيق قوتها وعزتها، وسيادتها على الأمم الأخرى، فقد روي عن معقل بن يسار، قال: ﴿ جاء رجل إلى النبي صلى الله عليه وسلم فقال إني أصبت امرأة ذات حسب وجمال، وإنها لا تلد، فأتزوجها؟ قال: لا، ثم أتاه الثانية فنهاه، ثم أتاه الثالثة فقال: " تزوجوا الودود الولود فإني مكاثر بكم الأمم " ﴾[4]. فها هو الرسول عليه الصلاة والسلام يحث المسلمين في هذا الحديث الشريف على الزواج من المرأة الولود ليكاثر بذلك الأمم ويحقق للأمة الإسلامية عزتها وهيبتها بين الأمم.

---

[1] صحيح مسلم: مسلم 430/8.

[2] سورة النساء: آية 1.

[3] إحياء علوم الدين: الغزالي 292/5.

[4] سنن أبي داود: أبو داود 220/2.

وقد كان يقال قديماً: إنما العزة للمكاثر، وهذه حقيقة لا تزال قائمة لم يطرأ عليها أي تغيير، فقد دخل الأحنف بن قيس على معاوية ـ ويزيد بين يديه، وهو ينظر إليه إعجاباً به ـ فقال: يا أبا بحر ما تقول في الولد؟ فعلم ما أراد، فقال: يا أمير المؤمنين، هم عماد ظهورنا، وثمرة قلوبنا، وقرة أعيننا، بهم نصول على أعدائنا، وهم الخلف منا لمن بعدنا فكن لهم أرضاً ذليلة، وسماءً ظليلة، إن سألوك فأعطهم، وإن استعتبوك فأعتبهم، لا تمنعهم رفدك فيملوا قربك، ويكرهوا حياتك، ويستبطئوا وفاتك "[1].

والمسلم شديد الحرص على الزواج لنيل محبة الله عز وجل ومحبة رسوله عليه الصلاة والسلام، أما محبة الله عز وجل فتنال بالسعي في تحصيل الولد لإبقاء جنس الإنسان، فالناكح ساع في إتمام ما أحب الله تعالى تمامه، والمعرض معطل ومضيع لما أراد الله تمامه وكره ضياعه، وأما محبة الرسول عليه الصلاة والسلام فإنها تنال بتكثير ما به مباهاته، فقد روي عن عمر بن الخطاب **رضي الله عنه** " أنه كان ينكح كثيراً، ويقول إنما أنكح للولد "[2].

رابعاً: إشباع غريزة الأبوة والأمومة:

إن الزواج يعمل على إشباع غريزة الأبوة والأمومة عند الزوجين حيث يعيش الأولاد في كنف الوالدين خاصة في طفولتهما، حيث تظهر غريزة الأمومة فتحوطهما بالرعاية والاهتمام، وغريزة الأبوة بالتربية والإصلاح، وتنمو معهما مشاعر الود والعطف والحنان، وبها تكتمل إنسانية الإنسان.

خامساً: الإيناس والعشرة:

لا شك بأن الزواج يحقق للنفس الأنس والاستقرار والراحة والطمأنينة، ويطرد الوحشة والغربة، ويروح عن النفس ويحقق لها السعادة، وأن الترويح عن النفس والاستئناس بالمرأة والسكن إليها يهون الصعاب، ويزيل الكروب، ويبدد الهموم، ويقضي على الملل واليأس والسآمة والضجر، ويجدد النشاط والحيوية ويبعث على الأمل، قال الله تعالى:﴿ ليسكن إليها﴾[3].

---

[1] فقه السنة 14/2 نقلاً عن الأمالي لأبي علي القالي.
[2] إحياء علوم الدين: الغزالي 297/5.
[3] سورة الأعراف: آية 189.

وقال علي رضي الله عنه : "روحوا القلوب ساعة فإنها إذا أكرهت عميت "[1]، وقال الإمام الغزالي: "وفي الاستئناس بالنساء من الاستراحة ما يزيل الكرب ويروح القلب "[2].

وخير مثال على النساء اللواتي كن ملاذاً آمناً لأزواجهن، يحققن الأنس والسكينة، ويبددن الهموم، ويبدلن الخوف أمناً، ويجددن النشاط حيوية، ويذللن الصعاب، ويشاركن الزوج حياته، أم المؤمنين السيدة خديجة ـ رضي الله عنها ـ حيث أعانته على الخلاء في غار حراء، ولم تضجر من بعده عنها، وهدأت من روعه عندما نزل عليه الوحي جبريل عليه السلام، وأزالت عنه الخوف والرعب، بل طمأنته قائلة: " أبشر يا ابن عم واثبت، فوالذي نفس خديجة بيده إني لأرجو أن تكون نبي هذه الأمة، والله لا يخزيك الله أبداً "[3]، ثم أردفت تسوق برهان ما تقول: "إنك لتصل الرحم، وتقري الضيف، وتحمل الكل، وتكسب المعدوم، وتقري الضيف، وتعين على نوائب الحق "[4].

ولم تقتصر السيدة خديجة رضي الله عنها على ذلك، بل وقفت معه طوال حياتها بنفسها ومالها وجاهها، فكانت أول من آمن به من النساء، وصدقته حين كذبه الناس، ووقفت إلى جواره تدافع عنه وتواسيه، وحوصرت معه في شعب أبي طالب حصاراً شديداً قاسياً، وبذلت له كل ما تملك، وفي ذلك يقول الرسول صلى الله عليه وسلم : " والله ما أبدلني الله خيراً منها، آمنت بي إذ كفر بي الناس، وصدقتني إذ كذبني الناس، واستني بمالها إذ حرمني الناس، ورزقني الله ولدها إذ حرمني أولاد الناس النساء "[5].

سادساً: تفرغ القلب للعبادة

قلنا بأن الزواج يحصن النفس الإنسانية ويهذب الغريزة الجنسية، ويبعدهما عن الانحراف والتفكر في الشهوات، ويحقق لهما الراحة والطمأنينة، مما يدفعهما للتفرغ لعبادة الله تعالى وطاعته، كما أن في الزواج من المتعة واللذة ما يجعل النفس الإنسانية تحرص على دوامها في الجنة حيث يسعى جاهداً لعبادة الله عز وجل وطاعته لنيل رضوانه ودخول الجنة والتمتع بنعيمها ومتعها، قال الإمام الغزالي: " إحدى فوائد لذات الدنيا الرغبة في دوامها في

---

[1] إحياء علوم الدين: الغزالي 308/5.
[2] إحياء علوم الدين: الغزالي 5/ 308.
[3] البداية والنهاية: ابن كثير 3/3.
[4] البداية والنهاية: ابن كثير 3/3، الرحيق المختوم: المباركفوري ص 57.
[5] البداية والنهاية: ابن كثير 129/3، الرحيق المختوم: المباركفوري ص104.

الجنة ليكون باعثاً على عبادة الله، حيث أودع الله تعالى تحت شهوة واحدة حياتين: حياة ظاهرة وحياة باطنة، فالحياة الظاهرة: حياة المرء ببقاء نسله فإنه نوع من دوام الوجود، والحياة الباطنة: هي الحياة الأخروية فإن هذه اللذة الناقصة تحرك الرغبة في اللذة الكاملة بلذة الدوام فتستحث على العبادة الموصلة إليها فيستعد العبد بشدة الرغبة فيها، و يستلذ بتيسير المواظبة على ما يوصله إلى نعيم الجنان "[1].

كما أن في الإيناس والعشرة وترويح النفس إراحة للقلب وتقوية على العبادة، بل إن المرأة الصالحة نعم الرفيق المعين لزوجها على الدين والدنيا؛ فهي خير عون لزوجها على عبادة الله عز وجل وطاعته، فقد روى ثوبان رضي الله عنه عن النبي صلى الله عليه وسلم أنه قال: " ليتخذ أحدكم قلباً شاكراً، ولساناً ذاكراً، وزوجة مؤمنة تعينه على آخرته "[2].

وقال أبو سليمان الداراني: "إن الزوجة الصالحة ليست من الدنيا فإنها تفرغك للآخرة "[3]، وقال الإمام الغزالي: " فالمرأة الصالحة المصلحة للمنزل عون على الدين "[4].

سابعاً: القيام بحقوق الأهل والشعور بالمسؤولية:

إن من مقاصد الزواج الشعور بتبعية الزواج، ورعاية الأولاد، والقيام بحقوق الأهل، والصبر على أخلاقهم، واحتمال الأذى منهم والسعي في إصلاحهم وإرشادهم إلى طريق الدين، والاجتهاد في كسب الحلال لأجلهم، قال الرسول صلى الله عليه وسلم :﴿ ألا كلكم راع وكلكم مسؤول عنرعيته﴾[5]، ويستتبع هذه المسؤولية تحقيق روح التعاون بين الزوجين فيقوم كل منهما بواجبه تجاه الأسرة، فالمرأة تقوم برعاية البيت وتدبير المنزل وتربية الأولاد تربية إسلامية صالحة، والرجل يسعى للعمل والكسب لتأمين حاجات الأسرة والإنفاق عليهم ورعايتهم، فقد روى عن ابن مسعود أنه قال: " إذا أنفق الرجل إلى أهله صدقة وهو يحتسبها كانت له صدقة ولهما "[6]، وقال ابن المبارك وهو مع إخوانه في الغزو: الغزو: " تعلمون عملاً أفضل مما نحن فيه، قالوا: ما نعلم

---

[1] إحياء علوم الدين: الغزالي 301/5.
[2] أنظر إحياء علوم الدين: الغزالي 312/5.
[3] إحياء علوم الدين: الغزالي 312/5.
[4] إحياء علوم الدين: الغزالي 312/5.
[5] سبق تخريجه.
[6] إحياء علوم الدين، الغزالي 314/5.

ذلك، قال: أنا أعلم، قالوا: فما هو؟ قال: رجل متعفف قام من الليل فنظر إلى صبيانه نياماً متكشفين فسترهم وغطاهم بثوبه "[1].

ثامناً: تحقيق وظيفة الاستخلاف في الأرض:

لقد خلق الـلـه جل جلاله الإنسان لغاية سامية تتمثل في حقيقتين هما: تحقيق العبودية لله قال الـلـه تعالى: ﴿ وما خلقت الجن والإنس إلا ليعبدون ﴾[2]، وهذه لا تتحقق إلا بوجود الحقيقة الثانية وهي الاستخلاف في الأرض قال الـلـه تعالى: ﴿ وإذ قال ربك للملائكة إني جاعل في الأرض خليفة ﴾[3]، وقال الـلـه تعالى: ﴿ وهو الذي جعلكم خلائف الأرض ورفع بعضكم فوق بعض درجات ليبلوكم في ما آتاكم إن ربك سريع العقاب وإنه لغفور رحيم ﴾[4].

ويقصد بالخلافة التي ذكرتها الآيات باعتبارها غاية خلق الإنسان: عمارة الكون وفق أوامر الـلـه تعالى وتطبيق شرعه وإمضاء أحكامه وإقامة دينه في الأرض.

واقتضت إرادة الـلـه تعالى وحكمته تسخير الكون للإنسان وتذليله بين يديه، وتمكينه من اكتشاف نواميسه والانتفاع بها قال الـلـه تعالى:﴿ ألم تروا أن الـلـه سخر لكم ما في السماوات وما في الأرض ﴾[5]، وحث الإنسان على الانتفاع بهذا الكون والتصرف فيه بما ينسجم مع أوامر الـلـه تعالى، ويحقق مرضاته.

ولا شك أن الشعور بتبعية الزواج ورعاية الأولاد يدفع الإنسان للبحث في هذا الكون واكتشاف نواميسه والاستفادة من خيراته بجد ونشاط وحيوية باذلاً أقصى ما لديه من وسع وطاقة في تقوية ملكاته وتنمية مواهبه من أجل القيام بواجب الاستخلاف في الأرض والنهوض بأعبائه وتحمل مسؤولياته تجاه الأسرة والمجتمع، فيسعى للعمل واكتشاف نواميس هذا الكون والاستفادة من خيراته والانتفاع بها واستغلالها واستثمارها بما يحقق مرضاة الـلـه عـز وجل، فيكثر الإنتاج، ويزدهر العمران، وتزداد التنمية في جميع الميادين الاقتصادية والثقافية

[1] إحياء علوم الدين ك الغزالي 314/5
[2] سورة الذاريات: آية 56.
[3] سورة البقرة: آية 30.
[4] سورة الأنعام: آية 165.
[5] سورة لقمان: آية 20.

والعسكرية وغيرها، ويتقدم العلم وتنمو الحياة، ويتطور المجتمع، وتنهض الأمة وتتحقق قوتها وعزتها ومنعتها وهيبتها.

تاسعاً: حفظ النسب:

لو ترك الناس دون تنظيم لحياتهم الجنسية لأدى إلى أن يعيش الناس حياة الحيوانات، وأن ينشأ الأبناء دون أن يعرفوا آباءهم وأمهاتهم، وأن يتركوا دون رعاية وتربية سوية، من أجل ذلك كان من أهم حقوق الأبناء أن ينسب الولد إلى أبويه، ويثبت نسب الطفل لوالديه بالزواج الصحيح، قال الرسول صلى الله عليه وسلم : ﴿الولد للفراش وللعاهر الحجر﴾ [1]، فإذا جاء الطفل من زواج صحيح يثبت نسب الطفل من الزوج، وليس للزانية إلا الحجر ترمى به.

لذلك فإن الزواج يحقق مقصداً من مقاصد الشريعة الإسلامية، وهو حفظ النسب والنسل من الاختلاط، حيث يؤدي الزواج إلى أن يولد الطفل في كنف والديه، فينسب إليهما ويكفلانه ويتعهدانه بالرعاية والعناية منذ ولادته، ويعملان على تنشئته تنشئة إسلامية، ويربيانه على الأخلاق الفاضلة والصفات الحسنة والمعاملات المحمودة، فينشأ قوي البنية، سليم الجسم والعقل، ويصبح عضواً نافعاً نشيطاً فعالاً في المجتمع الإسلامي، يقوم بدوره في عمارة الكون وتحقيق الخلافة في الأرض من أجل عبادة الله عز وجل.

عاشراً: سلامة المجتمع صحياً:

قلنا بأن الزواج يحصن النفس الإنسانية، ويجعل الإنسان عفيفاً، فلا ينظر إلا إلى زوجه، ويعف عن غير زوجه، مما يحمي المجتمع من الانحراف والانحلال الخلقي، ويمنع انتشار الفاحشة والانغماس في حمأة الرذيلة، وبالتالي يمنع من تفشي الأمراض المعدية ـ كالزهري والسفلس والسيلان والإيدز وغيرها ـ وسريانها في جسم المجتمع التي توهن قواه، وتضعف أفراده، وتفتك بأبنائه وتهدده بالزوال، وبذلك يكون الإسلام قد حافظ بالزواج على المجتمع الإسلامي من الزوال، وعلى أفراده من العلل والأوبئة التي تفتك بهم، والتي تؤدي في النهاية إلى التدمير الشامل للبشر على وجه الأرض.

---

[1] صحيح البخاري: البخاري، كتاب الحدود، صحيح مسلم: مسلم 293/5.

حادي عشر: تآلف الأسر

إن الزواج يؤدي إلى تحقيق السكينة -كما بينا- والسكينة تقود إلى وجود المودة والرحمة بين الزوجين تفوق محبة الأقارب لبعضهم البعض قال الله تعالى: ﴿ ومن آياته أن خلق لكم من أنفسكم أزواجاً لتسكنوا إليها وجعل بينكم مودة ورحمة إن في ذلك لآيات لقوم يتفكرون﴾[1]، وهذه المودة والتراحم والتعاطف التي تنشأ بين الزوجين تنمو ويمتد أثرها إلى الأبناء، ثم إلى أقارب الأبناء من جهتي الزوجين، ثم تمتد ليشمل التآلف والتحاب والتعاون الأسر، ثم تنعكس هذه العواطف على المجتمع بأكمله لتصبح أساس التعامل في المجتمع الإنساني كله قال الله تعالى: ﴿يا أيها الناس إنا خلقناكم من ذكر وأنثى وجعلناكم شعوباً وقبائل لتعارفوا إن أكرمكم عند الله أتقاكم﴾[2].

المطلب الثالث

حكم الزواج

يختلف حكم الزواج باختلاف الأشخاص وأحوالهم على النحو التالي:

الحالة الأولى: إذا تيقن الإنسان من الوقوع في الزنا، وكان قادراً على القيام بتكاليف الزواج من النفقة والمهر، ولم يخش من ظلم زوجته، فالزواج في حقه فرض عند الجمهور[3]؛ والزواج يحول بينه وبين الوقوع في الحرام ـ الزنا ـ والامتناع عن الحرام واجب، والزواج وسيلة الامتناع عن الوقوع في الحرام فهو واجب للقاعدة الفقهية "ما لا يتم الواجب إلا به فهو واجب".

وذهب الشافعية في الراجح[4] إلى أنه يستحب الزواج في هذه الحالة.

وقد استدلوا على ذلك بما يلي:

---

[1] سورة الروم: آية 21.

[2] سورة النساء: آية 1.

[3] البحر الرائق: 3/ 84، الشرح الصغير: الدردير 331/2، كفاية الأخيار: الحصني 24/2، مغني المحتاج: الشربيني 125/3، المغني: ابن قدامه 334/7، الشرح الكبير: المقدسي 334/7، المحلى: ابن حزم 3/9، الروضة الندية: القنوجي 6/2.

[4] مغني المحتاج: الشربيني 125/3، الإقناع: الشربيني 116/2، كفاية الأخيار الحصني 24/2، شرح النووي: النووي 189/5.

1. قال الـلـه تعالى: ﴿ فانكحوا ما طاب لكم من النساء مثنى وثلاث ورباع ﴾ [1]

وجه الدلالة: أن الواجب لا يتعلق بالاستطابة، كما أن نكاح المثنى والثلاث والرباع لا يجب بالاتفاق، فيدل على أن المراد بالأمر الندب[2]. وقد أجيب عليه بأنه ليس المراد بالآية المستطاب وإنما المراد الحلال، لأن في النساء محرمات[3]، وأنا قلنا بالوجوب عند الخوف من الوقوع في محظور لأنه يلزمه إعفاف نفسه وصونها عن الوقوع في الحرام بالزواج[4].

2. قال الـلـه تعالى:﴿ فواحدة أو ما ملكت أيمانكم ﴾[5].

وجه الدلالة: أن الـلـه تعالى خيره بين النكاح والتسري بالاتفاق، ولو كان النكاح واجباً لما خيره بينه وبين التسري؛ لأنه لا يصح عند الأصوليين التخيير بين واجب وغيره، لأنه يؤدي إلى إبطال حقيقة الواجب، وأن تاركه لا يكون آثماً[6].

يجاب عليه بأن هذا حكم الزواج بالنسبة لجميع الشباب، أما من خشي على نفسه الوقوع في الزنا، وكان قادراً على مؤونة الزواج فالزواج في حقه واجب، لأن ما لا يتم الواجب إلا به فهو واجب، ولقول الرسول عليه الصلاة والسلام: ﴿ يا معشر الشباب من استطاع منكم الباءة فليتزوج ومن لم يستطع فعليه بالصوم فإنه له وجاء ﴾ [7]، حيث يدل الأمر الوارد الوارد في الحديث على الندب، أو من يخشى على نفسه الوقوع في المحذور بترك النكاح[8].

الحالة الثانية: إذا غلب على ظنه الوقوع في الزنا إن لم يتزوج، وكان قادراً على المهر والنفقة ولم يخش ظلم زوجته، فالزواج في حقه مستحب عند الجمهور[9]، وذهب الحنفية[10] إلى أنه واجب.

---

[1] سورة النساء: آية 3.

[2] المغني: الشربيني 125/3، الموجز في أحاديث الأحكام: الخطيب ص 12.

[3] المغني: الشربيني 125/3.

[4] المغني: ابن قدامه 334/7

[5] سورة النساء: آية 3.

[6] شرح النووي ك النووي 189/5، الموجز في أحاديث الأحكام 12.

[7] سبق تخريجه.

[8] المغني: ابن قدامه 334/8.

[9] الشرخ الصغير: 331/2، مغني المحتاج: الشربيني: 125/3، المغني: ابن قدامه 334/7، الشرح الكبير: المقدسي 334/7، الروضة الندية: القنوجي 7/2

[10] البحر الرائق: ابن نجيم 84،85/3، الاختيار:الموصلي 82/3.

الحالة الثالثة: إذا كانت له رغبة في الزواج وقدرة عليه، لكنه فقير لا يقدر على المهر والنفقة، فقد ذهب الحنفية إلى أنه يندب له أن يستدين، فإن الـلـه ضامن له الأداء فلا يخاف الفقر إذا كان من نيته التحصين والعفاف[1].

وذهب المالكية[2] إلى أنه إن خشي على نفسه الزنا، ولم يقدر على النفقة، وجب عليه الزواج ولو أدى إلى أن ينفق عليها من حرام أو أدى إلى عدم الإنفاق عليها، بينما اشترط بعضهم القدرة على الكسب الحلال. وقد أجيب عليه بأن الخائف من الزنا مكلف بترك الزنا، كما أنه مكلف بترك التزوج الحرام فلا يفعل محرماً لدفع محرم، فلا يصح أن يقال إذا خاف الزنا وجب النكاح، ولو أدى إلى الإنفاق من حرام. وقالوا بأنه يحرم الزواج إن لم يخش العنت، وكان عاجزاً عن النفقة إلا إذا علمت الزوجة بذلك ورضيت، أما إذا كانت له رغبة في الزواج، ولكنه لا يخاف على نفسه من الزنا فإنه يندب له النكاح، إذا كان قادراً على مؤنته سواء أكان له أمل في النسل أم لا، وسواء أعطله الزواج عن فعل تطوع أم لا.

أما الشافعية[3] فقد فصلوا في المسألة فقالوا: إن خشي على نفسه من الزنا، ولكنه عاجز عن النفقة والمهر، فإنه يستحب له ترك النكاح، ويكسر شهوته بالصوم لقول الـلـه تعالى: ﴿وليستعفف الذين لا يجدون نكاحاً حتى يغنيهم الـلـه من فضله﴾[4]، ولمفهوم الحديث الشريف: ﴿ يا معشر الشباب من استطاع منكم الباءة فليتزوج ومن لم يستطع فعليه بالصوم فإنه له وجاء﴾[5]، فإن لم تنكسر شهوته بالصوم فعليه أن يتزوج لعل الـلـه يغنيه من فضله. أما إذا كان لديه رغبة في النكاح، ولا يخاف على نفسه من الوقوع في الزنا، ولا يقدر على النفقة والمهر، فيكره له الزواج

وأما الحنابلة[6]: فلم يفرقوا بين القادر على النفقة والعاجز عنها، إذا كان قادراً على التزويج، فقد قال الـلـه تعالى: ﴿ تعالى: ﴿ وليستعفف الذين لا يجدون نكاحاً حتى يغنيهم الـلـه من فضله﴾ [7] حيث

---

[1] البحر الرائق: ابن نجيم 86/3.
[2] الشرح الصغير: الدردير 331/2، الفقه على المذاهب الأربعة: الجزيري 4/4 ـ 5.
[3] المغني: الشربيني 126/3، الإقناع: الشربيني 116/2.
[4] سورة النور: آية 33.
[5] سبق تخريجه.
[6] المغني: ابن قدامه 326/7ـ 327، الشرح الكبير ك المقدسي 7/ 237 ـ 238.
[7] سورة النور: آية 23.

قالوا: بأنه يستحب له الزواج، فإن كان عنده ما ينفق أنفق، وإن لم يكن عنده صبر، وقد استدلوا على ذلك بما يلي:

1.أن النبي صلى الله عليه وسلم كان يصبح وما عنده شيء، ويمسي وما عنده شيء.

2. أن النبي صلى الله عليه وسلم زوج رجلاً لم يقدر إلا على خاتم حديد، ولا وجد إلا إزاره، ولم يكن له رداء.

3. قال أحمد في رجل قليل الكسب يضعف قلبه عن العيال: الله يرزقهم، التزويج أحصن له ربما أتى عليه وقت لا يملك قلبه فيه.

الحالة الرابعة: إذا كانت له رغبة في الزواج، ولم يخش العنت، ولكنه تيقن من ظلم زوجته إن تزوج، أو عدم القيام بحقوقها، فإنه يحرم عليه الزواج، أما إذا غلب على ظنه ظلم زوجته ـ وهي دون التيقن من الوقوع في الظلم ـ فإنه يكره له الزواج عند الحنفية والمالكية[1]. وقد استدلوا بأن الزواج إنما شرع لما فيه من تحصين النفس ومنعها من الزنا، وتحصيل الثواب المحتمل بالولد الذي يعبد الله تعالى ويوحده، فإذا خاف من الظلم والجور، وقع في الحرام فتنعدم في حقه المصالح لرجحان المفاسد عليها.

الحالة الخامسة: إذا كان الشخص في حالة يقطع فيها بالزنا إن لم يتزوج، وبالظلم إن تزوج، فهنا تعارضت مفسدتان: مفسدة الوقوع في الزنا، ومفسدة ظلم الزوجة، فأيهما ترجح في الدرء؟.

أشار بعض الفقهاء إلى هذه المسألة من خلال أقوالهم، وقد اختلفوا في ذلك على النحو التالي:

أولاً: ذهب الحنفية[2] إلى أن الزواج في هذه الحالة مكروه لأن المنع من الزنا حق الله، والمنع من ظلم الزوجة حق العبد، وحق العبد مقدم عند التعارض على حق الرب لاحتياج العبد وغنى الرب.

ثانياً: ذهب بعض المالكية[3] إلى أن الزواج واجب ويفهم ذلك من أقوالهم ومنها ما جاء في حاشية الصاوي حيث قال: " يجب الزواج إن خشي الزنا وإن أدى إلى الإنفاق عليها من

---

[1] **البحر الرائق: ابن نجيم 84/3، الاختيار: الموصلي: 82/3، الشرح الصغير: الدردير 331/2**

[2] **البحر الرائق: ابن نجيم 84/3.**

[3] **الشرح الصغير: الدردير 331/2، الصاوي: حاشية الصاوي 331/2.**

حرام أو أدى إلى عدم الإنفاق عليها " وقال: " الراغب في الزواج إن خشي العنت وجب عليه ولو مع إنفاق عليها من حرام أو مع جود مقتضى التحريم غير ذلك "[1]. ولاشك أن العجز عن النفقة على المرأة تعريضها وأولادها للجوع، وأي ظلم أكثر من هذا، كما أن المال الذي حصل عليه من الحرام، جمعه بظلم الآخرين، فإذا أجزنا له أن ينفق من مال ظلم به الناس، ليمنع عن نفسه الوقوع في الزنا، كنا قد أوجبنا عليه أن يتزوج ولو ارتكب بعض المحرمات. ثم إن قولهم: " أو مع وجود مقتضى التحريم غير ذلك " فإنه شامل لكل حرام قد يرتكبه من خشي على نفسه العنت إذا تزوج فيدخل فيه حرمة ظلم المرأة قطعاً.

ثالثاً: ذهب بعض المالكية[2] إلى أنه لا يجوز له الزنا ولا الزواج، فهو مكلف بترك الزنا، كما أنه مكلف بترك التزوج الحرام، فلا يفعل محرماً لدفع محرم، فلا يصح أن يقال إذا خاف الزنا وجب النكاح، ولا يقال بأن الظلم يبيح الزنا، فعليه ألا يزني وألا يتزوج.

أما الفقهاء المحدثون فقد اختلفوا في هذه المسألة على النحو التالي:

أولاً: أخذ بعضهم[3] بالرأي الثاني وهو أن الزواج واجب، وقد استأنسوا بأقوال المالكية في ذلك، وقالوا بأن الزنا مفسدة اجتماعية عامة متعدية، ومن تردى فيه مرة واحدة صعب عليه الخلاص منه إلا بالزواج، وظلم المرأة مفسدة قاصرة، وغالبا ما يكون الرجل بعد الزواج أحسن أخلاقاً وألين طباعاً منه قبل الزواج إذ يشعر حينئذ بالعاطفة الزوجية والأبوية التي تربطه بالمرأة وأولادها منه، فتمنعه من ظلمها أو تقلل من ذلك على الأقل، ولما كانت الحكمة من تشريع الزواج رعاية المصالح الاجتماعية، والحكمة من تحريم الزنا درء المفاسد الاجتماعية المتسببة عنه، كان القول بوجوب الزواج في هذه الحالة أقرب إلى روح العدالة.

ثانياً: وأخذ بعضهم[4] بالرأي الثالث وهو أنه لا يجوز له الزواج ولا الزنا، فهو مكلف بترك الزواج كما أنه مكلف بترك الزنا، فالمحرم لا يبيح المحرم، والظلم لا يبيح الزنا، والزنا لا يبيح الظلم، وعليه ألا يزني وألا يتزوج وقد أرشده الرسول - عليه الصلاة والسلام إلى الصوم حيث قال: ﴿ ومن لم يستطع فعليه بالصوم فإنه له وجاء ﴾[5].

---

[1] الصاوي: حاشية الصاوي 331/2.

[2] الشرح الصغير: الدردير 331/2.

[3] الدكتور مصطفى السباعي في كتاب شرح قانون الأحوال الشخصية: 47/1، الدكتور عبد الرحمن الصابوني في كتابه شرح قانون الأحوال الشخصية السوري 95/1.

[4] المرحوم الشيخ محمد أبو زهرة في كتابه عقد الزواج وآثاره ص 21.

[5] سبق تخريجه.

ثالثاً: وذهب البعض الآخر[1] إلى أن الزواج في هذه الحالة حرام، لأن المنع من الزنا حق الله والمنع من ظلم الزوجة حق العبد، وحق العبد مقدم على حق الرب لاحتياج الرب وغنى العبد.

الترجيح:

الرأي الذي أميل إليه هو أن الزواج في هذه الحالة أولى من ارتكاب الزنا والوقوع في المعصية، وذلك ارتكاباً لأخف الضررين حيث أن ظلم الزوجة لا يمكن الجزم به، بل إن الزواج قد يؤدي إلى إصلاح حاله فيبتعد عن ظلم الزوجة، أما الوقوع في الزنا وإثم المعصية فأمر واقع؛ لذا نرجح جانب الزواج على عدمه، لأن مفسدة ظلم الزوجة إن حصل فهو خاص، وقد يكون يسيراً، بينما مفسدة الزنا أمر عام وأكثر خطراً على المجتمع من ظلم الزوجة، بالإضافة إلى أن من وقع في مفسدة الزنا لا يرتدع عنها إلا بالزواج. وكذلك إذا غلب على ظنه الوقوع في الزنا إن لم يتزوج وخوف الظلم إن تزوج، فالزواج أولى دفعاً لمفسدة الزنا.

الحالة السادسة: ومن ليست له شهوة: إما لمرض أو هرم أو خلقة، ففيه أقوال[2]:

الأول: يكره له الزواج لعدم الحاجة إليه، لأنه لا تحصل منه مصلحة النكاح، ويمنع زوجته من التحصين بغيره، ويلزم نفسه واجبات وحقوق ربما عجز عنها، وهذا قول الشافعية ورأي عند الحنابلة[3].

الثاني: يستحب له الزواج لعموم الآيات والأحاديث، ولما فيه من الاستئناس بالمرأة في الدنيا، ونيل الثواب بالإنفاق عليها في الآخرة، وهذا رأي ثان عند الحنابلة[4].

الثالث: يحرم عليه الزواج إذا كان عاجزاً عن الاتصال الجنسي لأنه يؤدي إلى حرمان الزوجة من الاتصال الجنسي-بزوجها وهذا قول الزيدية من الشيعة[5].

الرابع: إذا كان مع قصده الشهوة، فاقدا للمهر والنفقة، فالزواج مكروه، وإلا فلا يكره، وهذا قول الشافعية[6].

---

[1] الأستاذ محمد زكريا البرديسي في كتابه الأحوال الشخصية ص15.
[2] مغني المحتاج: الشربيني 126/3 الإقناع الشربيني 116/2، كفاية الأخيار: القرطبي 24/2.
[3] مغني المحتاج: الشربيني 126/3، كفاية الأخيار: الحصني 24/2، العدة شرح العمدة: المقدسي 352.
[4] العدة شرح العمدة: المقدسي 352.
[5] البحر الزخار: المرتضى 3/3.
[6] مغني المحتاج: الشربيني 126/3.

الحالة السابعة: إذا كان ممن يأمن على نفسه من الوقوع في الزنا، وقادراً على القيام بالواجبات الزوجية، ولم يخش ظلم زوجته، ويرغب في التفرغ لنوافل العبادة أو طلب العلم، فقد اختلف الفقهاء في ذلك عل النحو التالي:

أولاً: ذهب الجمهور[1] إلى أن الزواج مستحب ـ سنة مؤكدة ـ في هذه الحالة، وهو أفضل من التخلي للعبادة أو طلب العلم، وقد استدلوا على ذلك بما يلي[2]:

1. النصوص الشرعية التي تحث على الزواج، وتنهى عن التبتل[3] ومنها:

أ. عن ابن مسعود رضي الله عنه قال: قال لنا رسول الله صلى الله عليه وسلم : ﴿يا معشر الشباب من استطاع منكم الباءة فليتزوج ومن لم يستطع فعليه بالصوم فإنه له وجاء﴾[4].

ب. عن عبد الله بن عمرو أن رسول الله صلى الله عليه وسلم قال:﴿ الدنيا متاع وخير متاع الدنيا المرأة الصالحة ﴾[5].

ج. قال رسول الله صلى الله عليه وسلم : ﴿ ثلاثة حق على الله عونهم: المجاهد في سبيل الله، والمكاتب الذي يريد الأداء، والناكح الذي يريد العفاف﴾[6].

د. عن أنس بن مالك أن رسول الله صلى الله عليه وسلم قال:﴿ أما و الله إني لأخشاكم لله ولكني أصوم وأفطر وأصلي وأرقد وأتزوج النساء فمن رغب عن سنتي فليس مني ﴾[7].

وجه الدلالة: هذه الأحاديث وغيرها ترغب في الزواج ولا توجبه، ولو كان واجباً لبينه الرسول ـ عليه الصلاة والسلام ـ وقد دعا الأمر إلى بيانه في أكثر من مرة.

---

[1] البحر الرائق: ابن نجيم 86/3، المغني: ابن قدامه 334/8، الشرح الكبير: المقدسي 334/8، الشرح الصغير: الدردير 331/2.

[2] البحر الرائق: ابن نجيم 86/3، إتحاف السادة المتقين: الزبيدي 288/5 وما بعدها، إحياء علوم الدين: الغزالي 288/5 وما بعدها، المغني: ابن قدامه 235/7 ـ 236، الشرح الكبير: المقدسي 2335/7 ـ 2336، سبل السلام: الصنعاني 109/3.

[3] أنظر الأدلة على مشروعية الزواج.

[4] سبق تخريجه.

[5] صحيح مسلم: مسلم 312/5.

[6] سنن الترمذي: الترمذي، الترغيب والترهيب: المنذري 43/3.

[7] سبق تخريجه.

2. فعل الرسول عليه الصلاة والسلام حيث قالوا بأن الرسول ـ عليه الصلاة والسلام ـ تزوج وبالغ في العدد، وقالوا بأن الرسول عليه الصلاة والسلام ـ لا يشتغل إلا بالأفضل، ولو كان التخلي للعبادة أفضل لفعله.

3. فعل الصحابة ـ رضي الله عنهم ـ حيث قالوا بأن الصحابة تزوجوا ولم يتفرغوا لنوافل العبادة، ولا يجتمع الصحابة على ترك الأفضل والاشتغال بالأدنى.

4. أقوال الصحابة ـ رضي الله عنهم ـ ومنها:

أ. قال ابن عباس " لا يتم نسك الناسك إلا بالزواج "، وقال: " خير هذه الأمة أكثرها نساء ".

ب. قال ابن مسعود: " لو لم يبق من أجلي إلا عشرة أيام، وأعلم أني أموت في آخرها يوماً ولي طول النكاح فيهن لتزوجت مخافة الفتنة "، وفي رواية: " لو لم يبق من عمري إلا عشرة أيام لأحببت أن أتزوج لكي لا ألقى الله عزباً ".

ج. قال عمر لأبي الزوائد " ما يمنعك من النكاح إلا عجز أو فجور ".

د. قال أحمد: " من دعاك إلى غير التزويج فقد دعاك إلى غير الإسلام ولو تزوج بشر كان قد تم أمره ".

5. روي أن بعض العباد في الأمم السالفة فاق أهل زمانه في العبادة، فذكر لنبي زمانه حسن عبادته، فقال نعم الرجل هو لولا أنه تارك لشيء من السنة، فاغتم العابد لما سمع ذلك، فسأل النبي عن ذلك، فقال أنت تارك للتزويج فقال لست أحرمه ولكني فقير، وأنا عيال على الناس، قال أنا أزوجك ابنتي فزوجه النبي عليه السلام ابنته " وفي رواية فقال يا نبي الله ما هو إلا هذا، فلما رأى احتقاره لذلك، قال أرأيت لو ترك الناس كلهم التزويج من كان يقوم بالجهاد وينفي العدو ويقوم بفرائض الله وحدوده ".

6. لأن مصالح النكاح أكثر فإنه يشتمل على تحصين الدين وإحرازه، وتحصين المرأة والقيام بها وإيجاد النسل وتكثير الأمة وتحقيق مباهاة النبي **صلى الله عليه وسلم** وغير ذلك من المصالح الراجح أحدها على نفل العبادة بمجموعها أولى.

ثانياً: ذهب الشافعية[1] إلى أن التخلي للعبادة وطلب العلم أفضل من الزواج، أما إذا لم يتفـرغ للعبـادة فالنكـاح أفضل في الأصح لئلا تفضي به البطالة إلى الفواحش، والثاني تركه أفضل منه للخطر في القيام بواجبه.

وقد استدلوا على ذلك بما يلي[2]:

أ. قال الله تعالى: ﴿وسيداً وحصوراً﴾[3] فقد مدح الله عز وجل في هذه الآية سيدنا يحيى بأنه حصور وهو الذي الذي لا يأتي النساء فلو كان النكاح أفضل لما مدح بتركه.

ب. قال الله تعالى: ﴿ زين للناس حب الشهوات من النساء والبنين﴾[4]، والآية في معرض ذم.

ج. لأنه عقد معاوضة، فكان الاشتغال بالعبادة أفضل منه.

د. قيل بأن النكاح ليس بعبادة بل هو مباح بدليل صحته من الكافر، ولو كان عبادة لما صح منه.

وقد أجيب عن هذه الأدلة بما يلي[5]:

1. ما ورد عن سيدنا نوح فهو شرعه، وشرعنا وارد بخلافه.

2. البيع لا يشتمل على مصالح النكاح ولا يقاربها.

3. صح النكاح من الكافر، وإن كان عبادة، لما فيه من عمارة الدنيا كعمارة المساجد والجوامع والعتق، فإن هـذه تصح من المسلم وهي منه عبادة، ومن الكافر، وليست منه عبادة، ومما يـدل عـلى أنـه عبـادة أن الشريعة الإسلامية أحرى به.

ثالثاً: ذهب الظاهرية والزيدية ورواية عن الإمام أحمد[6] إلى أن الزواج فرض عـلى كـل قـادر عـلى الـزواج ولـو لم يخف من الوقوع في الزنا.

وقد استدلوا على ذلك بظواهر النصوص القاضية بطلب الزواج ومنها:

---

[1] الإقناع: الشربيني 116/2، كفاية الأخيار 2/ 24، مغني المحتاج: الشربيني 126/3.

[2] المغني: ابن قدامه 335/7، الشرح الكبير: المقدسي 7/ 336.

[3] المغني: ابن قدامه 335/7، الشرح الكبير: المقدسي 7/ 336.

[4] سورة آل عمران: آية 14.

[5] البحر الرائق: ابن نجيم 86/4، المغني: ابن قدامه 336/7، مغني المحتاج: الشربيني 126/3.

[6] المحلى: ابن حزم 3/9، المغني: ابن قدامه 334/7.

1- قال الـلـه تعالى: ﴿ فانكحوا ما طاب لكم من النساء مثنى وثلاث ورباع﴾[1].

2- وقال الـلـه تعالى:﴿ وأنكحوا الأيامى منكم والصالحين من عبادكم وإمائكم﴾[2].

3- وقال الرسول عليه الصلاة والسلام: ﴿يا معشر الشباب من استطاع منكم الباءة فليتزوج ومن لم يستطع فعليه بالصوم فإنه له وجاء﴾[3].

وقد أجيب على هذه الأدلة بأن الأمر يفيد الوجوب إذا لم يوجد صارف يصرفه عن الوجوب إلى الندب، وقد وجد لأن النكاح في الآية معلق على الاستطابة، والوجوب لا يتعلق بالاستطابة، وإنما المراد الحلال لأن في النساء محرمات، ولقول الـلـه تعالى: ﴿مثنى وثلاثوورباع ﴾[4]، والعدد لا يجب بالإجماع[5].

الترجيح:

أميل إلى ترجيح رأي الجمهور القائل بأن الزواج في هذه الحالة سنة مؤكدة، وذلك لقوة أدلتهم ووضوح دلالتها

مسألة: ما حكم زواج من كان في دار الحرب؟

نص الشافعية[6] على أنه لا يستحب زواج من كان في دار الحرب وإن اجتمعت فيه الشروط، وعللوا ذلك بالخوف على ولده من الكفر والاسترقاق.

ملاحظة: حكم زواج المرأة في الحالات السابقة حكم زواج الرجل، مع ملاحظة أنه لا يشترط فيها القدرة على مؤنة الزواج.

---

[1] **سورة النساء: آية 3.**

[2] **سورة النور: آية 32.**

[3] **سبق تخريجه.**

[4] **سورة النساء: آية 3.**

[5] **مغني المحتاج: الشربيني 125/3، كفاية الأخيار: الحصني 23/2،**

[6] **الإقناع: الشربيني 116/2، كفاية الأخيار: الحصني 23/2.**

الفصل الثاني

أركان وشروط عقد النكاح
التي لا يقوم إلا بها

المبحث الأول: أركان عقد الزواج

المبحث الثاني: شروط عقد النكاح التي لا يقوم إلا بها

الفصل الثاني

أركان وشروط عقد النكاح التي لا يقوم إلا بها

المبحث الأول

أركان عقد الزواج

عقد الزواج كغيره من العقود، لا بد لوجوده من تحقق أركانه، وقد جمعها السادة الأحناف[1] في ركن واحد وهو الإيجاب والقبول والذي يعبر عن توافق إرادة المتعاقدين، أو من يمثلهما بالزواج، وبتحليل الإيجاب والقبول نجد أنه يتكون من ثلاثة أركان هي: صيغة العقد، والعاقدان، ومحل العقد.

المطلب الأول

صيغة العقد (الإيجاب والقبول)

لما كان الأصل في العقود الرضا والإرادة، وهما أمران لا يمكن الاطلاع عليهما إلا بما يدل عليهما من قول أو فعل؛ لأن محلهما القلب، فقد اعتبر الشارع الإيجاب والقبول دليلين ظاهرين على تحقق الإرادة والرضا في نفس كل من المتعاقدين، لذا كان الإيجاب والقبول أساس بناء الحياة الزوجية، وأساس تحقيق ما رتب الله على الزواج من ثمرة، وإحدى آيات الله الفطرية، وذلك ما يشير إليه قول الله تعالى: ﴿ومن آياته أن خلق لكم من أنفسكم أزواجاً لتسكنوا إليها وجعل بينكم مودة ورحمة إن في ذلك لآيات لقوم يتفكرون ﴾[2].

ويقصد بالصيغة: اللفظ الدال على توافق إرادة كل من الزوجين على الزواج، ويتم انعقاده بلفظ صريح دال على التزويج.

والإيجاب: هو الكلام الذي يصدر أولاً من أحد العاقدين دالاً على رضاه بالعقد.

---

[1] البحر الرائق: ابن نجيم 87/3.

[2] سورة الروم: آية 21.

أما القبول: فهو الكلام الذي يصدر ثانياً من العاقد الآخر دالاً على موافقته ورضاه بما قاله الأول.

هذا! وقد اعتبرت قوانين الأحوال الشخصية الإيجاب والقبول من أركان عقد الزواج:

فقد نص القانون الأردني[1] في المادة (14)، والقانون العراقي[2] في المادة (4)، على أنه: " ينعقد الزواج بإيجاب وقبول من الخاطبين أو وكيليهما ".

ونص القانون السوداني[3] في المادة (12) ومشروع القانون العربي الموحد[4] في المادة(19)، ومشروع القانون الموحد بدول مجلس التعاون الخليجي[5] في المادة (17) على أن " ركنا عقد الزواج:

أ. الزوجان

ب. الإيجاب والقبول ".

ونص القانون السوري[6] في المادة (5)، ومدونة الأحوال الشخصية المغربية[7] في الفصل الرابع على أنه " ينعقد الزواج بإيجاب من أحد العاقدين وقبول من الآخر ".

ونص القانون الكويتي[8] في المادة (8) على أنه "ينعقد الزواج بإيجاب من ولي الزوجة، وقبول من الزوج أو من يقوم مقامهما ".

كما نص مشروع القانون الإماراتي[9] في المادة (5) على أنه " ينعقد الإيجاب والقبول ممن هما أهل لذلك ".

وفيما يلي بحث للموضوعات الخاصة بصيغة العقد والمتعلقة بعقد الزواج.

[1] مجموعة التشريعات: الظاهر ص103، القرارات القضائية: عمرو 359.

[2] الأحوال الشخصية: الكبيسي 401/2.

[3] قانون لأحوال الشخصية السوداني لسنة 1991 ص 6.

[4] المجلة العربية للفقه والقضاء: الأمانة العامة ص 20.

[5] جريدة الخليج: العدد 6378 ص11.

[6] قانون الأحوال الشخصية السوري: وزارة العدل ص 23، قانون الأحوال الشخصية السوري ومذكرته الإيضاحية: الكويفي ص 25.

[7] مدونة الأحوال الشخصية المغربية: ص 8، الوثائق العدلية: العراقي ص123، أحكام الأسرة: ابن معجوز 350

[8] قانون الأحوال الشخصية الكويتي.

[9] مشروع قانون الأحوال الشخصية الإماراتي: وزارة الأوقاف ص 3.

الفرع الأول

الصورة اللفظية التي يتم بها الإيجاب والقبول

الأصل في الألفاظ الموضوعة للتعبير عن إرادة المتعاقدين بإنشاء عقد الزواج هي ما كانت بصيغة الماضي ـ كأن يقول الخاطب لمخطوبته تزوجتك على مهر قدره كذا، وتقول له: قبلت ـ لأن الإرادة حصلت قبل اللفظ، والفعل الماضي يعبر عن تلك الإرادة وحصولها بما لا يحتمل الوعد أو الشك؛ لذا استعمل هذا اللفظ للتعبير عن إرادة المتعاقدين في العقود عامة

ـ ومنها عقد الزواج ـ وجرى به العرف.

أما إذا كان الإيجاب والقبول بلفظين: أحدهما بصيغة الأمر والآخر بصيغة الماضي ـ كما لو قال لها: زوجيني نفسك على مهر قدره كذا، فقالت: قبلت ـ تم بذلك الإيجاب والقبول، وقد ذهب بعض فقهاء الحنفية[1] إلى أن صيغة الأمر هنا إيجاب؛ لأنه قصد بذلك إيجاب الزواج حيث لا مساومة في النكاح لأنه لا يكون إلا بعد مقدمات ومراجعات، وذهب البعض الآخر[2] إلى أن صيغة الأمر تعتبر توكيلاً فلو قال: زوجني ابنتك، فأجابه بقوله: زوجتك، كان الإيجاب توكيلاً بالزواج، ويكون الأب قد قبل التوكيل، وتولى طرفي العقد فيكون وكيلاً عن الزوج ووليا عن الفتاة بعبارة واحدة.

وكذلك إذا كان الإيجاب بلفظ المضارع والقبول بلفظ الماضي - كأن يقول لها: أتزوجك: فتقول: قبلت ـ صح العقد، وتم الإيجاب والقبول؛ لأن اللفظ دال على الإيجاب لا الوعد، أما إذا كان اللفظ مبدوءاً بالتاء - كأن يقول: تزوجني ابنتك، فيقول: قبلت، فقد ذهب الحنفية[3] إلى انعقاده إن لم يقصد به الاستيعاد لأنه يتحقق به هذا الاحتمال.

أما إذا قالا أو أحدهما نعم ـ كأن يقول الخاطب: أتزوجني ابنتك، فيقول له: نعم ـ فقد ذهب الشافعية[4] إلى أنه ليس عقداً، بل كان الأول استفساراً والثاني قبولاً، فهذه الصيغة تعتبر وعداً لا عقداً.

---

[1] البحر الرائق: ابن نجيم 87/3 ـ 89، الهداية: المرغيناني 189/1.

[2] البحر الرائق: ابن نجيم 88/3، الهداية: المرغيناني 189/1.

[3] البحر الرائق: ابن نجيم 89/3.

[4] مغني المحتاج: الشربيني 140/3.

وذهب الحنابلة إلى انعقاده إذا حضره شاهدان، لأن نعم جواب لقوله أتزوجني وقبلت، كما قال اللـه تعالى: ﴿ فهل وجدتم ما وعدكم ربكم حقاً ﴾[1]، فكان إقراراً منهم بوجدان ذلك أنهم وجدوا ما وعدهم ربهم حقاً، ولو قيل لرجل لي عليك ألف درهم قال نعم، كان إقراراً صحيحاً لا يفتقر إلى نية، فيجب أن ينعقد به التزويج كما لو لفظ بذلك.

وروي عن أبي حنيفة[2] أنه لو قال: جئتك خاطبا ابنتك، أو لتزوجني ابنتك، فقال الأب قد زوجتك فالنكاح لازم، وليس للخاطب أن لا يقبل، لأن مبناه على المسامحة والمساهلة، لا المماكسة والمساومة.

والخلاصة أن كل لفظ يفيد معنى الوعد لا ينعقد به العقد؛ لأن الزواج يجب أن يصان عن احتمال المساومة والوعد، والقرائن لها دور في تمييز الوعد عن العقد فضلاً عن صيغة الأفعال.

الفرع الثاني

المادة اللفظية التي تتم بها صيغة عقد الزواج

اتفق الفقهاء[3] على أن عقد الزواج ينعقد بأحد لفظي الزواج والنكاح، وما يشتق منهما؛ لأنهما اللفظان اللذان يدلان على هذا العقد في اللغة والشريعة، ومن النصوص الشرعية التي استعمل فيها هذان اللفظان للدلالة على ذلك: قال اللـه تعالى:﴿فانكحوا ما طاب لكم من النساء﴾[4]، وقال اللـه تعالى: ﴿ فلما قضى زيد منها وطراً زوجناكها﴾[5].

---

[1] سورة الأعراف: آية 44.

[2] الاختيار: الموصلي 83/3.

[3] الاختيار: الموصلي 83/3، الهداية: المرغيناني 190/3-191، الإقناع: الشربيني 125/2، مغني المحتاج: الشربيني 140/3، بداية المجتهد 4/2، العدة شرح العمدة: المقدسي 353.، المغني: الشربيني 428/7-429.

[4] سورة النساء: آية 3.

[5] سورة الأحزاب: آية 37.

وقد اختلف الفقهاء في أن يكون للقبول لفظ معين كالإيجاب - كأن يقول: قبلت هذا النكاح ـ أم أنه لا يشترط ذلك، ويكتفى بما يدل على الرضا بما قاله العاقد الأول ـ كأن يقول: قبلت أو رضيت ـ على مذهبين:

الأول: ذهب الشافعية في المذهب والحنابلة في الراجح[1] إلى اشتراط أن يكون لفظ القبول كالإيجاب، فيقول: قبلت هذا النكاح أو ما شابههما من الألفاظ الصريحة في التزويج، لأنه كناية في النكاح يفتقر إلى النية، والإضمار فلم ينعقد به كلفظ الهبة والبيع.

الثاني: ذهب الحنفية والمالكية والشافعية في قول والحنابلة في رأي[2] إلى أنه لا يشترط لفظ معين للقبول، فيصح بقول: قبلت أو رضيت أو فعلت وغيرها، وقالوا بأن القبول صريح في الجواب، فانعقد به كما ينعقد به البيع وسائر العقود، وقولهم يفتقر إلى النية ممنوع، فإنه جواب فلا ينصرف إلا إلى المذكور.

واختلف الفقهاء في انعقاد النكاح بغير لفظي الإنكاح والتزويج على ثلاثة مذاهب:

المذهب الأول: ذهب الشافعية والحنابلة[3] إلى أنه لا ينعقد بغير هذين اللفظين.

واستدلوا على ذلك بما يلي:

1. قال الله تعالى: ﴿ وامرأة مؤمنة إن وهبت نفسها للنبي إن أراد النبي أن يستنكحها خالصة لك من دون المؤمنين ﴾[4].

وجه الدلالة: أن الله سبحانه وتعالى جعل لفظ الهبة خاصاً برسوله دون سائر المؤمنين.

2. عن جابر بن عبد الله رضي الله عنه أن النبي صلى الله عليه وسلم قال في خطبته بعرفة: ﴿ فاتقوا الله في النساء فإنكم أخذتموهن بأمان الله واستحللتم فروجهن بكلمة الله﴾[5]. وكلمة الله التي ذكرت في القرآن الكريم الزواج والنكاح.

---

[1] الأم: الغزالي، مغني المحتاج: الشربيني 139/3، 141 العدة: المقدسي 353، المغني: ابن قدامه 428/7.

[2] الاختيار: الموصلي 83/3، الشرح الصغير: الدردير 350/2، مغني المحتاج: الشربيني 139/3، 141 العدة: المقدسي: 353، المغني: ابن قدامه 428/7.

[3] الإقناع: الشربيني 125/3، مغني المحتاج /140/3/، العدة: المقدسي 353، المغني: ابن قدامه 428/7.

[4] سورة الأحزاب: آية 50.

[5] صحيح مسلم: مسلم 423/4.

لأن ما سوى لفظي النكاح والتزويج ليس صريحاً في إرادة النكاح، بل كناية، والكناية لا تعلم إلا بالنية، والشهادة شرط في النكاح ولا يمكن الشهادة على النية لعدم إطلاعهم عليها، فيجب أن لا ينعقد بغير هذين اللفظين.

المذهب الثاني: ذهب الحنفية[1] إلى أنه ينعقد بكل لفظ يدل على تمليك الأعيان - مثل: الهبة الصدقة، التمليك، الجعالة -

وقد استدلوا على ذلك بما يلي:

1. عن سهل بن سعد الساعدي أن رسول الله صلى الله عليه وسلم زوج رجلاً امرأة فقال: ﴿ اذهب فقد ملكتكها بما معك من القرآن﴾[2].

2. إن هذه الألفاظ تدل مجازاً على معنى الزواج والنكاح؛ لأن معناها اللغوي التمليك، والزواج تمليك للمتعة، وليست الحقيقة وحدها طريقاً للتعبير عن المعاني، بل الزواج طريق مألوف إذا قامت عليه قرينة، وهنا كذلك[3].

3. بأنه لفظ ينعقد به تزويج النبي صلى الله عليه وسلم ، فانعقد به نكاح أمته كلفظ الإنكاح والتزويج.

وأجابوا عن استدلال الشافعية بالآية بأنها دليل لنا، لأنها تدل على أن لفظ الهبة يستعمل في الزواج، والخصوصية التي كانت للرسول صلى الله عليه وسلم ليست في لفظ الهبة بدل لفظ الزواج أو النكاح إذ ليس فيه كبير فضل ولا تخفيف مشقة على النبي - صلى الله علي وسلم - وإنما الخصوصية في إسقاط المهر عنه فغيره لا يجوز له أن يتزوج بلفظ الهبة أو غيرها من غير مهر[4].

واتفقوا[5] على أنه لا ينعقد بلفظ الفداء والإبراء والفسخ والإقالة والخلع والكتابة والتمتع والإباحة والإحلال والرضى والإجارة والوديعة، لأنها لا تفيد التمليك، إذ فرق بينها وبين الهبة والتمليك، ولا بلفظ الإعارة لأنها تمليك للمنفعة مؤقتا، ولا بلفظ الوصية؛ لأنها توجب الملك لما بعد الموت.

---

[1] الاختيار: الموصلي 83/3، البحر الرائق: ابن نجيم 91/3، الهداية: المرغيناني 190/1.

[2] صحيح مسلم: مسلم 229/5.

[3] شرح قانون الأحوال الشخصية: السباعي 76/1.

[4] البحر الرائق: ابن نجيم 91/3، الهداية: المرغيناني 190/1.

[5] البحر الرائق: ابن نجيم 92/3.

واختلفوا[1] في غيرها من الألفاظ ـ كلفظ البيع، الشراء، السلم، الصرف، القرض ـ والأصح عندهم جواز استعمالها في الزواج؛ لأنها ألفاظ وضعت لتمليك الأعيان بعوض، فيجوز أن تكون مجازاً عن الزواج.

كما اختلفوا[2] في الزواج بلفظ الإجارة والعارية، والأصح عندهم عدم الجواز؛ لأنها تدل على تمليك المنفعة مؤقتاً، والزواج مشروط فيه التأبيد، وكذلك في انعقاده بلفظ الصلح قولان الأصح عدم انعقاده؛ لأنه موضوع للحطيطة وإسقاط الحق، كما أنه لا ينعقد بلفظ الرهن في القول الصحيح عندهم؛ لأنه لا يفيد الملك أصلاً.

المذهب الثالث: ذهب المالكية[3] إلى انعقاد النكاح بلفظ الهبة فقط إذا ذكر معها المهر، أما إذا لم يذكر المهر، فلا ينعقد ولو قصد به النكاح، أما كل لفظ يقتضي البقاء مدة الحياة مثل لفظ ـ الصدقة والتمليك ـ قولان الأصح عدم انعقاده، ولو ذكر معه المهر، وكل لفظ لا يقتضي البقاء مدة الحياة لا ينعقد به مطلقاً عندهم.

واستدلوا على ذلك بما استدل به الحنفية، واشتراط ذكر المهر ليكون قرينة على إرادة الزواج من هذه الألفاظ.

الفرع الثالث

الألفاظ المصحفة (العامية)

قد يتبادر إلى الذهن السؤال التالي:

ما حكم الزواج بالألفاظ المصحفة التي تجري على ألسنة العامة مثل تجوزت أو تزورت بدلاً من تزوجت؟

الجواب: كل لفظ يدل على معنى الزواج في عرف البلدة التي يجري فيها العقد ينعقد به الزواج كأن يقول أحد العاقدين: جوزتك بنتي أو يقول زوجتك ابنتي فيقول الآخر: قبلت تجويزها أو تزويجها وكان عرفاً صحيحاً عندهم في الدلالة على الزواج، انعقد العقد، ولأن من يتلفظ بهذه الألفاظ في حكم العاجز عن الألفاظ الموضوعة للعقد شرعاً، فصح منه.

---

[1] البحر الرائق: ابن نجيم 91/3.
[2] البحر الرائق: ابن نجيم 92/3.
[3] الشرح الصغير: الدردير 351/2.

الفرع الرابع

انعقاد النكاح بغير اللفظ العربي

سؤال: ما حكم انعقاد النكاح بغير اللفظ العربي؟

أجاب الفقهاء عن هذا السؤال من خلال مسألتين:

المسألة الأولى: حكم انعقاد النكاح بغير العربية من الذي لا يحسن العربية

ذهب عامة الفقهاء[1] إلى أنه يصح منه عقد النكاح بلسانه؛ لأنه عاجز عما سواه ويحتاج أن يأتي بمعناه الخاص بحيث يشتمل على معنى اللفظ العربي، وليس على من لا يحسن العربية تعلم ألفاظ النكاح، لأن النكاح غير واجب فلا يجب تعلم أركانه بالعربية كالبيع بخلاف التكبير.

وذهب أبو الخطاب[2] إلى أنه عليه أن يتعلم العربية؛ لأن ما كانت العربية شرطاً فيه، لزمه أن يتعلمها مع القدرة كالتكبير.

المسألة الثانية: حكم انعقاد النكاح بغير اللفظ للقادر عليه

اختلف الفقهاء في هذه المسألة على قولين:

الأول: ذهب الحنابلة والشافعية في قول[3] إلى أنه لا ينعقد عقد النكاح إلا بالعربية لقدرته على الألفاظ الموضوعة لذلك شرعاً.

الثاني: ذهب الحنفية والشافعية في الصحيح[4] إلى أنه ينعقد، لأنه أتى بلفظه الخاص، فانعقد به كما ينعقد بالعربية،، ولأنه لفظ لا يتعلق به إعجاز فاكتفى بترجمته.

[1] البحر الرائق: ابن نجيم 87/3، الإقناع: الشربيني 125/2، مغني المحتاج: الشربيني 140/3، المغني: ابن قدامه 430/7،

[2] المغني: ابن قدامه 430/7، الإقناع: الشربيني 125/2.

[3] مغني المحتاج: الشربيني 140/3، المغني: ابن قدامه 429/7،

[4] البحر الرائق: ابن نجيم 87/3، مغني المحتاج: الشربيني 140/3.

الفرع الخامس

انعقاد النكاح بالإشارة المفهمة:

ينعقد النكاح بالإشارة المعلومة من العاجز عن النطق بألفاظ الإيجاب والقبول كالأخرس عند عامة الفقهاء، كما ينعقد بكتابته[1]، لأنه معنى لا يستفاد إلا من جهة واحدة فصح بإشارته كبيعه وطلاقه ولعانه. ولا ينعقد بالإشارة غير المفهومة؛ لأن النكاح عقد بين شخصين ولا بد من فهم كل واحد منهما صاحبه، ولو فهم ذلك صاحبه العاقد لم يصح حتى يفهم الشهود أيضا لأن الشهادة شرط ولا يصح على ما لا يفهم.

أما إذا كان يحسن الكتابة فهل يصح عقده بالإشارة؟ روايتان في المذهب الحنفي[2]:

الرواية الأولى: إذا عجز المرء عن اللفظ صحت إشارته الدالة على مراده سواء أكان يحسن الكتابة أم لا.

الرواية الثانية: لا تصح الإشارة من العاجز عن اللفظ إذا كان يحسن الكتابة، لأن الكتابة أقوى دلاله.

الفرع السادس

انعقاد النكاح بالكتابة

اختلف الفقهاء في انعقاد النكاح بالكتابة على مذهبين:

الأول: ذهب الحنفية[3] إلى أنه ينعقد من الغائب لا من الحاضر إذا كانت الكتابة مستبينة يمكن قراءتها وفهمها كالكتابة على الورق، أما الكتابة في الهواء أو الماء فإنها لا تعتبر، وصورة ذلك أن يكتب الخاطب للمرأة التي يريد خطبتها كتاباً يقول فيه: تزوجتك بمهر مقداره ألف دينار مثلاً، فإذا وصلها الكتاب أحضرت الشهود وقرأته عليهم، وقالت: زوجت نفسي منه حتى يتم الإيجاب والقبول في المجلس وبحضور الشهود.

---

[1] مغني المحتاج: الشربيني 141/3، المغني: الشربيني 430/7.

[2] شرح قانون الأحوال الشخصية السوري: الصابوني 106/1.

[3] البحر الرائق: ابن نجيم 90/3.

الثاني: ذهب الشافعية والمالكية والحنابلة[1] إلى عدم انعقاده بالكتابة مع القدرة على النطق؛ لأن الكتابة من الكناية، ولا ينعقد النكاح بألفاظ الكنايات عندهم.

الفرع السابع

العقد بالتعاطي

هل ينعقد النكاح بالتعاطي كبقية العقود؟

لم يجز الفقهاء انعقاد النكاح بالتعاطي إلا ما جاء في البزازية عن صاحب البداية في امرأة زوجت نفسها بألف من رجل عند الشهود، فلم يقل الزوج شيئاً لكنه أعطاها المهر في المجلس أنه يكون قبولاً، وقد أجيب عليه بأنه لا يصح ما لم يقل بلسانه قبلت بخلاف البيع لأنه ينعقد بالتعاطي، والنكاح لخطره لا ينعقد حتى يتوقف على الشهود[2].

الفرع الثامن

صيغة عقد الزواج من حيث الإطلاق والتقييد

إن صيغة العقد إما أن تكون مطلقة، وإما أن تكون معلقة على شرط، وإما أن تكون مضافة إلى مستقبل، وإما أن تكون مقترنة بشرط، وسنبحث هذه الأمور من حيث صحة العقد فيما يلي:

أولاً: صيغة العقد المنجزة

العقد المنجز: هو أن تصدر عن العاقدين مطلقة غير مقيدة بشيء، كأن يقول: زوجيني نفسك، فتقول: قبلت.

والأصل في صيغ العقود ـ ومنها عقد الزواج ـ أن تكون منجزة، أي أن تكون خالية من كل تعليق ـ فلم تقيد بشرط، ولم تضف إلى زمان مستقبل، ولم تعلق على شرط، ومتى كانت كذلك ترتبت عليها آثار العقد بمجرد صدوره متى توافرت أركانه وشروطه

وأمثلة ذلك: أن يقول شخص لآخر زوجني ابنتك، فيقول الآخر: قبلت، أو أن يقول لها: أتزوجك على مهر قدره كذا فتقول: قبلت الزواج صح العقد وترتبت آثاره الشرعية إذا استوفى

---

[1] مغني المحتاج: الشربيني 141/3، الشرح الصغير: الدردير 350/2.
[2] البحر الرائق: ابن نجيم 3/.

هذا العقد بقية الشروط المطلوبة، وعقد الزواج من العقود التي لا تصح إلا منجزة نظراً لخطورة هذا العقد من أن يبقى في حيز الاحتمال والشك[1].

ثانياً: العقد المعلق على شرط

المقصود بالتعليق أن يجعل تحقق إنشاء عقد الزواج مرتبطاً بوجود أمرٍ آخر يمكن أن يتحقق ويمكن أن لا يتحقق، كأن يقول شخص لآخر: إن نجحت في الامتحان زوجتك ابنتي، فقد علق الزواج في هذا المثال على مضمون جملة أخرى وهو النجاح في الامتحان، فلو أجاب بقوله: قبلت، لا ينعقد النكاح لعدم تحقق الشرط.

صور التعليق: للتعليق عدة صور هي[2]:

الصورة الأولى: أن يكون التعليق صورياً، كما لو علق أمر كائن محقق الوجود، فهذا لا يعتبر تعليقاً، لأن التعليق يجب أن يكون على أمر محتمل الوجود لا على أمرٍ موجود كائن، ففي المثال السابق لو قال: إن نجحت في الامتحان زوجتك ابنتي، وكان قد نجح بالفعل، فقال: قبلت، صح العقد؛ لأنه لم يعد تعليقاً بل هو عقد منجز.

الصورة الثانية: أن يكون التعليق على أمر محتمل الوجود أي غير محقق بالفعل، كأن يقول لشخص تقدم للامتحان: إن نجحت في الامتحان زوجتك ابنتي، فقال: قبلت، فهذا لا يصح به عقد الزواج، لأن النجاح غير متحقق.

الصورة الثالثة: أن يعلق عقد الزواج على أمر تحقق وجوده في المجلس، كأن تقول له زوجتك نفسي إن رضي أبي، وكان أبوها حاضراً في المجلس، ورضي الأب، صح العقد إن أجابها الزوج بالقبول؛ لأنه أصبح في حكم المنجز بسبب وجود المعلق عليه وتحققه في المجلس.

ثالثاً: العقد المضاف إلى المستقبل

العقد المضاف إلى مستقبل: هو ما كانت صيغته مضافة إلى زمن مستقبل كما لو قالت له: سأزوجك نفسي، فيقول: قبلت، أو يقول لها: تزوجتك بعد شهر، فتقول: قبلت الزواج، فهذه

---

[1] انظر الفرع الأول من هذا المبحث، والذي يوضح الصورة اللفظية التي تدل على تنجيز العقد وإنشائه.

[2] البحر الرائق: ابن نجيم 84/3، الإقناع: الشربيني 125/2، مغني المحتاج: الشربيني 82/3، المغني: ابن قدامه 426/7.

الصيغة لا ينعقد بها النكاح؛ لأن عقد النكاح تثبت آثاره في الحال، ولا يمكن أن تتأخر آثاره عن الصيغة المنشأة له[1].

رابعاً: اقتران العقد بالشرط

العقد المقترن بالشرط: هو الذي صدرت فيه الصيغة أولاً غير معلقة على شرط، ثم أضيف إليها ـ بعد ذلك ـ شرط، كأن يقول تزوجتك على مهر قدره كذا؛ بشرط أن لا تخرجي من بيتي دون إذني، فتقول: قبلت.

الفرق بين العقد المعلق على شرط والعقد المقترن بشرط هو:

العقد المعلق على شرط لا ينعقد إلا عند حصول الشرط، كأن يقول لها: تزوجتك إن رضي أبوك، فتقول: قبلت، ويكون أبوها حاضراً ورضي، فإنه ينعقد لحصول الشرط، أما العقد المقترن بشرط، فهو منعقد، ولكنه يحتاج إلى بحث لمعرفة صحة الشرط المقترن به، ومدى قوة إلزامه وتنفيذه.

أما العقد المقترن بشرط ففيه تفصيل على النحو التالي:

أولاً: إن كان الشرط الذي أضيف إلى الصيغة مما يقتضيه العقد، أو يلائمه، أو مما جاء به الشرع، أو جرى عليه العرف؛ كأن تشرط حسن العشرة والإنفاق عليه، أو تشترط تعجيل بعض المهر، أو يشترط عليها أن لا تخرج بغير إذنه، أو أن لا تتصرف في متاعه إلا برضا، فالشرط صحيح، ويجب الوفاء به، ويصح العقد اتفاقاً[2].

ثانياً: أما إن كان الشرط الذي أضيف إلى الصيغة مما لا يقتضيه العقد، ولا يناسبه، ولا ورد به الشرع، ولا جرى به العرف، كأن تشترط عليه أن لا ترثه، أو أن تخرج من بيته دون إذنه متى شاءت، أو أن يشترط عليها أن لا مهر لها، أو أن لا ترثه، أو أن تشترط طلاق ضرتها، فالشرط باطل، ولا يجب الوفاء به، والعقد صحيح عند عامة الفقهاء[3].

---

[1] البحر الرائق: ابن نجيم 87/3، الشرح الصغير: 350/2، روضة الطالبين: النووي.

[2] المغني: ابن قدامه 448/7، سبل السلام: الصنعاني 125/3، نيل الأوطار: الشوكاني 280/6، شرح النووي: النووي 218/5، المحلى: ابن حزم 123/9.

[3] شرح النووي: النووي 218/5، المغني: ابن قدامه 450/7،سبل السلام: الصنعاني 125/3،نيل الأوطار: الشوكاني 280/6ـ281.

وذهب المالكية[1] إلى أن النكاح المقترن بشرط ينافي المقصود من العقد، كأن لا ينفق عليها، أو أن لا يأتيها إلا ليلاً، أو أن لا يقسم بينها وبين ضرتها في المبيت، أو أن تشترط طلاق ضرتها، يفسخ العقد قبل الدخول، وإن حصل دخول ألغي الشرط، ووجب لها المسمى إن كان حلالاً، وإن لم يكن فيه مسمى كنكاح الشغار، أو كان قد سمي المهر ولكنه محرم كالخمر وجب لها صداق المثل لما في هذا الشرط من التأثير في الصداق لأنه يزيد وينقص لذلك.

وذهب بعض الحنابلة[2] إلى القول بأنه يصح للمرأة أن تشترط على زوجها طلاق ضرتها، وأنه شرط لازم، ودليله أنه لا ينافي مقتضى العقد ولها فيه فائدة، فأشبه ما لو شرطت عليه أن لا يتزوج عليها، وأن النهي الوارد في الحديث الشريف محمول على الندب لا التحريم.

أما عامة الفقهاء[3] فقد استدلوا على أن شرط طلاق ضرتها لاغ، ولا يجب الوفاء به بما روي عن أبي هريرة أن النبي صلى الله عليه وسلم قال: ﴿ لا تسأل المرأة طلاق أختها لتستفرغ صحفتها فإن لها ما قدر لها﴾[4]، والنهي يقتضي فسادة المنهي عنه، ولأنها شرطت عليه فسخ عقده وإبطال حقه وحق امرأته، فلم يصح كما لو شرطت عليه فسخ بيعه.

ثالثاً: وإن كان الشرط لا ينافي مقتضى العقد، ولا مما يقتضيه العقد، ولا يخل بمقصوده الأصلي، ولا مما يؤكد ما يقتضيه العقد، ولا مما جاء به الشرع، أو جرى العرف الصحيح به كأن تشترط في العقد أن لا يخرجها من دارها، أو أن لا تسافر معه، أو أن يتزوج عليها ولا أن يتسرى عليها، فالشرط باطل، والعقد صحيح، ولها مهر المثل عند جمهور الفقهاء[5].

وقد استدلوا على ذلك بما يلي:

1. قال النبي صلى الله عليه وسلم : ﴿كل شرط ليس في كتاب الله فهو باطل ﴾[6].

وجه الدلالة: أن هذا الشرط ليس في كتاب الله؛ لأن الشرع لا يقتضيه، لذلك فهو باطل.

2. قال النبي صلى الله عليه وسلم : ﴿ المسلمون عند شروطهم إلا شرطاً أحل حراماً أو حرم حلالاً ﴾[7].

---

[1] الشرح الصغير: الدردير 384/2ـ386.

[2] المغني: ابن قدامه 450/7، نيل الأوطار: الشوكاني 280/6.

[3] المغني: ابن قدامه 449/7.

[4] صحيح البخاري: البخاري 35/7.

[5] المغني: ابن قدامه 448ـ449، نيل الأوطار: الشوكاني 280ـ281،سبل السلام: الصنعاني: 125/3، الموطأ: مالك 419/2.

[6] السنن الكبرى: البيهقي 132/7.

[7] السنن الكبرى: البيهقي 249/7.

وجه الدلالة: وهذا شرط يحرم الحلال، وهو التزويج والتسري والسفر، ولأن هذا الشرط ليس من مصلحة العقد ولا مقتضاه، ولم يبن على التغليب والسراية، فكان فاسداً، كما لو شرطت أن لا تسلم نفسها.

3. روي أن النبي صلى الله عليه وسلم خطب أم بشر بنت البراء بن معرور فقالت: إني شرطت لزوجي أن لا أتزوج بعده فقال النبي صلى الله عليه وسلم :《 إن هذا لا يصلح 》[1].

وذهب الحنابلة[2] إلى جواز هذه الشروط، ووجوب الوفاء بها، فإن لم يف بالشرط كان لها فسخ النكاح، وقد استدلوا على ذلك بما يلي:

1. قال صلى الله عليه وسلم :《 المسلمون عند شروطهم إلا شرطاً أحل حراماً أو حرم حلالاً 》[3].

وجه الدلالة: يدل الحديث على أن الأصل في الشروط الصحة حتى يقوم دليل شرعي على بطلان تلك الشروط.

2- قال النبي صلى الله عليه وسلم :《أحق ما أوفيتم به من الشروط أن توفوا ما استحللتم به من الفروج》[4].

وجه الدلالة: يدل الحديث على وجوب الوفاء بجميع الشروط المقترنة بعقد الزواج إذا كانت لا تنافي ما يقتضيه العقد.

3. روي أن رجلاً تزوج امرأة وشرط لها دارها ثم أراد نقلها فخاصموه إلى عمر، فقال عمر " لها شرطها، مقاطع الحقوق عند الشروط "[5].

وقد أجيب عن ذلك بما روى ابن وهب بإسناد جيد أن رجلاً تزوج امرأة فشرط أن لا يخرجها من دارها، فارتفعوا إلى عمر، فوضع الشرط، وقال المرأة مع زوجها[6]. وقال أبو عبيد تضادت الروايات عن عمر في هذا[7].

---

[1] نيل الأوطار: الشوكاني 282/6.

[2] المغني: ابن قدامه 448ـ449، نيل الأوطار: الشوكاني 280ـ281،سبل السلام: الصنعاني: 125/3.

[3] السنن الكبرى: البيهقي 249/7.

[4] صحيح البخاري: البخاري 34/7، صحيح مسلم: مسلم 218/5 واللفظ للبخاري.

[5] السنن الكبرى: البيهقي 249/7، المغني: ابن قدامه 449/7.

[6] نيل الأوطار: الشوكاني 281/6.

[7] نيل الأوطار: الشوكاني 281/6.

4. إجماع الصحابة، حيث روي عن بعضهم مثل عمر بن الخطاب وسعد بن أبي وقاص ومعاوية وعمرو بن العاص، ولم يعلم لهم مخالفاً في عصرهم، فكان إجماعاً[1].

وقد أجيب عن ذلك بما روى الترمذي عن علي ابن أبي طالب أنه قال: شرط الله قبل شرطها وقال: كأنه رأى للزوج أن يخرجها،وإن كانت قد اشترطت على زوجها أن لا يخرجها[2]، وهذا يبطل القول بحصول الإجماع في عصر الصحابة.

5. لأن الأصل وجوب الوفاء بالعقود، لأنها قائمة على الرضا، ولتحقيق منفعة للمتعاقدين ما دامت لا تتعارض مع القواعد العامة التي نص عليها الشارع، والهدف من الشرط تحقيق منفعة مقصودة لمن اشترطه، فيجب الوفاء به عملاً بقول الله تعالى: ﴿ يا أيها الذين آمنوا أوفوا بالعقود﴾[3].

6. أجابوا عن من قال بأنه يحرم حلالاً، بأنه لا يحرم حلالاً، وإنما يثبت للمرأة حق الفسخ إن لم يف بهذا الشرط[4].

الشرط[4].

ملاحظة: يجب التفريق بين العقود المقترنة بالشروط من حيث كونها تتعلق بآثار العقد، وهل هذا الشرط ملزم لصاحبه أم غير ملزم، لا بصيغة العقد، لأنها منجزة صحيحة، ومن حيث كونها شروط تتعلق بصيغة العقد، ويترتب على وجودها صحة العقد أو بطلانه أو فساده، **ويتعلق بالشروط المقترنة بصيغة العقد موضوعان هما:**

الموضوع الأول: نكاح الشغار:

الشغار لغة[5]: بكسر الشين المعجمة، مأخوذة من قولهم شغر البلد شغوراً أي خلا وفرغ من السكان، وتأتي بمعنى الرفع، يقال: شغر الكلب إذا رفع رجليه ليبول، فكأن كل واحد منهما رفع رجله للآخر عما يريد، ثم استعمل فيما يشبهه من رفع رجل المرأة عند الجماع.

أما في الاصطلاح: فهو أن يُنْكِحَ الرجل وليته رجلاً آخر على أن يُنْكِحَه الآخر وليته، ولا صداق بينهما إلا بضع هذه ببضع الأخرى[6].

---

[1] المغني: ابن قدامه 449/7.

[2] سنن الترمذي: الترمذي 368/2، سبل السلام: الصنعاني 3:125، نيل الأوطار: الشوكاني 281/6.

[3] سورة المائدة: آية 1.

[4] المغني: ابن قدامه 449/7.

[5] المعجم الوسيط: إبراهيم مصطفى وآخرون 488/1، المغني: ابن قدامه 569/7، شرح النووي 217/5.

[6] بداية المجتهد: القرطبي 57/2.

وصورته: أن يقول أحدهما: زوجتك بنتي على أن تزوجني ابنتك، وبضع كل واحدة صداقاً للأخرى. ويجري هذا النكاح في بعض الأوساط الريفية.

وقد اختلف الفقهاء في صحة العقد وعدم صحته على النحو التالي:

المذهب الأول: ذهب جمهور الفقهاء من المالكية[1]، والشافعية[2]، والحنابلة[3]، والظاهرية[4] إلى القول بعدم صحة هذا العقد، ويفسخ أبدا قبل الدخول وبعده.

واستدلوا على ذلك بما يلي:

1. عن ابن عمر ـ رضي الله عنهما ـ ﴿ أن رسول الله صلى الله عليه وسلم نهى عن الشغار﴾، وفي رواية أخرى عن ابن عمر أن النبي صلى الله عليه وسلم قال:﴿ لا شغار في الإسلام ﴾[5]. والنهي يقتضي فساد المنهي عنه.

2. لأنه جعل كل واحد من العقدين سلفاً في الآخر، فلم يصح[6].

المذهب الثاني: ذهب الحنفية[7] إلى القول بصحة العقد وبطلان الشرط، لأن الفساد هنا إنما يتعلق بالمهر لا بالعقد، وإذا فسد المهر صح العقد، ولزم مهر المثل.

وقد أجيب عن هذا الاستدلال بأن الفساد ليس من قبل التسمية، بل من جهة أنه وقفه على شرط فاسد أو لأنه شرط تمليك البضع لغير الزوج فإنه جعل تمليكه إياها مهراً للأخرى، فكان ملكه إياها بشرط انتزاعه منه[8].

أما إن سمي لكل منهما مهراً، فالصحيح عند الشافعية[9]، والحنابلة[10]، صحة العقد، لأنه قد سمي صداقاً، وفي وجوب مهر المثل قولان: الأول: يجب مهر المثل، والثاني: يجب المسمى.

---

[1] بداية المجتهد: القرطبي 57/2، الشرح الصغير: الدردير: 385/2، 446.

[2] مغني المحتاج الشربيني 142/3.

[3] زاد المعاد: ابن قيم الجوزية 81/5،المغني: ابن قدامه 568/7.

[4] المحلى: ابن حزم 118/9.

[5] رواه أصحاب الكتب الستة واللفظ لمسلم، صحيح مسلم: مسلم 216/5.

[6] المغني: ابن قدامه 568/7.

[7] البحر الرائق: ابن نجيم 167/3، شرح النووي: النووي 217/5.

[8] المغني: ابن قدامه 568/7.

[9] مغني المحتاج: الشربيني 143/3.

[10] زاد المعاد: ابن قيم الجوزية 81/5،المغني: ابن قدامه 569/7.

المذهب الثالث: ذهب المالكية[1]، والشافعية في قول[2]، والحنابلة في رأي[3]، إلى القول بعدم صحة العقد، وأنه يجب يجب فسخه قبل الدخول، أما بعد الدخول فإن العقد يثبت بالأكثر المسمى أو مهر المثل.

وقد استدلوا على ذلك بما روى عبد الرحمن بن هرمز الأعرج، أن العباس بن عبد الله بن العباس أنكح عبد الرحمن ابنته، وأنكحه عبد الرحمن ابنته، وكانا جعلا صداقاً، فكتب معاوية إلى مروان يأمره بالتفريق بينهما، وقال في كتابه: هذا الشغار الذي نهى عنه رسول صلى الله عليه وسلم [4].

المذهب الرابع: ذهب الظاهرية[5] إلى القول بفساد العقد، ووجوب فسخه، وعدم ترتب أي أثر من آثار عقد الزواج عليه.

أما إذا صرح بالتشريك، كأن يقول زوجتك ابنتي على أن تزوجني ابنتك ومهر كل واحدة منهما مائة وبضع الأخرى، فالنكاح فاسد عند الحنابلة[6] والشافعية في الأصح[7]، لأنه صرح بالتشريك، فلم يصح العقد، وقال المالكية[8] بأنه يفسخ العقد قبل الدخول، ويثبت بعده بالأكثر المسمى ومهر المثل.

الموضوع الثاني: النكاح غير المؤبد

سبق أن بينا أن عقد الزواج عقد الحياة، والغاية منه اشتراك الرجل مع المرأة في حياة زوجية من أجل أيجاد نسل، وعقد هذه إحدى غاياته لا بد أن يكون مؤبداً غير مؤقت. وقد ذهب جمهور الفقهاء إلى أن التأقيت يبطل عقد الزواج، وذلك في صورتين هما: زواج المتعة، والزواج المؤقت، وسوف نبحثهما عند الحديث عن شروط صحة عقد الزواج.

---

[1] الشرح الصغير: الدردير 446/2.

[2] مغني المحتاج: الشربيني 143/3.

[3] زاد المعاد: ابن قيم الجوزية 81/5، المغني: ابن قدامه 569/7.

[4] سنن أبي داود: أبي داود 226/2.

[5] المحلى: ابن حزم 118/9ـ122.

[6] زاد المعاد: ابن قيم الجوزية 81/5، المغني: ابن قدامه 570/7.

[7] مغني المحتاج: الشربيني 143/3.

[8] الشرح الصغير: الدردير 446/2.

رأي القانون

أخذ قانون الأحوال الشخصية الأردني[1] برأي الجمهور حيث جاء في المادة (15) "يكون الإيجاب والقبول بالألفاظ الصريحة كالإنكاح والتزويج وللعاجز عنهما بإشارته المعلومة"، ويفهم من النص أنه لا يصح العقد بالكتابة، وهذا رأي سديد حيث استبعد انعقاد العقد بالكتابة؛ لأنها قد توقع في نزاعات وخلافات أهمها إنكار التوقيع على الرسالة وإمكان التزوير، وهذا يؤدي إلى الفوضى مع عدم الحاجة إلى انعقاده بهذا الأسلوب.

بينما القوانين الأخرى فقد أخذت برأي الحنفية في صحة انعقاد الزواج بالكتابة كما يلي:

نص القانون السوري[2] في المواد (6،7،10) والقانون العراقي[3] في المادة (4،6) ومشروع القانون الكويتي[4] في المادة (9) ومشروع القانون الإماراتي[5] في المادة (6)، على ما يلي: " يكون الإيجاب والقبول في الزواج مشافهة بالألفاظ التي تفيد معناه عرفاً أو بأي لغةٍ. ويجوز أن يكون الإيجاب بين الغائبين بالكتابة أو بواسطة رسول. وفي حالة العجز عن النطق تقوم مقامه الكتابة، فإن تعذرت فالإشارة المفهمة ".

ونص القانون السوداني[6] في (الفقرتين هـ، و، من المادة 14)، ومدونة الأحوال الشخصية المغربية[7] في (الفقرة 2 من من الفصل الرابع) ومشروع القانون العربي الموحد[8] في المادة (23)، ومشروع القانون الخليجي[9] في المادة (18)، على صحة العقد بالكتابة في حالة الغيب، أو العجز عن النطق، وعند تعذر الكتابة أجازوا الإشارة المفهومة، حيث نصت على أنه "

---

[1] القرارات القضائية: عمرو 359، مجموعة التشريعات: الظاهر 104.

[2] قانون الأحوال الشخصية السوري ومذكرته الإيضاحية: الكويفي ص 25ـ26، قانون الأحوال الشخصية المعدل: وزارة العدل ص 23.

[3] الأحوال الشخصية: الكبيسي 401/2.

[4] مشروع قانون الأحوال الشخصية الكويتي.

[5] مشروع قانون الأحوال الشخصية الإماراتي ص 3 ـ4.

[6] قانون الأحوال الشخصية السوداني ص 8.

[7] مدونة الأحوال الشخصية المغربية ص 8، الوثائق العدلية: العراقي ص 123، أحكام الأسرة: ابن معجوزص350.

[8] المجلة العربية للفقه والقانون: الأمانة العامة ص 20.

[9] جريدة الخليج: العدد 6378 ص 11.

يكون كل من العاقدين الحاضرين سامعاً كلام الآخر، فاهما أن المقصود منه الزواج. ويكون العقد بالكتابة، في حالة الغيب أو العجز عن النطق، فإن تعذرت الكتابة فالإشارة المفهومة ".

ولم تشر هذه القوانين إلى التعاقد بالتعاطي، مما يدل على أنها ذهبت إلى عدم صحة عقد الزواج بالتعاطي.

أما من حيث العقد المعلق والمضاف: فقد ذهب قانون الأحوال الشخصية الأردني[1] في المادة (18)، والقانون السوري[2] في المادة (23) والقانون العراقي[3] في (الفقرة هـ/ا من المادة 6) على أنه " لا ينعقد الزواج المضاف إلى المستقبل ولا المعلق على شرط "

ونص القانون السوداني[4] في (الفقرة أ من المادة 14)، والقانون الكويتي[5] في (الفقرة أ من المادة 10) على أنه " يشترط في الإيجاب والقبول أن يكونا منجزين، غير دالين على التأقيت ". ونص مشروع القانون العربي الموحد[6] في (الفقرة 3 من المادة 24)، ومشروع القانون الخليجي[7] في المادة (22) على أن " يكون الإيجاب والقبول منجزين ".

أما مشروع القانون الإماراتي[8] فقد نص في المادة (7) على أنه: " يشترط في الإيجاب والقبول أن يكونا منجزين غير دالين على التوقيت، فلا ينعقد الزواج المعلق على شرط غير متحقق، ولا الزواج المضاف إلى المستقبل، ولا زواج المتعة، ولا الزواج المؤقت، ولا يعتد بغير ما تضمنه العقد الرسمي من الشروط ".

وأما بالنسبة للشروط المقترنة بعقد الزواج: فقد نص القانون الأردني[9] في المادة (19) والقانون السوري[10] في المادة (14) على ما يلي:

" إذا اشترط في العقد شرط نافع لأحد الطرفين، ولم يكن منافياً لمقاصد الزواج، ولم يُلتزم فيه بما هو محظور شرعاً، وسجل في وثيقة العقد وجبت مراعاته وفقاً لما يلي:

---

[1] مجموعة التشريعات: الظاهر ص 104، القرارات القضائية: عمرو ص 360.

[2] قانون الأحوال الشخصية السوري ومذكرته الإيضاحية: الكويفي ص 26،قانون الأحوال الشخصية المعدل: وزارة العدل ص 24.

[3] الأحوال الشخصية: الكبيسي 401.

[4] قانون الأحوال الشخصية السوداني ص 7.

[5] قانون الأحوال الشخصية الكويتي.

[6] المجلة العربية للفقه والقانون: الأمانة العامة ص 20.

[7] جريدة الخليج: العدد 6378 ص 11.

[8] مشروع قانون الأحوال الشخصية الإماراتي ص 4.

[9] مجموعة التشريعات: الظاهر ص 105، القرارات القضائية: عمرو 360-361، لفظ النص الوارد للقانون الأردني.

[10] قانون الأحوال الشخصية السوري ومذكرته الإيضاحية: الكويفي ص 26-27، قانون الأحوال الشخصية المعدل: وزارة العدل ص 24.

1.إذا اشترطت الزوجة على زوجها شرطاً تتحقق لها به مصلحة غير محظورة شرعاً ولا يمس حق الغير كأن تشترط عليه أن لا يخرجها من بلدها أو أن لا يتزوج عليها أو أن يجعل أمرها بيدها تطلق نفسها إذا شاءت أو أن يسكنها في بلـد معين، كان الشرط صحيحاً وملزماً فإن لم يف به الزوج فسخ العقد بطلب الزوجة ولها مطالبته بسائر حقوقها الزوجية.

2.إذا اشترط الزوج على زوجته شرطاً تتحقق له مصلحة غير محظورة شرعاً، ولا يمس حق الغير كأن يشترط عليها أن لا تعمل خارج البيت أو أن تسكن معه في البلد الذي يعمل هو فيه كان الشرط صحيحاً وملزماً، فإن لم تف به الزوجـة فسخ النكاح بطلب من الزوج وأعفي من مهرها المؤجل ومن نفقة عدتها.

3.أما إذا قيد العقد بشرط ينافي مقاصده أو يلتزم بما هو محظور شرعاً؛ كأن يشترط أحد الزوجين على الآخر أن لا يساكنه أو أن لا يعاشره معاشرة الأزواج أو أن يشرب الخمر أو أن يقاطع أحد والديه كان الشرط باطلاً والعقد صحيحاً ".

ونص القانون السوداني[1] في المادة (42)، ومشروع القانون العربي الموحد[2] في المادة(6) والمشروع الخليجي[3] في المادة (5) على أن:

" أ. الأزواج عند شروطهم إلا شرطاً أحل حراماً أو حرم حلالاً.

ب. إذا اقترن العقد بشرط ينافي غايته أو مقاصده فالشرط باطل والعقد صحيح ـ وقد استثنى القانون السـوداني شرط التأقيت، فإنه مبطل للعقد ـ

ج. لا يعتد بأي شرط إلا إذا نص عليه صراحة في عقد الزواج.

وأضاف قانون مجلس التعاون الخليجي: "د. للمتضرر من الزوجين عند الإخلال بالشروط حق طلب فسخ العقـد أو التطليق ".

ونص مشروع القانون الكويتي[4] في المادة (40) على أنه " إذا اقترن عقد الزواج بشرط ينافي أصله بطل العقد.

[1] قانون الأحوال الشخصية السوداني ص 17.
[2] المجلة العربية للفقه والقانون: الأمانة العامة ص 19.
[3] جريدة الخليج: العدد 6378 ص 11.
[4] مشروع قانون الأحوال الشخصية الكويتي.

ب. وإذا اقترن بشرط لا ينافي أصله، ولكن ينافي مقتضاه، أو كان محرماً شرعاً بطل الشرط، وصح العقد.

ج. وإذا اقترن بشرط لا ينافي أصله ولا مقتضاه، وليس محرماً شرعاً صح الشرط ووجب الوفاء، فإن لم يوفي به كان للمشروط حق طلب الفسخ.

د. ويسري حكم الفقرة السابقة عند فوات الوصف المعين المشروط في أحد الزوجين ".

كما نص مشروع القانون الإماراتي[1] في المادة (28) على أنه:

"1. إذا اشترط في عقد الزواج شرط ينافي أصله بطل العقد.

2. وإذا اشترط فيه شرط لا ينافي أصله، ولكن ينافي مقتضاه أو كان محرماً شرعاً بطل الشرط وصح العقد.

3. وإذا اشترط فيه شرط لا ينافي أصله، ولا مقتضاه وليس محرماً شرعاً صح الشرط ووجب الوفاء به، وإذا أخل به من شرط عليه كان لمن شرط له حق الخيار سواء أكان من جانب الزوجة أم من جانب الزوج.

4. والمحرم هو المتفق على تحريمه في أرجح الأقوال في المذاهب الأربعة.

5. وإذا اشترط أحد الزوجين في الآخر وصفاً معيناً فتبين خلافه كان للمشترط طلب فسخ الزواج.

6. ويسقط حق الفسخ بإسقاط صاحبه أو رضائه بالمخالفة صراحة أو ضمناً ويعتبر في حكم الرضا الضمني مرور سنة على وقوع المخالفة مع العلم بها وكذا بالطلاق البائن.

أما القانون العراقي[2] فقد اقتصر في المادة السادسة على ما يلي: " الشروط المشروعة التي تشترط ضمن عقد الزواج معتبرة يجب الإيفاء بها. وقال: للزوجة طلب فسخ العقد عند عدم إيفاء الزوج بما اشترط ضمن عقد الزواج ".

[1] مشروع القانون الإماراتي: وزارة العدل 10.

[2] الأحوال الشخصية: الكبيسي ص 401.

المطلب الثاني

العاقدان[1]

الركن الثاني من أركان العقد العاقدان[2] -الزوج والزوجة ووليها، أو من ينوب عنهما - حيث يشترط أن يكون العاقد كامل الأهلية، أما فاقد الأهلية، فعبارته ملغاة، وهو من كان دون السابعة من عمره أو كان مجنوناً أو معتوهاً ومن في حكمهما، وذلك لأن عقدهما باطل. أما ناقص الأهلية وهو من بلغ السابعة، ولم يبلغ سن البلوغ، فعقده موقوف على إجازة وليه.

أما العاقد الثاني - وهو الولي أو الزوجة - فإن كانت الزوجة بالغة عاقلة صح عقدها عند الحنفية[3] على أن يكون زوجها كفئاً لها، وأما الجمهور[4] فاشترطوا أن يكون الولي هو العاقد.

كما يشترط الرضا لانعقاد العقد، فإن العقد مع الإكراه باطل؛ لأنه لا إرادة للمكره، وما اللفظ الذي يصدر عنه إلا لغو لا قيمة له[5].

رأي القانون:

نصت بعض القوانين صراحة على أن الزوجان هما الركن الثاني من أركان عقد الزواج، ومن ذلك القانون السوداني[6] في المادة (12) ومشروع القانون العربي الموحد[7] في المادة (19)، ومشروع القانون الخليجي[8] في المادة (17) حيث نصت على على أن " ركنا عقد الزواج أ. الزوجان ب. الإيجاب والقبول ".

---

[1] سوف يتم بحث شروط العاقدين بالتفصيل عند الحديث عن شروط عقد النكاح.

[2] البحر الرائق: ابن نجيم 87/3، مغني المحتاج: الشربيني 139/3، الشرح الصغير: الدردير 335/2، العدة: المقدسي ص 353.

[3] البحر الرائق: ابن نجيم 87/3، الهداية: المرغيناني 196/1.

[4] مغني المحتاج: الشربيني 139/3، الشرح الصغير: الدردير 335/2، العدة: المقدسي ص 353.

[5] هذا ما ذهب إليه جمهور الفقهاء، خلافاً للحنفية.

[6] قانون لأحوال الشخصية السوداني لسنة 1991 ص 6.

[7] المجلة العربية للفقه والقضاء: الأمانة العامة ص 20.

[8] جريدة الخليج: العدد 6378 ص11.

بينما يفهم من نصوص القوانين الأخرى أن العاقدين ركن من أركان عقد الزواج ومن ذلك القانون الأردني[1] في المادة (14)، والقانون العراقي[2] في المادة (4) حيث نصت على أنه: " ينعقد الزواج بإيجاب وقبول من الخاطبين أو وكيليهما ".

والقانون السوري[3] في المادة (5)، ومدونة الأحوال الشخصية المغربية[4] في الفصل الرابع حيث نصت على أنه " ينعقد الزواج بإيجاب من أحد العاقدين وقبول من الآخر ".

أما مشروع القانون الكويتي[5] فقد نص في المادة (8) حيث نص على أنه " ينعقد الزواج بإيجاب من ولي الزوجة، وقبول من الزوج أو من يقوم مقامهما ".

كما نص مشروع القانون الإماراتي[6] في المادة (5) على أنه " ينعقد الإيجاب والقبول ممن هما أهل لذلك ".

المطلب الثالث

محل العقد

محل العقد[7] هو الركن الثالث من أركان عقد الزواج ويقصد به موضوع العقد وهو استمتاع كل من الرجل والمرأة بالآخر - وليست المرأة - والحكم الذي يفيده العقد هو حل استمتاع كلٍ منهما بالآخر؛ ولذلك يشترط أن تكون الزوجة من غير المحرمات على الزوج[1].

---

[1] مجموعة التشريعات: الظاهر ص103، القرارات القضائية: عمرو 359.

[2] الأحوال الشخصية: الكبيسي 401/2.

[3] قانون الأحوال الشخصية السوري: وزارة العدل ص 23، قانون الأحوال الشخصية السوري ومذكرته الإيضاحية: الكويفي ص 25.

[4] مدونة الأحوال الشخصية المغربية: ص 8، الوثائق العدلية: العراقي ص123، أحكام الأسرة: ابن معجوز 350

[5] مشروع قانون الأحوال الشخصية الكويتي.

[6] مشروع قانون الأحوال الشخصية الإماراتي: وزارة الأوقاف ص 3.

[7] يرى فقهاؤنا أن المرأة هي محل العقد - أي المعقود عليها - في عقد الزواج، وقد سار على ذلك معظم الفقهاء المعاصرين: منهم د. عبد الرحمن تاج في كتابه الأحوال الشخصية، زكريا البرديسي في كتابه الأحكام الإسلامية في الأحوال الشخصية، محمد حسين الذهبي في كتابه الشريعة الإسلامية. وذهب البعض إلى أن المقصود بمحل العقد ليست المرأة، وإنما حل استمتاع كل من الزوجين بالآخر، ومنهم د. عبد الرحمن السباعي في كتابه شرح قانون الأحوال الشخصية السوري، د. محمود السرطاوي في كتابه شرح قانون الأحوال الشخصية الأردني، د. مصطفى السباعي في كتابه شرح قانون الأحوال الشخصية، وكتابه

المبحث الثاني

شرائط النكاح التي لا يقوم العقد إلا بها

شرائط النكاح التي لا يقوم العقد إلا بها نوعان هما:

الأول: شرائط الصحة.

الثاني: شرائط الانعقاد.

وسوف نبحثهما في المطالب التالية:

المطلب الأول

شرائط الصحة

شرائط الصحة: هي الشروط التي لا بد لوجودها في العقد بعد انعقاده لترتب آثاره الشرعية عليه، فإن تخلف شرط منها أصبح العقد فاسداً.

فالنكاح الفاسد: هو عقد توافرت فيه جميع الأركان وشروطه، ولكن وجد فيه خلل في أمرٍ من الأمور التي تعتبر خارجة عن ماهيته، وليست جزءاً منها اشترطها الشارع كشروط صحة لا بد منها في كل عقد حسب نوعه.

وشرائط صحة عقد الزواج هي:

1 ـ أن لا تكون بين الزوجين حرمة مؤبدة أو مؤقتة.

2 ـ أن تكون صيغة العقد مؤبدة لا مؤقتة.

3 ـ الإشهاد على عقد الزواج.

نظام الأسرة وحل مشكلاتها في ضوء الإسلام. وهذا الرأي الذي نميل إليه لأن المرأة طرف في عقد الزواج، والمعقود عليه هو أمر مشترك بين الزوجين، وهو هنا حل الاستمتاع لإيجاد النسل وتكثير الأمة الإسلامية.

يرى الإمام أبو حنيفة أن من شرائط الانعقاد أن تكون المرأة محققة الأنوثة، ولكننا نقول بأنه يقع ضمن محل العقد وهو حل الاستمتاع؛ لأن الإنسان إذا لم يكن محقق الأنوثة أو محقق الرجولة كالخنثى المشكل لا يحل زواجه، ولا نعتبره محلاً للعقد؛ لأن سبب عدم الانعقاد هو عدم الحل فيدخل تحت عموم المحرمات لأنه طرف في العقد، وليس معقوداً عليه.وسواء أكان غير محقق الأنوثة أو غير محقق الرجولة فحكمه واحد.

[1] سوف يتم بحث ذلك بالتفصيل عند الحديث عن شروط صحة عقد النكاح.

4 ـ أن لا يكون العاقد محرماً بحج أو عمرة.

الفرع الأول

أن لا تكون بين الزوجين حرمة مؤبدة أو مؤقتة

هذا الشرط يقتضي بيان المحرمات من النساء ويقصد بذلك: كل امرأة يحرم على الرجل الزواج منها بسبب وجود مانع شرعي محرم، وهي على قسمين:

القسم الأول: المحرمات من النساء تحريماً مؤبداً[1]:

المحرمات من النساء تحريماً مؤبداً هن: النساء اللاتي لا يحل للرجل أن يتزوج بهن أبداً، وكان سبب تحريمهن وصفاً قائماً ودائماً غير قابل للزوال، كالبنوة والأخوة، والعمومة، وهن ثلاثة أنواع:

النوع الأول: المحرمات بسبب القرابة، وهن أربعة أصناف

الصنف الأول: فروع الرجل من النساء وإن نزلن، فتحرم عليه بنته، وبنت بنته، وبنت ابنه مهما نزلن.

الصنف الثاني: أصول الرجل وإن علون، فتحرم عليه أمه، وجداته من جهة أبيه أو من جهة أمه جميعاً.

الصنف الثالث: فروع أبويه وإن نزلن، وفروع الأبوين هنا: الأخوات سواء أكن شقيقات، أم لأب أم لأم،، وتحرم عليه بنت أخته، وبنت أخيه، وبنت بنت أخته، وبنت بنت أخيه، وبنت ابن أخيه، وإن نزلن.

الصنف الرابع: فروع الأجداد والجدات إذا انفصلن بدرجة واحدة، فتحرم عليه العمات والخالات مهما تكن درجة الجد والجدة فتحرم عليه عماته وخالاته، وعمات أبيه، وعمات أمه، وخالات أبيه، وخالات أمه.

[1] الاختيار: الموصلي 84/3ـ85، الهداية: المرغيناني 191/1، كفاية الأخيار: الحصني 35/2ـ36، مغني المحتاج: الشربيني: 174/3 وما بعدها، الشرح الصغير: الدردير: 402/2، الكافي: القرطبي 535/2ـ536، 539ـ540، الشرح الكبير: المقدسي 472/7 وما بعدها، المغني: ابن قدامه 470/7 وما بعدها، المعونة: البغدادي 812/2 ـ818، زاد المعاد: ابن قيم الجوزية 88/5ـ94، المحلى: ابن حزم 130/9 وما بعدها.

ولا تحرم عليه بنات الأعمام، وبنات العمات، وبنات الأخوال، وبنات الخالات، لأنهن انفصلن عن أجداده بأكثر من درجة.

والدليل على تحريم هذه الأصناف قول الله تعالى:﴿حرمت عليكم أمهاتكم وبناتكم وأخواتكم وعماتكم وخالاتكم وبنات الأخ وبنات الأخت﴾[1]، وقد حرمت هذه الأصناف بالنص، حيث أن الجدة أم في اللغة؛ لأنها بمعنى الأصل قال الله تعالى: ﴿ وعنده أم الكتاب﴾[2]، أي أصل الكتاب، كما انعقد الإجماع على حرمتها.

وكذلك البنت، وبنت البنت، وبنت الابن لأن المراد بالبنات كل فرع مؤنث، وكذلك انعقد الإجماع على حرمتها.

وكذلك بنت الأخ وبنت الأخت تسمى أختاً، وانعقد الإجماع على حرمتها.

أما العمات والخالات فقد ثبت تحريمهن بالنص مقتصراً عليهن فقط دون أولادهن، ولذلك لا يحرم عليه الزواج بفروعهن كبنت العم، وبنت العمة وبنت الخال، وبنت الخالة[3].

مسألة: ما حكم زواج البنت من الزنا؟

اختلف الفقهاء في حكم زواج الزاني من بنته من الزنا على مذهبين:

المذهب الأول: ذهب جمهور الفقهاء[4] إلى القول بأن البنت التي تلد من الزنا تحرم على الزاني، وإن ثبت نسبها للزاني.

وقد استدلوا على ذلك بما يلي:

1. قال الله تعالى: ﴿ حرمت عليكم أمهاتكم وبناتكم ﴾[5].

وجه الدلالة: حرمت الآية الكريمة على الرجل نكاح ابنته، والأنثى التي تلد من الزنا ابنة للزاني مخلوقة من مائه، وهذه حقيقة لا يختلف بالحل والحرمة، ويدل على ذلك قول الرسول

[1] سورة النساء: آية 23.

[2] سورة الرعد: آية 39.

[3] البحر الرائق: 243/3، الهداية: المرغيناني 192/2، مغني المحتاج: الشربيني 174/3ـ175، بداية المجتهد: القرطبي 32/2، المغني: ابن قدامه 470/7ـ471

[4] البحر الرائق: ابن نجيم 99/3، الشرح الصغير: الدردير 402/2ـ403، الكافي: القرطبي 542/2، مغني المحتاج: الشربيني 175/3، المغني: ابن قدامه 485/7.

[5] سورة النساء: آية 23.

صلى الله عليه وسلم في امرأة هلال ابن أمية: ﴿ انظروه ـ يعني ولدها ـ فإن جاءت به على صفة كذا فهو لشريك بن سحماء ـ يعني الزاني﴾.

2. علة التحريم هي الجزئية وصلة الدم، وهما ثابتتان، فالبنت من الزنا مخلوقة من مائه وبضعة منه، فلم تحل له كبنته من النكاح.

المذهب الثاني: ذهب الشافعية في المشهور، والمالكية في الصحيح، وهو قول ابن الماجشون [1] إلى القول بعدم حرمة البنت من الزنا، ويكره له الزواج منها، وإن تيقن أنها من مائه ففي الزواج منها عند الشافعية قولان[2]: الأول: يصح وهو الأصح، والثاني: يحرم.

وقد استدلوا على ذلك بأن البنت من الزنا أجنبية عن الزاني، ولو كانت بنتاً له لنسبت إليه شرعاً، ولورثته وورثها، وللزمته نفقتها وجاز له الخلوة بها، وإجبارها على النكاح، لذلك لا تحرم عليه كسائر الأجانب.

وقد أجيب عن هذا الاستدلال، بأن تخلف بعض الأحكام لا ينفي كونها بنتاً له، كما لو تخلف رق أو اختلاف دين.

النوع الثاني: المحرمات بسبب المصاهرة، وهن أربعة أصناف

الصنف الأول: زوجات أصوله: فتحرم عليه زوجة أبيه، وزوجة جده لأبيه، وزوجة جده لأمه، وإن علون، سواء أدخل بها الأصل أم لم يدخل حيث تتحقق الحرمة بمجرد عقد الأب أو الجد عليها، وإن لم يدخل بها، والدليل على ذلك قول الله تعالى:﴿ ولا تنكحوا ما نكح آباؤكم من النساء إلا ما قد سلف إنه كان فاحشةً ومقتاً وساء سبيلاً ﴾[3].

الصنف الثاني: زوجات فروعه، فتحرم عليه زوجة ابنه، وزوجة ابن ابنه، وزوجة ابن ابنته، وإن نزلوا، وسواء أدخل الفرع بزوجته أم لم يدخل، فإذا عقد الفرع زواجه على امرأته عقداً صحيحاً حرمت على أصله بمجرد هذا العقد، فلا يحل له أن يتزوجها أبداً حتى وإن فارقها الفرع بالطلاق، أو الموت، ولا أن يخطبها، والدليل على ذلك قول الله تعالى: ﴿ وحلائل أبنائكم الذين من أصلابكم ﴾[4].

---

[1] مغني المحتاج: الشربيني 175/3، حاشية الصاوي: الصاوي 402/2ـ403 الشرح الصغير: الدردير 402/2ـ403، 405، الكافي: القرطبي 2/ 542.

[2] مغني المحتاج: الشربيني 175/3.

[3] سورة النساء: آية 22.

[4] سورة النساء: آية 23.

قيد الله تعالى في هذه الآية الأبناء بأن يكونوا من الأصلاب ليخرج زوجات الأبناء بالتبني، فإنهن لا يحرمن، وقد حرم الله التبني وألغى كل آثاره[1].

الصنف الثالث: أصول زوجته سواء أدخل بزوجته أم لم يدخل، فتحرم عليه أم زوجته، وجداتها، وإن علت، سواء أكانت من الأب أو من جهة الأم بمجرد العقد على الزوجة، ودليل ذلك قول الله تعالى: ﴿ وأمهات نسائكم ﴾[2] والآية معطوفة على قول الله تعالى: ﴿ حرمت عليكم أمهاتكم ﴾[3]، فيكون معنى الآية حرمت عليكم نسائكم، ولم تقيد الآية تحريم أم الزوجة بالدخول بها فتحرم بمجرد العقد على البنت، وهذا معنى قول الفقهاء: " العقد على البنات يحرم الأمهات ".

الصنف الرابع: فروع زوجته المدخول بها، سواء أبقيت الزوجة في عصمته أم طلقها أم ماتت، فتحرم عليه بنات زوجته المدخول بها من غيره، وبنات بناتها، وبنات، أبنائها، وإن نزلن، فإن لم يدخل بالأم فلا تحرم عليه بناتها بمجرد العقد، ودليل ذلك قول الله تعالى:﴿وربائبكم[4] اللاتي في حجوركم من نسائكم اللاتي دخلتم بهن فإن لم تكونوا دخلتم بهن فلا جناح عليكم﴾[5]، والآية الكريمة معطوفة على قول الله تعالى: ﴿ حرمت عليكم أمهاتكم ﴾[6].

والربيبة محرمة سواء أكانت في الحجر أم لم تكن، وذلك لأن هذا القيد في الربائب لم يذكر على أنه شرط في تحريمه، بل لأن العادة بين الناس أن تكون البنت مع الأم في حجر زوج أمها، فقد أنكر الرسول ـ عليه الصلاة والسلام ـ خطبة درة بنت أم سلمة ـ رضي الله عنها لأنها تحرم عليه لسببين هما: أنها ربيبته وأنها ابنة أخيه من الرضاعة، فقد روت أم سلمة عن أم حبيبة بنت أبي سفيان أنها قالت: ﴿ دخل عليّ رسول الله صلى الله عليه وسلم فقلت له: هل لك في أختي بنت أبي سفيان؟ فقال: أفعل ماذا؟ قلت: تنكحها. قال: أوَ تحبين ذلك؟ قلت: لست لك بِمُخْلِيَة. وأَحَبُّ مَن شَرِكَنِي في الخير أختي. قال: فإنها لا تحل لي، قلت: فإني أُخبرت أنك تخطب دُرَّة بنت أبي سفيان، قال: بنت أم سلمة؟ قلت: نعم، قال: لو أنها لم تكن ربيبتي في حجري، ما حلت

---

[1] الاختيار: الموصلي 85/3، كفاية الأخيار: الحصني 36/2.
[2] سورة النساء: آية 23.
[3] سورة النساء: آية 23.
[4] الربائب: جمع ربيبة وهي ابنة الزوجة من غيره، وسميت بذلك لأنه يربيها في حجره.
[5] سورة النساء: آية 23.
[6] سورة النساء: آية 23.

لي. إنها ابنة أخي من الرضاعة، أرضعتني وأباها ثويبة، فلا تَعْرِضْنَ علي بناتكن ولأخواتكن﴾[1]. وقال داود ومالك[2]: لا تحرم الربيبة إلا إذا كانت صغيرة وقت الزواج وجعلت في حجره وتكفلها تمسكاً بظاهر الآية.

مسألة: هل يفضي اللمس بشهوة إلى التحريم؟

اختلف الفقهاء في هذه المسألة على قولين

القول الأول: ذهب جمهور الفقهاء[3] إلى القول بأن اللمس بشهوة لأية امرأة مشتهاة كالدخول الحقيقي بها، فيحرم به ما يحرم بالدخول الحقيقي بها، ولا فرق بين العمد والخطأ والنسيان والإكراه في ذلك فتحرم عليه ابنتها لأنها ربيبته وتحرم عليه أمها.

القول الثاني: ذهب الشافعي في القول الراجح وبعض الحنابلة[4] إلى القول بأن اللمس بشهوة لا يفضي إلى التحريم، التحريم، فلا تحرم عليه ابنتها ولا أمها.

مسألة: هل يفضي النظر بشهوة إلى التحريم:

اختلف الفقهاء في هذه المسألة على قولين

القول الأول: ذهب جمهور الفقهاء[5] إلى القول بأن النظر إلى فرج مشتهى بشهوة يفضي إلى التحريم كالدخول الحقيقي، فيحرم به ما يحرم بالدخول الحقيقي.

وقد استدلوا على ذلك بما روي عن الرسول صلى الله عليه وسلم أنه قال: ﴿ إذا نظر الرجل إلى فرج امرأة حرمت عليه أمها وبنتها﴾[6]، ولأن الاستمتاع بالجزء حرام، والمس والنظر داع إلى الوطء فيقام مقامه احتياطاً للحرمة[7]، للحرمة[7]، وأما النظر بشهوة إلى غير الفرج فلا ينشر الحرمة، والمعتبر في التحريم النظر إلى الفرج الداخل لا الخارج عندهم. عندهم.

---

[1] صحيح مسلم: مسلم 280/5.

[2] بداية المجتهد: ابن رشد 33/2، شرح النووي: النووي 282/5.

[3] الاختيار: الموصلي 85/3، 88، البحر الرائق: ابن نجيم 100/3، 105، الهداية: المرغيناني 192/1، مغني المحتاج: الشربيني 178/3، بداية المجتهد: ابن رشد 33/2، الكافي: القرطبي، 536/2، المغني: ابن قدامه 486/7ـ487.

[4] مغني المحتاج: الشربيني 178/3، المغني: ابن قدامه 486/7ـ487.

[5] الاختيار: الموصلي 88/4، الهداية: المرغيناني 191/1ـ192، بداية المجتهد: ابن رشد 33/2ـ34، الكافي: القرطبي 536/2، المغني: ابن قدامه 487/7، المحلى: ابن حزم 149/9.

[6] السنن الكبرى: البيهقي 170/7.

[7] الاختيار: الموصلي 88/4، الهداية: المرغيناني 191/1ـ192.

القول الثاني: ذهب الشافعية وبعض الحنابلة[1] إلى القول بأن النظر إلى الفرج لا يحرم، لأنه نظر مـن غـير مبـاشرة فلم يوجب التحريم كالنظر إلى الوجه، وأن ما استدل به الجمهور لا تقوم به حجة لضعفه.

مسألة: هل الدخول الحقيقي يفضي إلى التحريم؟

اختلف الفقهاء في هذه المسألة على قولين

القول الأول: ذهب جمهور الفقهاء[2] إلى أن الدخول الحقيقي بغير عقد كالدخول الصحيح فيما يثبت بـه الحرمـة إذا كان هذا الدخول حلالاً في أصله كالدخول بملك اليمين، أو كان حراماً في ذاته، ولكن وجدت شبهة أسـقطت الحـد عـن الفاعل كالدخول في نكاح بدون ولي أو شهود وكالوطء بشبهة.

القول الثاني: ذهب بعض الفقهاء[3] إلى القول بأن النكاح الفاسد لا تتعلق به حرمة المصاهرة.

أما الدخول الذي يعتبر زنا يوجب الحد فقد اختلف فيه الفقهاء إلى قولين:

القول الأول: ذهب الشافعي[4] ومالك في رواية[5] إلى أنه لا يوجب حرمة المصاهرة.

القول الثاني: ذهب الحنفية[6] والمالكية في الأرجح والحنابلة إلى القول بأنه يوجب حرمة المصاهرة كالدخول في العقد الصحيح.

النوع الثالث: المحرمات بسبب الرضاع: يحـرم بسبب الرضاع ما يحرم بسـبب النسـب والمصاهرة؛ لـذا كانـت المحرمات بسبب الرضاع ثمانية أصناف هي:

الصنف الأول: أصول الرجل من الرضاع، فتحرم عليه أمه التي أرضعته وأمهاتها، وأمهـات أبيـه الرضاعي؛ لأنهـن جداته وإن علون.

---

[1] المغني: ابن قدامه 477/7ـ488.

[2] الاختيار: الموصلي 88/3، البحر الرائق 107/3، بداية المجتهد ابن رشد 33/2ـ34، المغني: الشربيني 178/3،المغني: ابن قدامه 483/7.

[3] الهداية: المرغيناني 192/1.

[4] المغني: الشربيني 178/3.

[5] الكافي: القرطبي 542/2، الشرح الصغير: الدردير 405/2.

[6] الاختيار: الموصلي، 88/3، الهداية: المرغيناني 191/1، الكافي: القرطبي 542/2، الشرح الصغير: الدردير 405/2، العدة: المقدسي 365، المغني: ابن قدامه 484/7.

الصنف الثاني: فروع الرجل من الرضاع،: فتحرم عليه ابنته رضاعاً - وهي التي تكون قد رضعت من لبن كان هو سبب وجوده - وتحرم ابنة ابنه من الرضاع، وابنة ابنته من الرضاع، وإن نزلن.

الصنف الثالث: فروع أبويه من الرضاع، وهن الأخوات رضاعاً، وبنات اخوته وأخواته رضاعاً مهما نزلن، فتحرم عليه الأخت الشقيقة من الرضاعة، والأخت لأم من الرضاعة، والأخت لأب من الرضاعة، سواء اتحد زمن الرضاعة أو لم يتحد.

الصنف الرابع: فروع أجداده من الرضاع إذا انفصلن بدرجة واحدة، سواء أكن من جهة الأم، أم من جهة الأب، فتحرم عليه عمته الرضاعية، وخالته الرضاعية من جهة الأب أو من جهة الأم، وإن علون.

الصنف الخامس: أصول زوجته من الرضاع، فتحرم عليه من أرضعت زوجته؛ لأنها أمها، وتحرم عليه أم مرضعة زوجته؛ لأنها جدة لزوجته، وتحرم عليه أم أبي زوجته الرضاعي؛ لأنها جدة لزوجته، وإن علت، سواء دخل بزوجته أو لم يدخل بها.

الصنف السادس: فروع زوجته من الرضاع إن دخل بزوجته، فتحرم عليه من أرضعتها زوجته المدخول بها؛ لأنها ابنة زوجته، وتحرم عليه بنت ابن زوجته الرضاعي، وبنت بنت زوجته الرضاعية، وإن نزلن.

الصنف السابع: زوجات أصوله من الرضاع فتحرم عليه زوجة أبيه من الرضاع، وزوجة جده من الرضاع، سواء دخل أو لم يدخل.

الصنف الثامن: زوجات فروعه من الرضاع، فتحرم عليه زوجة ابنه من الرضاع، وتحرم عليه زوجة ابن بنته الرضاعية، وتحرم عليه زوجة ابن ابنه الرضاعي، وإن نزلوا، وإن لم يدخل الفرع بزوجته.

والدليل على تحريم ما سبق:

1. قال الله تعالى: ﴿ وأمهاتكم اللاتي أرضعنكم وأخواتكم من الرضاعة ﴾[1].

وجه الدلالة: نصت الآية الكريمة على تحريم الأصول والأخوات من الرضاع، ويفهم من الآية أيضاً تحريم الباقي من المحرمات، إذ كيف تحرم الأخت الرضاعية، ولا تحرم البنت الرضاعية، وكيف تحرم الأخت الرضاعية، ولا تحرم بنت البنت الرضاعية.

[1] سورة النساء: آية 23.

2. عن عائشة ـ رضي الله عنها ـ قالت: قال رسول الله صلى الله عليه وسلم : ﴿ يحرم من الرضاعة ما يحرم من الولادة ﴾[1].

3. أجمعت الأمة على ثبوت حرمة الرضاع بين الرضيع والمرضعة، وانتشار هذه الحرمة بين المرضعة وأولاد الرضيع، وبين الرضيع وأولاد المرضعة[2]. كما ثبت بالإجماع على أنه يحرم أيضاً بالمصاهرة ما يحرم بالرضاع.

الصور التي لا تنطبق عليها حكمة التحريم:

هذا وقد استثنى الفقهاء بعض الصور التي لا توجد فيها حكمة التحريم بالرضاع من القاعدة الفقهية " يحرم من الرضاع ما يحرم من النسب ".

ومن هذه الصور[3]:

1. لا تحرم أخت الابن أو أخت البنت من الرضاع، لعدم الرابطة بينهما، بينما تحرم أخت الابن أو البنت من النسب؛ لأنها بنته أو ربيبته.
2. لا تحرم أم الأخ أو أم الأخت من الرضاع؛ لفقدان الرابطة بينهما، بينما تحرم أم أخيه أو أم أخته من النسب؛ لأنها إما أمه أو زوجة أبيه.
3. لا تحرم جدة ابنه أو ابنته من الرضاع؛ لانعدام الرابطة بينهما، بينما تحرم جدة ابنه أو ابنته من النسب؛ لأنها إما أن تكون أمه أو أم زوجته.
4. لا تحرم أم عمه أو أم عمته من الرضاع، وتحرم أم عمه أو أم عمته من النسب؛ لأنها إما جدته أو زوجة جدته.
5. لا تحرم أم خاله أو أم خالته من الرضاع، وتحرم أم خاله أو أم خالته من النسب؛ لأنها جدته لأم ـ أم أمه ـ أو زوجة جده أبو أمه.
6. لا تحرم أم ولد الولد أو أم ولد البنت من الرضاع، وتحرم أم ولد الولد أو أم ولد البنت من النسب؛ لأنها زوجة ابنك أو ابنتك.

---

[1] صحيح مسام: مسلم 273/5.

[2] الإقناع: الشربيني 130/2ـ131، البحر الرائق: ابن نجيم 242/3، بداية المجتهد: ابن رشد 35/2، الكافي: القرطبي 542/2، العدة: 363ـ367، المغني: ابن قدامه، المحلى: ابن حزم 131/9، شرح النووي: النووي 274/5.

[3] الاختيار: الموصلي 118/3ـ119، البحر الرائق: ابن نجيم 239/3ـ244، كفاية الأخيار: الحصني 35/2، مغني المحتاج: الشربيني 176/3، الشرح الصغير: الدردير 722/2.

7.لا تحرم أخت أخيه أو أخت أخته من الرضاع لعدم العلاقة، بينما تحرم أخت الأخ أو أخت الأخت نسباً إذا كانت هناك علاقة كأن يكونوا اخوة أشقاء أو اخوة لأب أو اخوة لأم، أما إذا لم تكن بينهما علاقة فلا تحرم، كأن يكونا أخوين لأب ولأحدهما أخت لأم، أو أخوين لأم ولأحدهما أخت لأب، فإنه لا علاقة بينه وبين أخت أخيه في هذين المثالين، فلا يوجد تحريم لعدم وجود سببه.

مسألة: ما حكم لبن البهيمة والرجل الكبير؟

المتفق عليه عند الفقهاء أن الرضاع المحرم ما كان من امرأة أنثى، وأن الرضاع من البهيمة لا يحرم، فلو ارتضع اثنان من بهيمة لم يصيرا أخوين، ولا يترتب على هذا الرضاع الأحكام الشرعية الرضاعية عند عامة الفقهاء[1]؛ لأنه لا جزئية بين الآدمي والبهائم، كما أن هذا اللبن لم يخلق لغذاء المولود فلم يتعلق به التحريم كسائر الطعام.

أما حكم الرضاع من الرجل الكبير فقد اختلف الفقهاء فيه على مذهبين:

المذهب الأول: ذهب الجمهور[2] إلى أن لبن الرجل الكبير لا ينشر الحرمة، لأنه ليس بلبن حقيقة، فلا يتعلق به النشوء والنمو، ولأن اللبن لا يكون إلا ممن يتصور منه الولادة.

المذهب الثاني: ذهب الشافعية في قول[3] والكرابيسي[4] إلى أن لبن الرجل الكبير ينشر الحرمة، لأنه لبن آدمي أشبه لبن الآدمية.

أما لبن الخنثى المشكل فإنه يتوقف في أمره حتى ينكشف أمر الخنثى، فإن علم أنه رجل تعلق به التحريم وإن علم أنه أنثى لم يتعلق به التحريم، وإن لم يتبين لم يثبت التحريم وهذا قول الشافعية في الصحيح[5] والحنفية[6] إلا أنهم أضافوا بأنه إن أشكل يرجع في التحريم إلى قول

---

[1] الاختيار: الموصلي 119/3، الهداية: المرغيناني 225/2، الإقناع: الشربيني 183/2، كفاية الأخيار: الحصني 85/2، الشرح الصغير: الدردير 721/2، المغني: الشرح الكبير 205/9.

[2] الاختيار: الموصلي 120/3، الهداية: المرغيناني 225/2، الإقناع: الشربيني 183/2، كفاية الأخيار: الحصني 85/2، الشرح الصغير: الدردير 718/2، الكافي: القرطبي 540/2، العدة: المقدسي 370، المغني: ابن قدامه 205/9.

[3] الإقناع: الشربيني 183/2، كفاية الأخيار: الحصني 85/2، مغني المحتاج: الشربيني 414/3.

[4] المغني: ابن قدامه 205/9.

[5] الإقناع: الشربيني 183/2، كفاية الأخيار: الحصني 85/2، مغني المحتاج: الشربيني 414/3.

[6] البحر الرائق: ابن نجيم 247/7.

النساء، فإن قالوا بأنه لا يكون على غزارته إلا للنساء يحرم احتياطاً، وإن لم يقلن ذلك لم يتعلق به التحريم، وذهب المالكية[1] إلى القول بأن لبن الخنثى المشكل ينشر التحريم، أما الحنابلة[2] فقالوا بأن لبن الخنثى المشكل لا ينشر الحرمة، لأنه لم يثبت كونه امرأة.

مسألة: ما حكم لبن المرأة الميتة؟

اختلف الفقهاء في هذه المسألة على مذهبين:

المذهب الأول: ذهب جمهور الفقهاء[3] إلى القول بأن لبن الميتة ينشر الحرمة، وقد استدلوا على ذلك بقولهم أنه سبب لإنبات اللحم وإنشاز العظم، ومعنى الغذاء لا يزول بالموت، وصار كما إذا حلب منها في حال حياتها.

المذهب الثاني: ذهب الشافعية[4] والإمام أحمد في رواية وبه قال الخلال[5] وابن بشير[6] إلى أن لبن الميتة لا ينشر الحرمة؛ لأنه لبن ممن ليس بمحل للولادة، فلم يتعلق به التحريم كلبن الرجل، ولأن الحرمة لا تقع بغير المباح، ولبن الميتة نجس، وقد أجيب عليه بأنه لا فرق بين شربه في حال حياتها وموتها إلا الحياة والموت أو النجاسة، وهذا لا أثر له، فإن اللبن لا يموت، والمعول عليه أن لبن الميتة طاهر، كما أن النجاسة لا تمنع كما لو حلب في إناء نجس، ولأنه لو حلب منها في حياتها فشربه بعد موتها لنشر الحرمة وبقاؤه في ثديها لا يمنع ثبوت الحرمة لأن ثديها لا يزيد على الإناء في عدم الحياة، وهي لا تزيد على عظم الميتة في ثبوت النجاسة.

أما إذا حلب اللبن من امرأة حال حياتها، ثم ماتت وسقي به الصبي، فإنه ينشر الحرمة عند الجمهور[7]، وذلك لأنه لأنه لبن امرأة في حال حياتها فأشبه ما لو شربه في الحياة، وذهب الشافعية في قول[8] إلى أنه لا يحرم لبعد إثبات الأمومة بعد الموت.

---

[1] الشرح الصغير: الدردير 718/2.

[2] المغني: ابن قدامه 205/9.

[3] الاختيار: الموصلي 120/3، البحر الرائق ابن نجيم 245/3، الهداية: المرغيناني 225/2، الشرح الصغير: الدردير 719/2، الكافي: القرطبي 540/2، العدة: المقدسي 370، المغني: ابن قدامه 198/9.

[4] الإقناع: الشربيني 183/2، مغني المحتاج: الشربيني 414/3.

[5] المغني: ابن قدامه 198/9.

[6] الشرح الصغير: الدردير 719/2.

[7] المغني: ابن قدامه 199/9.

[8] مغني المحتاج: الشربيني 415/3.

مسألة: ما حكم لبن المرأة البكر؟

اختلف الفقهاء في هذه المسألة على مذهبين.

المذهب الأول: ذهب جمهور الفقهاء[1] إلى أنه لا فرق بين أن تكون المرأة بكراً أو ثيباً، متزوجة أو غير متزوجة، فإنه ينشر الحرمة لأنه لبن امرأة فتعلق به التحريم، كما لو ثاب بوطء، ولأن ألبان النساء خلقت لغذاء الأطفال، فإن كان نادراً فجنسه معتاد.

المذهب الثاني: ذهب الحنابلة في رأي[2] إلى أنه لا ينشر الحرمة، إلا إذا كان اللبن ثار في ضرع المرأة بسبب الحمل؛ لأنه نادر لم تجر العادة به لتغذية الأطفال فأشبه لبن الرجال.

مسألة: ما حكم لبن الفحل؟

يقصد بلبن الفحل: اللبن الذي نزل من المرأة بسبب ولادتها من رجل زوج أو سيد[3].

اختلف الفقهاء في حكم التحريم بين الرجل الذي كان سبباً في اللبن وبين الرضيع على النحو التالي:

القول الأول: ذهب عامة الصحابة والتابعين والفقهاء[4] إلى القول بثبوت حرمة الرضاع بين الرجل المنسوب ذلك اللبن إليه وبين الرضيع، فيصير ابناً له، وأولاده اخوة الرضيع، واخوته أعمام الرضيع، وأباه جد الرضيع، وأولاد الرضيع أولاد الرجل.

وقد استدلوا على ذلك بما يلي:

1. عن عائشة ـ رضي الله عنها ـ أنها قالت: ﴿جاء عمي من الرضاعة، فاستأذن علي، فأبيت أن آذن له حتى أسأل رسول الله صلى الله عليه وسلم ، فجاء رسول الله صلى الله عليه وسلم ، فسألته عن ذلك، فقال إنه عمك فأذني له، قالت: فقلت يا رسول الله أرضعتني المرأة ولم يرضعني الرجل، قالت: فقال

[1] الاختيار: الموصلي 120/3، الهداية: المرغيناني 225/2، الكافي: القرطبي 540/2، الشرح الصغير: الدردير 720/2، الإقناع: الشربيني 183/2، كفاية الأخيار: الموصلي 85/2، العدة: المقدسي 370، المغني: ابن قدامه 206/9.

[2] المغني: ابن قدامه 206/9.

[3] البحر الرائق: ابن نجيم 242/3.

[4] الاختيار: الموصلي 118/3،البحر الرائق: ابن نجيم 242/3، بداية المجتهد: ابن رشد 38/2، الكافي: القرطبي 540/2، زاد المعاد: ابن قيم الجوزية 419/5، المغني: ابن قدامه 476/7ـ478، شرح النووي: النووي 374/5، سبل السلام 217/3.

رسول الله صلى الله عليه وسلم إنه عمك فليلج[1] عليك، قالت عائشة: وذلك بعد أن ضرب علينا الحجاب، قالت عائشة: يحرم من الرضاعة ما يحرم من النسب ﴾[2].

وجه الدلالة: الحديث الشريف صريح وقاطع الدلالة في أن لبن الفحل يحرم، فالرجل الذي كان سبباً في اللبن هو أب لرضيع، وأبناؤه اخوة الرضيع، واخوته وأخواته أعمام وعمات الرضيع.

2. سبب اللبن هو ماء الرجل والمرأة معاً، فوجب أن يكون الرضاع منهما كالجد لما كان سبب ولد الولد أوجب تحريم ولد الولد به لتعلقه بولده به[3].

القول الثاني: ذهب بعض الصحابة والتابعين والفقهاء[4] إلى القول بأنه لا تثبت حرمة الرضاعة بين الرجل الذي كان سبباً في اللبن والرضيع.

وقد استدلوا على ذلك بما يلي:

1. عن زينب بنت أبي سلمة أنها أرضعتها أسماء بنت أبي بكر امرأة الزبير، قالت وكان الزبير يدخل علي وأنا أمتشط فيأخذ بقرن من قرون رأسي فيقول أقبلي علي وحدثيني أراه والداً وما ولد فهم اخوتي، ثم إن عبد الله بن الزبير أرسل يخطب إلي أم كلثوم ابنتي على حمزة بن الزبير، وكان حمزة للكلبية، فقلت لرسوله: وهل تحل له، وإنما هي ابنة أخيه، فقال عبد الله: إنما أردت بهذا المنع لما قبلك أما ما ولدت أسماء فهم اخوتك، وما كان من غير أسماء فليسوا لك باخوة، فأرسلي، فسلي عن هذا، فأرسلت، فسألت وأصحاب رسول الله صلى الله عليه وسلم متوافرون، فقالوا لها: إن الرضاعة من قبل الرجل لا تحرم شيئاً، فأنكحتها إياه، فلم تزل عنده حتى هلك عنها[5].

---

[1] فليلج: فليدخل.

[2] صحيح البخاري: البخاري 68/7، صحيح مسلم: مسلم 276/5، واللفظ للبخاري.

[3] سبل السلام: الصنعاني 216/3.

[4] بداية المجتهد: ابن رشد 38/2، المغني ابن قدامه 477/7، شرح النووي: النووي 374/5، سبل السلام 217/3

من الذين أخذوا بهذا الرأي ابن عمر وابن الزبير وعائشة ورافع بن خديج وسعيد بن المسيب وأبو سلمة بن عبد الرحمن وسليمان بن يسار وعطاء بن يسار والنخعي وأبو قلابة وابن المنذر وابن علية وداود الظاهري وأتباعه.

[5] انظر المغني: ابن قدامه 477/7.

وقد أجيب عن هذا الاستدلال بأنه إن صح فهو حجة لنا، فإن الزبير كان يعتقد أنها ابنته وتعتقد أنه أباها، والظاهر أن هذا عندهم مشهور، وقوله مع إقرار عصره أولى من قول ابنه وقول قومٍ لا يعرفون[1].

2. إن الرضاع إنما هو للمرأة التي اللبن منها مستدلين بقول الله تعالى:﴿ وأمهاتكم اللاتي أرضعنكم ﴾[2].

وقد أجيب على ذلك بأن الآية ليس فيها ما يعارض الحديث، فإن ذكر الأمهات لا يدل على أن ما عداهن ليس كذلك[3].

أما اللبن الذي كان بسبب الزنا يثبت به التحريم بالنسبة للمرأة إجماعاً، ولا يثبت الحرمة به في حق الفحل الزاني عند الشافعية[4] والحنفية في الراجح[5] والمالكية في المشهور عندهم[6]، ويثبت به التحريم عند الحنابلة[7] والحنفية في قول[8] والمالكية في قول[9].

مسألة: ما حكم السعوط والوجور[10] ؟

اختلف الفقهاء في هذه المسألة على مذهبين:

المذهب الأول: ذهب جمهور الفقهاء[11] إلى أنه يثبت التحريم بالسعوط والوجور، ولا يشترط أن يمتص الرضيع الثدي.

---

[1] المغني: ابن قدامه 478/7.

[2] سورة النساء: آية 23.

[3] سبل السلام: الصنعاني 217/3.

[4] مغني المحتاج: الشربيني 178/3.

[5] البحر الرائق: ابن نجيم 243/3، 244.

[6] الكافي: القرطبي 542/2، الشرح الصغير: الدردير 405/2

[7] المغني: ابن قدامه 485/7.

[8] البحر الرائق: ابن نجيم 243/3ـ244.

[9] الشرح الصغير: الدردير 402/2، 405.

[10] السعوط: السعوط: أن يصب اللبن في أنف الرضيع من إناء أو غيره. أما الوجور فهو: أن يصب اللبن في حلق الرضيع صباً من غير الثدي.

[11] الاختيار: الموصلي 120/3، البحر الرائق 238/3، 245، 246، بداية المجتهد: ابن رشد 37/2، الكافي: القرطبي 540/2، الإقناع: الشربيني 184/2،مغني المحتاج: الشربيني 415/3، الشرح الكبير: المقدسي 202/9، العدة: المقدسي 370، المغني: ابن قدامه 195/9.

وقد استدلوا على ذلك بما يلي:

1. عن ابن مسعود عن النبي صلى الله عليه وسلم أنه قال: ﴿لا رضاع إلا ما أنشز العظم وأنبت اللحم﴾[1].

2. لأنه يصل به اللبن إلى المعدة فيحصل به إنبات اللحم وإنشاز العظم كما يحصل بالارتضاع فيجب أن يساويه في التحريم.

3. الأنف سبيل الفطر للصائم، فكان سبيلاً للتحريم كالرضاع بالفم.

المذهب الثاني: ذهب الحنابلة في رواية وبه قال داود وعطاء الخراساني إلى أنه لا يثبت بالسعوط والوجور التحريم، وقالوا بأن هذا ليس برضاع، وأن الله تعالى ورسوله حرم بالرضاع، ولأنه حصل من غير ارتضاع فأشبه ما لو دخل من جرح في بدنه.

هذا وقد اشترط الفقهاء[2] لثبوت التحريم بالرضاع أن يصل اللبن إلى الجوف عن طريق الفم والأنف، فإن وصل عن طريق الأذن والإحليل والحقنة فلا يحرم في الأصح.

مسألة: ما حكم الرضاع إذا ما خلط اللبن بغيره؟

بحث الفقهاء هذه المسألة بحسب المادة التي خلط اللبن بها كالتالي:

أولاً: إن خلط اللبن بماء، أو دواء، أو لبن بهيمة فذهب الحنفية[3] والحنابلة[4] وبعض المالكية[5] إلى أنه إن استهلك اللبن في السائل، فلا يثبت بشربه حرمة؛ لأن المشروب لا يسمى لبناً، وذهب الشافعية[6] وجماعة من الحنابلة[7] وبعض المالكية[8] إلى ثبوت الحرمة به، وإن كان مغلوباً.

---

[1] سنن أبي داود: أبي داود.

[2] الاختيار: الموصلي 120/3، البحر الرائق: ابن نجيم 238،246/3، الشرح الصغير: الدردير 720/2، كفاية الأخيار: الحصني 85/2، مغني المحتاج 3/ 416،415، الشرح الكبير: المقدسي 202/9، المغني: ابن قدامه 195/9.

[3] الاختيار: الموصلي 119/3، البحر الرائق: ابن نجيم 245/3، الهداية: المرغيناني 224/2.

[4] العدة: المقدسي 370، الشرح الكبير: المقدسي 205/9، المغني: ابن قدامه 205/9.

[5] بداية المجتهد: ابن رشد 38/2، الشرح الصغير: الدردير 720/2، الكافي: القرطبي 540/2.

[6] كفاية الأخيار: الحصني 85/2، مغني المحتاج 415/3.

[7] العدة: المقدسي 370، الشرح الكبير: المقدسي 205/9، المغني: ابن قدامه 197/9.

[8] بداية المجتهد: ابن رشد 38/2.

ثانياً: وإن خلط اللبن بطعام أو طبخ على النار، فذهب الحنفية[1] إلى عدم ثبوت الحرمة به مطلقاً سواء كان اللبن غالباً أو مغلوباً، وقال الشافعية[2] والمالكية[3] والحنابلة[4] وصاحبا أبي حنيفة[5] إن كان اللبن مغلوباً فلا يثبت به حرمة، وإذا طبخ اللبن كأن جعل جبناً وأطعم الصبي تعلق به التحريم.

ثالثاً: وإن خلط بلبن امرأة أخرى ثبت التحريم للغالب عند أبي يوسف وأبي حنيفة في رواية[6] وإن استويا ثبت التحريم بهما، وذهب جمهور الفقهاء[7] إلى ثبوت التحريم بكل منهما.

مسألة: ما مقدار الرضاع المحرم:

اختلف الفقهاء في هذه المسألة على النحو التالي:

المذهب الأول: ذهب الحنفية[8] والمالكية[9] إلى عدم التحديد فقالوا بأن قليل الرضاع يحرم ولو كان مصه أو مصتين. مصتين.

وقد استدلوا على ذلك بما يلي:

1. قال الله تعالى: ﴿وأمهاتكم اللاتي أرضعنكم﴾[10]، فهذه الآية جعلت التحريم بمجرد الرضاع دون تحديد قدر معين.

2. عن علي ابن أبي طالب رضي الله عنه قال: قال رسول الله صلى الله عليه وسلم: ﴿ إن الله حرم من الرضاع ما حرم من النسب ﴾[11].

---

[1] الاختيار: الموصلي 119/3،، البحر الرائق 245/3، الهداية: المرغيناني 224/2.

[2] كفاية الأخيار: الحصني 85/2، مغني المحتاج 415/3.

[3] الشرح الصغير: الدردير 720/2، الكافي: القرطبي 540/2.

[4] الشرح الكبير: المقدسي 204/9، المغني: ابن قدامه 196/9.

[5] الاختيار: الموصلي 119/3،، البحر الرائق 245/3، الهداية: المرغيناني 224/2.

[6] الاختيار: الموصلي 119/3، البحر الرائق: ابن نجيم 245/3، الهداية: المرغيناني 224/2ـ225، الشرح الصغير: الدردير 720/2، مغني المحتاج: الشربيني 415/3، الشرح الكبير: المقدسي 205/9ـ206، المغني: ابن قدامه 199/9.

[7] الاختيار: الموصلي 119/3، البحر الرائق: ابن نجيم 245/3، الهداية: المرغيناني 224/2ـ225.

[8] الاختيار: الموصلي 117/3، البحر الرائق: 238/3، زاد المعاد: ابن قيم الجوزية 422/5.

[9] زاد المعاد: ابن قيم الجوزية 424/5، بداية المجتهد: ابن رشد 35/2، الكافي: القرطبي 539/2.

[10] سورة النساء: آية 23.

[11] سنن الترمذي: الترمذي 387/2.

3. عن ابن مسعود رضي الله عنه قال: قال رسول صلى الله عليه وسلم :《لا رضاع إلا ما شد العظم وأنبت اللحم》[1] وإنه يحصل بالقليل؛ لأن اللبن إذا وصل جوف الصبي أنبت اللحم، وأنشز العظم[2].

المذهب الثاني: ذهب الحنابلة في قول وداود الظاهري وأبو ثور وأبو عبيد وابن المنذر[3] إلى أن مقدار الرضاع المحرم ثلاث رضعات

وقد استدلوا على ذلك بما يلي:

1. عن عائشة ـ رضي الله عنها ـ قالت: قال رسول الله صلى الله عليه وسلم :《 لا تحرم المصة والمصتان 》[4].

2. عن أم الفضل ـ رضي الله عنها ـ قالت: قال رسول اله صلى الله عليه وسلم :《 لا تحرم الإملاجة والإملاجتان》[5].

المذهب الثالث: ذهب الشافعية[6] والحنابلة[7] والظاهرية[8] إلى أن مقدار الرضاع المحرم خمس رضعات مشبعات.

وقد استدلوا على ذلك: بما روته السيدة عائشة ـ رضي الله عنها أنها قالت:《كان فيما انزل من القرآن: عشر رضعات مشبعات، ثم نسخن بخمس معلومات، فتوفي رسول الله صلى الله عليه وسلم وهن فيما يقرأ من القرآن》[9].

وجه الدلالة: الآية صريحة الدلالة في أن خمس رضعات مشبعات يحرمن، فيؤخذ بها جمعا بين الأدلة.

---

[1] السنن الكبرى: البيهقي 461/7.

[2] الاختيار: الموصلي 117/3.

[3] بداية المجتهد: القرطبي 35/2، زاد المعاد: ابن فيم الجوزية 422/5، شرح النووي: النووي 286/5.

[4] صحيح مسلم: مسلم 283/5.

[5] صحيح مسلم: مسلم 283/5.

[6] الإقناع: الشربيني 185/2،كفاية الأخيار: الحصني 85/2، زاد المعاد: ابن القيم 424/5.

[7] زاد المعاد: ابن قيم الجوزية 424/5، العدة: المقدسي ص371، المغني: ابن قدامه 192/9.

[8] المحلى: ابن حزم 189/10.

[9] صحيح مسلم: مسلم 285/5.

المذهب الرابع: ذهبت حفصة وعائشة ـ رضي الله عنهما ـ في قول[1] إلى أن مقدار الرضاع المحرم عشر رضعات.

وقد استدلوا على ذلك بما روته عائشة ـ رضي الله عنها ـ في حديث ـ سهلة بنت سهيل قالت: قال رسول الله صلى الله عليه وسلم ﴿ أرضعيه عشر رضعات فيحرم بلبنها﴾[2].

مسألة: ما وقت الرضاعة المحرمة؟

اختلف الفقهاء في وقت الرضاعة المحرمة على النحو التالي:

المذهب الأول: ذهب جمهور الفقهاء[3] إلى القول بأن مدة الرضاع المحرمة مقدرة بسنتين.

وقد استدلوا على ذلك بما يلي:

1. قال الله تعالى: ﴿والوالدات يرضعن أولادهن حولين كاملين لمن أراد أن يتم الرضاعة﴾[4].

2. وقول الله تعالى: ﴿وفصاله في عامين﴾[5].

وجه الدلالة: دلت الآيتان الكريمتان على أن مدة الرضاع سنتان.

المذهب الثاني: ذهب أبو حنيفة[6] إلى أن وقت الرضاع المحرم محدد بثلاثين شهراً.

وقد استدل على ذلك بقول الله تعالى: ﴿ وحمله وفصاله ثلاثون شهراً﴾[7].

وجه الدلالة: أن الله ذكر الحمل والفصال في الآية وضرب لكل منهما أجلاً محدداً وهو ثلاثون شهراً، كما لو بعت شخصاً قنطاراً من القمح وأجرته محلاً إلى سنة، كانت السنة أجلاً لكل منهما، فكذلك الثلاثون شهراً أجل لكل من الحمل والفصال، ويكون معنى الحمل هنا الحمل في الحجر لا في البطن.

---

[1] زاد المعاد: ابن قيم الجوزية 424/5، 426، المغني: ابن قدامه 193، المحلى: ابن حزم 189/10.

[2] انظر المغني: ابن قدامه 193/9.

[3] الاختيار: الموصلي 118/3، كفاية الأخيار: الحصني 85/2، بداية المجتهد: ابن رشد 36/2.

[4] سورة البقرة: آية 233.

[5] سورة لقمان: آية 14.

[6] الاختيار 118/3، البحر الرائق: ابن نجيم 238/8.

[7] سورة الأحقاف: آية 15.

المذهب الثالث: ذهب زفر من الحنفية[1] إلى القول بأن مدة الرضاع ثلاث سنوات. وقد استدل بالآيتين السابقتين، فقال: بأن الله تعالى ذكر شيئين وضرب لهما مدة فكانت لكل واحد منهما بكمالها كالأجل المضروب للمدينين إلا أنه قام المنقص في أحدهما فبقي الثاني على ظاهره، ولأنه لا بد من مدة يتعود فيها الصبي على غير اللبن لينقطع الإنبات باللبن، وذلك بزيادة مدة يتعود فيها الصبي على تغيير الغذاء فقدرت بأدنى مدة الحمل لأنها مغيرة، فإن غذاء الجنين يغاير غذاء الرضيع كما يغاير غذاء الفطيم.

المذهب الرابع: ذهب الظاهرية[2]، وبه قالت عائشة وداود[3] إلى القول الرضاع ينشر الحرمة في الرجل الكبير كما ينشرها في الطفل الصغير.

وقد استدلوا على ذلك بما روي عن عائشة ـ رضي الله عنها ـ أنها قالت: ﴿ جاءت سهلة بنت سهيل إلى النبي **صلى الله عليه وسلم** فقالت: يا رسول الله إني أرى في وجه أبي حذيفة من دخول سالم (وهو حليفه)، فقال النبي **صلى الله عليه وسلم** : " أرضعيه "، قالت: وكيف أرضعه؟ وهو رجل كبير: فتبسم رسول الله **صلى الله عليه وسلم** وقال " قد علمت أنه رجل كبير ﴾[4].

وقد أجيب عن هذا الاستدلال بأنه خاص بسهلة وسالم، وقد روى مسلم عن أبي عبيد بن عبد الله بن زمعة أن أمه زينب بنت أبي سلمة أخبرته﴿: أن أمها أم سلمة زوج النبي **صلى الله عليه وسلم** كانت تقول: أبى سائر أزواج النبي **صلى الله عليه وسلم** أن يدخلن عليهن أحداً بتلك الرضاعة، وقلن لعائشة: و الله ما نرى هذا إلا رخصة أرخصها رسول الله **صلى الله عليه وسلم** لسالم خاصة، فما هو بداخل علينا أحد بهذه الرضاعة، ولا رائينا﴾[5].

مسألة: ما حكم الرضاع عند خوف الهلاك؟

بعد أن بينا في المسائل السابقة الحالات التي تنشر الحرمة بسبب الرضاع، لا بد من معرفة حكم الرضاع وهو أنه يعتبر واجباً على المرأة إرضاع الطفل عند خوف الهلاك إحياءً للنفس، كما أنه يجب على المرأة أن لا ترضع الطفل من غير ضرورة، كما يكره للمرأة

---

[1] الهداية: المرغيناني 223/2.
[2] المحلى: ابن حزم 202/10، 208..
[3] بداية المجتهد: ابن رشد 36/2، شرح النووي: النووي 289/5.
[4] صحيح مسلم: مسلم 286/5ـ287.
[5] صحيح مسلم: مسلم 289/5.

إرضاع الطفل من غير إذن زوجها إلا إذا خافت على الطفل الهلاك فحينئذ لا بأس به، وإذا قامت المرأة بإرضاع طفل فعليها أن تكتب أو تحفظ ذلك[1].

مسألة: ما الحكمة من التحريم بالنسب والمصاهرة والرضاع؟

1. إن زواج الأقارب بعضهم ببعض يضعف النسل، كما أن تغريب الزواج يؤدي إلى اختلاط السلالات البشرية بعضها ببعض مما يؤدي إلى إنتاج نسل قوي.

2. لقد أمر الله عز وجل بصلة الرحم بين الأقارب، وفي الزواج من الأقارب تتبدل المودة والمحبة والتراحم والتواصل، إلى البغض والكراهية والنفور بسبب ما يجري بين الضرائر من مشاحنات وخلافات سببها الغيرة، فيفضي ذلك إلى قطيعة الرحم، وقد حرمه الشرع الإسلامي، وما يصل إلى الحرام فهو حرام.

3. يطلب من الرجل تجاه بعض القريبات كالأم التعظيم والتوقير والبر والطاعة وخفض الجناح، وفي الزواج منهن ينتفي كل ذلك التعظيم والتقدير، كما أن إباحة الزواج منهن يؤدي إلى تحريم الاختلاط بهن حتى لا يطمع بهن، وهذا يتنافى مع وجوب صلتهن والبر بهن.

4. أما في المصاهرة فإن دائرة المحبة والرحمة تتسع بين الناس لتشمل قرابة الصهر، وهذا يؤدي إلى أن ينظر الرجل إلى أم زوجته كأمه وقريباتها بمنزلة قريباته، وتنظر الزوجة إلى أب الزوج كأبيها وأقاربه كأقاربها، ولا ينسجم ذلك مع إباحة الزواج منهن، كما أن في إباحة الزواج منهن تحريم الاختلاط بهن وفي ذلك مشقة وحرج شديد، بالإضافة إلى أنه يؤدي إلى قطيعة الرحم المنهي عنها.

5. أما التحريم بسبب الرضاع، فإن الطفل يتغذى على لبن المرضع فينبت لحمه وينشز عظمه من هذا اللبن، كما أنه يكتسب بعض صفات وطبائع أمه التي أرضعته، وبذلك يرتبط بها كارتباطه بأمه إذ هو جزء منها، كما أن الرضاع يوسع دائرة الأسر المتحابة، ويعد مظهراً من مظاهر الحنو والعطف من المرضعة للرضيع، فليس من الإحسان والبر أن تكون المرضعة فراشاً للرضيع.

---

[1] الاختيار: الموصلي 117/3، البحر الرائق: ابن نجيم 238/3.

رأي القانون:

أخذت قوانين الأحوال الشخصية بما ذهب إليه الفقهاء بالنسبة للنساء الحرمات حرمة مؤبدة، فقد نص قانون الأحوال الشخصية الأردني[1] في المادة (24) على أنه: " يحرم على التأبيد تزوج الرجل بامرأة من ذوات رحم محرم منه وهن أربعة:

1. أمه وجداته .

2. بناته وحفيداته وإن نزلن.

3. أخواته وبنات أخوته وبناتهن وإن نزلن .

4. عماته خالاته ".

والمادة (25) على أنه: " يحرم على التأبيد تزوج الرجل بامرأة بينه وبينها مصاهرة وهي على أربعة أصناف:

1. زوجات أولاد الرجل وزوجات أحفاده .

2. أم زوجته وجداتها مطلقاً.

3. زوجات أبي الرجل وزوجات أجداده.

4. ربائبه " أي بنات زوجته " وبنات أولاد زوجته.

ويشترط في الصنف الرابع الدخول بالزوجات ".

والمادة (26) على أنه: " يحرم على التأبيد من الرضاع ما يحرم من النسب إلا ما استثنى مما هو مبين في مذهب الإمام أبي حنيفة ".

أما بالنسبة لأحكام الرضاع المحرمة مثل مقدار الرضاع المحرم، ومدة الرضاع المحرم وغيرها، فيؤخذ بالراجح من مذهب الإمام أبي حنيفة حيث نصت المادة (183) على أن: " ما لا ذكر له في هذا القانون يرجع فيه إلى الراجح من مذهب أبي حنيفة ".

ونص قانون الأحوال الشخصية السوداني[2] في المادة (15)، وقانون الأحوال الشخصية السوري[3] في المادة (33)، ومشروع قانون الأحوال الشخصية الكويتي[4] في المادة (13)،

---

[1] مجموعة التشريعات: الظاهر ص 107، 108، 146، القرارات القضائية: عمرو 362، 363، 395.

[2] قانون الأحوال الشخصية السوداني لسنة 1991: ص 8، 9، 3.

[3] شرح قانون الأحوال الشخصية السوري: السباعي 1/381ـ418،382.

[4] مشروع قانون الأحوال الشخصية الكويتي، الجريدة الرسمية ص 652.

ومشروع القانون العربي الموحد[1] في المادة (25)، ومشروع القانون الموحد بدول مجلس التعاون الخليجي[2] في المادة (23)، ومشروع قانون الأحوال الشخصية الإماراتي[3] في المادة(10)، على أنه:

" يحرم على الشخص، بسبب النسب، التزوج من:

1. أصله، وإن علا.

2. فرعه، وإن نزل.

3. فروع أحد الأبوين، أو كليهما، وإن نزلوا.

4. الطبقة الأولى من فروع أجداده أو جداته المباشرين ".

وفي المادة (16) من القانون السوداني، والمادة (34) من القانون السوري، والمادة (14) من القانون الكويتي، والمادة (26) من مشروع القانون العربي الموحد، والمادة (24) مشروع القانون الخليجي، والمادة (11) من مشروع القانون الإماراتي على أنه:

" يحرم على الشخص، بسبب المصاهرة، التزوج من:

1. زوج أحد أصوله، وإن علوا.

2. زوج أحد فروعه وإن نزلوا.

3. أصول زوجته، وإن علوا.

4. فروع زوجته، التي دخل بها دخولاً حقيقياً، وإن نزلن "

والمادة (17) من القانون السوداني، والمادة (35) من القانون السوري، والمادة (16) من القانون الكويتي، والمادة (28) من القانون العربي الموحد، والمادة (26) من القانون الخليجي، والمادة (13) من القانون الإماراتي على أنه: " يحرم من الرضاع ما يحرم من النسب ".

وقد أضاف القانون الكويتي في المادة (16): " وتثبت حرمة المصاهرة بالرضاع "، ويفهم ذلك ضمناً في القوانين الأخرى وفق أحكام الشريعة الإسلامية، إلا أنه يؤخذ على القانون الإماراتي عدم الأخذ بذلك حيث نص في المادة (13) على أنه: " لا تثبت حرمة المصاهرة من طريق الرضاع "، ويكون بذلك قد خالف أحكام الشريعة الإسلامية، وما اتفقت عليه المذاهب

---

[1] المجلة العربية للفقه والقضاء: الأمانة العامة ص 21، 41.

[2] جريدة الخليج: العدد6378 ص 11، 10.

[3] مشروع قانون الأحوال الشخصية الإماراتي: وزارة العدل ص 5، 6.

الفقهية من تحريم محرمات مصاهرة عن طريق الرضاع قياساً على محرمات النسب وانعقد الإجماع عليه.

وقد اشترطت في التحريم المادة (17) من القانون السوداني، والمادة (35) من القانون السوري، والمادة (17) من القانون الكويتي أن يكون الرضاع في العامين الأولين، وأن يكون بخمس رضعات مشبعات متفرقات. أما المادة (28) من مشروع القانون العربي فقد اشترط للتحريم أن يكون في العامين الأولين وقبل الفطام، وأن يثبت أن المرضعة قد أرضعت الطفل رضعه كاملة بحسب العرف. بينما اقتصرت المادة (26) من مشروع القانون الخليجي الموحد على شرط أن يكون الرضاع في العامين الأولين.

وأضافت المادة (15) من مشروع القانون الكويتي، والمادة (27) من مشروع القانون العربي، والمادة (25) من مشروع القانون الموحد، والمادة (12) من مشروع القانون الإماراتي على أنه: " يحرم على الرجل فرعه من الزنا، وإن نزل ".

وما لم يرد ذكره في هذه المواد يرجع فيه إلى الراجح من مذهب الإمام أبي حنيفة كما نصت عليه المادة (5) من القانون السوداني والمادة (183) من القانون السوري، ويحكم بمقتضى القواعد العامة في الشريعة الإسلامية كما نصت عليه المادة(291) من مشروع القانون العربي، والمادة(282) من مشروع القانون الموحد، أما مشروع القانون الإماراتي فقد نص في المادة (472) على أنه يعمل فيما لم يرد بشأنه نص بالمشهور فالراجح من مذهب الإمام مالك، فمذهب الإمام أحمد، فبقية المذاهب.

كما نصت مجلة الأحوال الشخصية التونسية[1] في الفصل (14)، ومدونة الأحوال الشخصية المغربية[2] في الفصل (25) على أن: " موانع الزواج مؤبدة ومؤقتة: فالمؤبدة: القرابة والمصاهرة والرضاع ".

والفصل (15) من القانون التونسي، والفصل (26) من القانون المغربي على أن: " المحرمات بالقرابة أصول الرجل وفصوله وفصول أول أصوله وأول فصل من كل أصل وإن علا ".

---

[1] موسوعة التشريعات العربية: تونس

[2] مدونة الأحوال الشخصية المغربية: ص 13، 99، الوثائق العدلية: العراقي ص 127، أحكام الأسرة: ابن معجوز 354-355.

والفصل (16) من القانون التونسي، والفصل (27) من القانون المغربي على أن: "المحرمات بالمصاهرة أصول الزوجات بمجرد العقد وفصولهن بشرط الدخول بالأم وزوجات الآباء وإن علوا وزوجات الأولاد وإن سفلوا بمجرد العقد ".

والفصول (16)، (28) إلى أنه: يحرم من الرضاع ما يحرم من النسب والمصاهرة ويعد الطفل الرضيع ـ دون أخوته وأخواته ـ ولداً للمرضعة وزوجها، ولا يمنع الرضاع من الزواج إلا إذا كان في الحولين الأولين. وأضاف القانون المغربي وأن يكون خمس رضعات يقيناً والرضعة لا تحسب إلا إذا عدت في العرف رضعة كاملة.

وما لم يرد ذكره في هذه الفصول يرجع فيه إلى الراجح أو المشهور أو ما جرى به العمل من مذهب الإمام مالك كما نص عليه الفصل (297) من مدونة الأحوال الشخصية المغربية.

أما قانون الأحوال الشخصية العراقي[1]، فقد نص في المادة (12) على أنه: يشترط لصحة الزواج أن تكون المرأة غير محرمة شرعاً على من يريد التزوج بها.

والمادة (13) المعدلة على أن: " أسباب التحريم قسمان مؤبدة ومؤقتة، فالمؤبدة هي القرابة والمصاهرة والرضاع ".

والمادة (14): "1. يحرم على الرجل أن يتزوج من النسب أمه وجدته وإن علت، وبنته وبنت ابنه وبنت بنته وإن نزلت، وأخته وبنت أخته وبنت أخيه وإن نزلت، وعمته وعمة أصوله وخالته وخالة أصوله.

2. ويحرم على المرأة التزوج بنظير ذلك من الرجال ".

والمادة (15): " يحرم على الرجل أن يتزوج بنت زوجته التي دخل بها وأم زوجته التي عقد عليها، وزوجة أصله وإن علا وزوجة فرعه وإن نزل ".

والمادة (16): "كل من تحرم بالقرابة والمصاهرة تحرم بالرضاع إلا فيما استثني شرعاً".

وما لم يرد به ذكر فيحكم بمقتضى مبادئ الشريعة الإسلامية الأكثر ملاءمة لنصوص هذا القانون كما نصت عليه المادة (1) من قانون الأحوال الشخصية العراقي.

---

[1] الأحوال الشخصية: الكبيسي 2/403ـ404، 398.

القسم الثاني: المحرمات من النساء تحريماً مؤقتاً[1]

المحرمات من النساء تحريماً مؤقتاً هن: النساء اللاتي يحل الزواج بهن لوجود سبب قائم يمنع من ذلك، فإذا زال السبب أصبح الزواج منهن مباحاً، مثال ذلك: كونها مشركة، فإذا أسلمت زال سبب التحريم، وأصبح الزواج منها مباحاً، وهن على عدة أنواع منها:

النوع الأول: المحرمات بسبب تعلق حق الغير بها:

يحرم على الرجل أن يتزوج امرأة في عصمة زوج آخر، ومن في حكمها كالمعتدة من وفاة أو طلاق أو فسخ أو نكاح فاسد، وذلك لتعلق حق الغير بها، ومنعاً لاختلاط الأنساب، ودفعاً للعداوة والبغضاء والشحناء بين الناس، والدليل على التحريم قول الله تعالى:﴿ والمحصنات من النساء ﴾[2]، والمراد بالمحصنات: ذوات الأزواج بإجماع العلماء، وهذه الآية الآية معطوفة على قول الله تعالى: ﴿حرمت عليكم أمهاتكم ﴾[3]، فيكون المعنى: حرمت عليكم أمهاتكم .... وحرمت عليكم المتزوجات من النساء، سواء أكن مؤمنات أم غير مؤمنات، كما ورد الإجماع على تحريم خطبة زوجة الغير[4].

كما اتفق الفقهاء على تحريم زواج المعتدة من الغير سواء أكان السبب طلاقاً أم فسخاً حتى تنتهي العدة، فيجوز التزوج بها إذا لم يكن هناك مانع آخر لقول الله تعالى: ﴿ ولا تعزموا عقدة النكاح حتى يبلغ الكتاب أجله ﴾[5]، أي لا تعقدوا النكاح إلا بعد انتهاء المدة التي فرضها الله على المعتدة بعد فرقة زوجها، وقال الله تعالى: ﴿ والمطلقات يتربصن بأنفسهن ثلاثة قروء﴾[6]، فقد أوجب الله على المطلقة أن تعتد أي تنتظر مدة ثلاثة قروء حتى تتزوج بالغير، وقال الله تعالى

---

[1] الاختيار: الموصلي 3/84-89، الشرح الصغير: الدردير 2/404 وما بعدها، الكافي: القرطبي 2/530-550، الشرح الكبير: المقدسي 7/482-519، المغني: ابن قدامه 7/478-519، حاشية الصاوي: الصاوي 2/404.

[2] سورة النساء: آية 24.

[3] سورة النساء: آية 23.

[4] حاشية سليمان الجمل: سليمان 4/128، مغني المحتاج: الشربيني 3/135، نهاية المحتاج: الرملي 6/201.

[5] سورة البقرة: آية 235.

[6] سورة البقرة: آية 228.

في حق الحامل: ﴿ وأولات الأحمال أجلهن أن يضعن حملهن ﴾[1]، أي أن عدة الحامل وضع الحمل، فلا يحل لها الزواج حتى تنتهي عدتها بوضع الحمل.

ويضاف إلى هذه المعتدات، المعتدة من زواج فاسد أو دخول بشبهة؛ لأن مظنة وجود الحمل والحرص على حفظ الأنساب وعدم اختلاطها قائمة في جميع هذه الحالات[2].

أما المرأة المزني بها فقد اختلف الفقهاء في زواجها إن لم تكن حاملاً، فأجاز الجمهور زواجها، ومنعه قوم، وسبب اختلافهم، اختلافهم في مفهوم قول الله تعالى: ﴿ والزانية لا ينكحها إلا زان أو مشرك وحرم ذلك على المؤمنين ﴾[3]، هل خرج مخرج الذم أو التحريم؟ وهل الإشارة في قوله ـ وحرم ذلك على المؤمنين ـ إلى الزنا أو إلى النكاح؟ فقد حمل الجمهور الآية على الذم لا التحريم لما جاء في الحديث " أن رجلا قال للنبي صلى الله عليه وسلم في زوجته إنها لا ترد يد لامس، فقال له النبي صلى الله عليه وسلم : طلقها، فقال: إني أحبها، فقال له أمسكها "، وقال قوم: إن الزنا يفسخ النكاح بناء على هذا الأصل[4].

وأما الحامل من زنا، فقد اختلف جمهور الفقهاء في حل زواجها بغير من زنا بها، فقد ذهب أبو حنيفة والشافعي وابن حزم[5] إلى القول بأنه يجوز العقد عليها، وحرم أبي حنيفة وابن حزم الدخول بها حتى تضع حملها، بينما كره الشافعي الشافعي الدخول بها قبل وضع الحمل.

---

[1] سورة الطلاق: آية 4.

[2] اختلف الفقهاء فيمن تزوج امرأة في عدتها ودخل بها، فقال مالك والأوزاعي والليث يفرق بينهما، ولا تحل له أبداً، وقال أبو حنيفة والشافعي والثوري يفرق بينهما، وإذا انقضت العدة فلا بأس في تزويجه إياها مرة ثانية. وسبب اختلافهم ما رواه سعيد بن المسيب وسليمان يسار أن عمر بن الخطاب فرق بين طليحة الأسدية وبين زوجها راشداً الثقفي لما تزوجها في العدة من زوج ثان وقال: أيما امرأة نكحت في عدتها فإن كان زوجها الذي تزوجها لم يدخل بها فرق بينهما، ثم اعتدت بقية عدتها من الأول، ثم كان الآخر خاطباً من الخطاب، وإن كان دخل بها فرق بينهما، ثم اعتدت بقية عدتها من الأول، ثم اعتدت من الآخر، ثم لا يجتمعان أبداً. وروي عن علي وابن مسعود مخالفة عمر في هذا. أنظر بداية المجتهد: ابن رشد 47/2.

[3] سورة النور: آية 3.

[4] بداية المجتهد: ابن رشد 2/ 40.

[5] الاختيار: الموصلي 87/3، زاد المعاد: ابن قيم الجوزية 115/5، المحلى: ابن حزم 156/9ـ156، الأحوال الشخصية في الشريعه الإسلامية: محمد محي الدين 55،56.

وذهب مالك وأحمد وأبو يوسف وزفر من الحنفية[1] إلى القول بأنه لا يجوز العقد عليها حتى تضع حملها. وأما زواج الحامل من زنا ممن زنا بها، فجائز قبل وضع حملها.

النوع الثاني: المحرمات بسبب الطلاق المكمل للثلاث

إذا طلق الرجل زوجته طلاقاً بائناً بينونة كبرى فلا يحل له أن يتزوج بها، وتحرم عليه تحريماً مؤقتاً، حتى تتزوج من رجل آخر بعد انقضاء عدتها منه، ثم يموت عنها زوجها الثاني، أو يطلقها لأي سبب من الأسباب بعد دخوله بها دخولاً حقيقياً، وتنقضي عدتها منه، فإذا حصل ذلك جاز لمطلقها أن يعود إليها، والدليل على ذلك قول الله تعالى: ﴿ الطلاق مرتان فإمساك بمعروف أو تسريح بإحسان ﴾[2]، ثم قول الله تعالى في الآية التي تليها: ﴿ فإن طلقها فلا تحل له من بعد حتى تنكح زوجاً غيره ﴾[3]، حيث بين الله تعالى في الآية الأولى أن الطلاق الذي يجوز فيه للزوج مراجعة زوجته أو زواجها بعقد جديد هو الطلاق الأول والثاني، وبينت الآية الثانية أنه لا يحل للرجل أن يراجع مطلقته بعد الطلاق الثالث إلا بعد أن تنكح زوجاً آخر ثم يطلقها دون اتفاق مسبق.

وقد اشترطت الأحاديث النبوية الشريفة حتى تحل المطلقة ثلاثاً لمطلقها، دخول الزوج الثاني بها دخولاً حقيقياً، ثم مفارقتها بموت أو طلاق وانقضاء عدتها دون أن يكون هناك اتفاق مسبق بينها وبين مطلقها الأول، أو بين مطلقها وزوجها الثاني على أن يتزوجها ثم يطلقها من أجل أن يحلها لمطلقها الأول. فقد روي عن السيدة عائشة - رضي الله عنها - أنها قالت:﴿ جاءت امرأة رفاعة إلى النبي صلى الله عليه وسلم فقالت: كنت عند رفاعة، فطلقني فبت طلاقي، فتزوجت عبد الرحمن بن الزبير، وإن ما معه مثل هدبة الثوب، فتبسم رسول الله صلى الله عليه وسلم ، فقال: " أتريدين أن ترجعي إلى رفاعة؟ لا، حتى تذوقي عُسَيْلَته ويذوق عُسَيْلَتَك ﴾[4]. وعن عبد الله بن مسعود قال: ﴿ لعن رسول الله صلى الله عليه وسلم المُحِلَّ والمُحَلَّل له ﴾[5].

---

[1] الاختيار: الموصلي 87/3، زاد المعاد: ابن قيم الجوزية 115/5، المحلى: ابن حزم 156/9ـ156، الأحوال الشخصية في الشريعة الإسلامية: محمد محي الدين 55،56.

[2] سورة البقرة: آية 229.

[3] سورة البقرة: آية 230.

[4] صحيح مسلم: مسلم 255/5.

[5] سنن الترمذي: الترمذي 364/2، التاج الجامع للأصول: ناصف 336/2، سبل السلام: الصنعاني 127/2.

مما سبق يتبين لنا أنه يحرم على الرجل أن يتقدم لخطبة مطلقته ثلاثاً، إلا بعد أن تتحقق الشروط السابقة، وفي ذلك حمل للزوج على التريث والتروي، فلا يقدم على الطلاق إلا بعد طول تأمل وتفكير في عواقب ونتائج تصرفه، كما أن الزوجة حين تعلم خطورة الأمر تسعى جاهدة لعدم خلق الأسباب التي تؤدي إلى الشقاق والنزاع والخلاف حفاظاً على التمسك برباط الحياة الزوجية ومنعاً لإيقاع الطلاق.

النوع الثالث: المحرمات بسبب اختلاف الدين

يحرم على الرجل الزواج من امرأة لا تدين بدين سماوي، وهي التي لا تؤمن بنبي ولا تقر بكتاب سماوي، وهذه تشمل: الملحدة[1]، والوثنية[2]، والمجوسية[3][*]، والبوذية[4]، والبرهمية[5]، وذلك لقول الله تعالى: ﴿ ولا تنكحوا المشركات حتى يؤمن ولأمة مؤمنة خير من مشركة ولو أعجبتكم﴾[6]، وكل من يعبد غير الله سبحانه وتعالى يطلق عليه اسم المشرك في لغة القرآن الكريم وعرف الشارع سبحانه وتعالى، ويصدق عليه أنه لا يدين بدين سماوي، كما حكى القرآن عن عبدة الأوثان ﴿ ما نعبدهم إلا ليقربونا إلى الله زلفى﴾[7]، وقال الرسول صلى الله عليه وسلم في شأن المجوس: ﴿ سنوا بهم سنة أهل الكتاب غير ناكحي نسائهم، ولا آكلي ذبائحهم﴾[8]، وكل من عبد غير الله عز وجل فحكمه حكم المجوس لاشتراكهم جميعاً في الإشراك بالله عز وجل.

---

[1] الملحدة: هي التي تنكر الأديان، ولا تعترف بوجود الله سبحانه وتعالى.

[2] الوثنية: هي التي تعبد الأصنام والأوثان ويدخل في عبادة الأوثان: عبدة الشمس والنجوم والصور التي استحسنوها.

[3] المجوسية: هي التي تعبد النار.

[*] عد الظاهرية المجوس أهل كتاب فأباحوا زواج نسائهم، وهذا قول لا يعتد به، حيث أن المجوس لا يدينون بدين سماوي، وإنما هم عبدة النار، فلا يحل زواج نسائهم. المحلى: ابن حزم 12/9، 17-19.

[4] نسبة إلى مؤسسها بوذة، وتقول هذه الديانة إن غاية الإنسان بفنائه.

[5] البرهمية: نسبة إلى براهمة هو الإله الأعلى في معتقد الهنود الأقدمين، والبرهمانية دين الهند الأساسي، وهو قديم جداً، نفخت فيه البوذية روحاً تجديدياً.

[6] سورة البقرة: آية 221.

[7] سورة الزمر: آية 3.

[8] نصب الراية: الزيلعي 130/2، الاختيار: الموصلي 88/3، الهداية: المرغيناني 1/ 193.

مسألة: ما حكم الزواج من الكتابية؟

اختلف الفقهاء في جواز الزواج من الكتابية على مذهبين:

المذهب الأول: ذهب جمهور الفقهاء إلى أنه يجوز الزواج من النصرانية واليهودية، وذلك لما يلي:

أولاً: قال الله تعالى: ﴿ اليوم أحل لكم الطيبات وطعام الذين أوتوا الكتاب حل لكم وطعامكم حل لهم والمحصنات من المؤمنات والمحصنات من الذين أوتوا الكتاب﴾[1].

وجه الدلالة: تدل الآية صراحة على حل نساء أهل الكتاب، وهذه الآية من آخر آي القرآن الكريم نزولاً.

ثانياً: إجماع الصحابة إلا ما روي عن ابن عمر على حل نساء أهل الكتاب[2].

ثالثاً: فعل الصحابة ـ رضي الله عنهم ـ حيث روي أن حذيفة وطلحة بن عبيد الله والجارود بن المعلى تزوجوا من الكتابيات[3].

المذهب الثاني: ذهب عبد الله بن عمر من الصحابة، وجماعة من الفقهاء، والإمامية[4] إلى عدم جواز الزواج من الكتابيات، وحجتهم في ذلك قول الله تعالى: ﴿ ولا تنكحوا المشركات حتى يؤمن ﴾[5].

وقد أجاب الجمهور عن هذا الدليل، بأن لفظ المشرك إذا ذكر لا ينصرف إلى أهل الكتاب، إذ يراد به من عبد مع الله غيره، ممن لا يدعي اتباع نبي ولا كتاب سماوي، ويؤيد هذا عطف المشركين على أهل الكتاب في عدة آيات منها قول الله تعالى: ﴿ لم يكن الذين كفروا من أهل الكتاب والمشركين منفكين﴾[6]، وقول الله تعالى: ﴿ إن الذين كفروا من أهل الكتاب والمشركين ﴾[7]، وقول الله تعالى: ﴿ لتجدن أشد الناس عداوة للذين آمنوا اليهود والذين أشركوا﴾[8]،

---

[1] سورة المائدة: آية 5.

[2] المغني: ابن قدامه 500/7.

[3] المغني: ابن قدامه 500/7.

[4] بداية المجتهد: ابن رشد 44/2، المغني: ابن قدامه 500/7، المحلى: ابن حزم 13/9.

[5] سورة البقرة: آية 221.

[6] سورة البينة: آية 1.

[7] سورة البينة: آية 6.

[8] سورة المائدة: آية 82.

وغيرها من آي القرآن الكريم، التي تفصل بين المشركين وأهل الكتاب، فدل على أن لفظة المشركين بإطلاقها لا تتناول أهل الكتاب، والأصل في العطف أن يكون مغايراً للمعطوف عليه، فيكون المشركون غير أهل الكتاب[1].

بالإضافة إلى ما سبق، فقد روي عن ابن عباس أن آية:﴿ ولا تنكحوا المشركات﴾[2]، نسخت بقول اللـه تعـالى في سورة المائدة: ﴿ والمحصنات من الذين أوتوا الكتاب﴾[3]، وبقي من سواهم على التحريم.

كما أن ما احتجوا به عام في كل كافرة، وآية المائدة خاصة في حل أهل الكتاب، والخاص يجب تقديمه[4].

ومع أن الفقهاء أجازوا زواج الكتابية إلا أنهم قالوا إنه خـلاف الأولى، فالأجـدر بالمسـلم أن يتـزوج بالمسلمة، ولا يتزوج بكتابية إلا إذا دعت المصلحة الراجحة إلى الزواج بها[5]. وذلك لما في الزواج من الكتابية من فتنة وخطورة، فقـد نبه الفاروق عمر بن الخطاب إلى ذلك، فمنع حذيفة بن اليمان من الإبقاء على المرأة اليهودية التي تزوجها، حيث روى الإمام الطبري عن سعيد بن جبير أنه قال: بعث عمر بن الخطاب ـ رضي اللـه عنه ـ إلى حذيفة بن اليمان ـ بعد أن ولاه المدائن وكثر المسلمات: " أنه بلغني أنك تزوجت امرأة من أهل المدائن من أهل الكتاب، فطلقها "، فكتب إليه " لا أفعل حتى تخبرني أحلال أم حرام، وما أردت بذلك؟ فكتب إليه: " لا، بل حلال ولكن في نسـاء الأعـاجم خلابـة[6]، فـإن أقبلـتم علـيهن، غلبنكم على نسائكم "، فقال: " الآن "، فطلقها "[7].

وفي رواية نقلها الجصاص: أن حذيفة تزوج يهودية، فكتب إليه عمر: " أن خل سبيلها "، فكتب إليه حذيفة: أحرام هي، فكتب إليه عمر، لا، ولكني أخاف أن تواقعوا المومسات منهن، يعني العواهر ".

[1] المغني: ابن قدامه 500/7 ـ 501.
[2] سورة البقرة: آية 221.
[3] سورة المائدة: آية 5.
[4] بداية المجتهد: ابن رشد 44/2، المغني: ابن قدامه 501/7.
[5] مغني المحتاج: الشربيني 187/3، الشرح الصغير: الدردير 420/2، المغني: ابن قدامه 501/7.
[6] الخلابة: الخديعة برقيق الحديث. انظر المعجم الوسيط 247/1.
[7] تاريخ الطبري: الطبري 294/3.

وجه الدلالة: نهى الخليفة عمر بن الخطاب رضي الله عنه حذيفة بن اليمان عن الزواج من الكتابيات - مع أن هذا الزواج في أصله مباح، دفعاً لمفسدة عظمى تترتب على هذا المباح، فمنعه حماية للصالح العام، بإبعاد نواب الخليفة أولاً عن خداع الأجنبيات لهم، أو إبعاد وقوع الفتنة بين المسلمات اللواتي يكثر عددهن، وينصرف رجال المسلمين عنهن، لجمال الكتابيات، أو خشية مواقعة المومسات منهن، وكل ذلك ضار بالمصلحة العامة، ومناقض للحكمة التي من أجلها أبيح التزوج بالكتابيات[1].

لذلك من الأولى عدم زواج الكتابيات إذا لم يحقق الحكمة التي من أجلها أبيح التزوج بالكتابيات[2].

وذهب بعض الفقهاء[3] إلى أن الكتابية التي يجوز للمسلم أن يتزوجها، هي التي انحدرت من أصول دخلوا في دين دين أهل الكتاب قبل أن يحرف أو ينسخ، أما التي انحدرت من أصول دخلوا في دين أهل الكتاب بعد بعثة النبي صلى الله عليه وسلم فلا يجوز الزواج منها.

مسألة: ما حكم الزواج من الصابئة؟

اختلف الفقهاء في جواز الزواج من الصابئة على ثلاثة مذاهب:

المذهب الأول: ذهب الإمام أبو حنيفة والإمام أحمد[4] في قول إلى أنهم من أهل الكتاب، فتحل نساؤهم، حيث يرون أنهم يعظمون الكواكب، ولا يعبدونها كالكتابيات.

المذهب الثاني: ذهب الشافعية وصاحبا أبي حنيفة[5]، إلى أنهم ليسوا نصارى، ولا من أهل الكتاب؛ لأنهم يعبدون الكواكب فلا تحل نسائهم.

---

[1] التدابير الشرعية: جانم ص 47 ـ 48.

[2] أرى أنه يجب منع المسلمين من التزوج بالكتابيات في عصرنا من قبيل السياسة الشرعية خاصة موظفي السلك الدبلوماسي، ورجال القوات المسلحة، حتى لا تتعرض مصالح المسلمين للخطر، ولا تتسرب أسرار الدولة إلى الغير، كما أنه يخشى على الشباب المسلم في زماننا من الخديعة برقيق الحديث، والفتنة بجمال الكتابيات، ومواقعة المومسات منهن، والتخلق بأخلاقهن، والابتعاد عن الإسلام، خاصة وأن الكثير من الشباب المسلم في زماننا بعيد عن الإسلام كل البعد، فيسهل فتنتهم عن دينهم.

[3] مغني المحتاج: الشربيني 188/3.

[4] الاختيار: الموصلي 88/3، الهداية: المرغيناني 193/1، المغني: ابن قدامه 501/7.

[5] مغني المحتاج: الشربيني 189/3، الاختيار: الموصلي 3/ 88، الهداية: المرغيناني 193/1.

المذهب الثالث: ذهب الشافعية في قول والحنابلة في الراجح[1] إلى أن الصابئة إذا وافقوا النصارى أو اليهود في أصل دينهم، وخالفوهم في فروعه، فهم من أهل الكتاب، وأن خالفوهم في أصل دينهم، فليسوا منهم.

الترجيح:

الذي يبدو لي أن الخلاف بين الفقهاء، هو اختلاف في حقيقة أمر الصابئة وليس خلاف رأي، لذلك أميل إلى الجمع بين المذهبين الثاني والثالث، حيث أن الصابئة يقدسون الكواكب ويعبدونها، وهم في عامة أحوالهم أكتم الناس في اعتقاداتهم وطقوسهم الدينية، فهم وإن انتسبوا إلى النصارى إلا أنهم خالفوهم في أصل الدين، لذلك فهم ليسوا من أهل الكتاب، ولا تحل نساؤهم للمسلمين.

مسألة: ما حكم الزواج من المرأة التي تؤمن بنبي وتقر بكتاب؟

اختلف الفقهاء في حكم كل امرأة تؤمن بنبي وتقر بكتاب كصحف إبراهيم وشيث وزبور داود على مذهبين:

المذهب الأول: ذهب الحنفية والقاضي من الحنابلة[2] إلى أنهم من أهل الكتاب، يحل نكاح نسائهم، لأنهم تمسكوا بكتاب من كتب الله، فأشبهوا اليهود والنصارى.

المذهب الثاني: ذهب الشافعية والحنابلة إلى أنهم ليسوا من أهل الكتاب، ولا يجوز نكاح نسائهم، وذلك لأن كتبهم لم تنزل بنظام يدرس ويتلى، وإنما أوحي إليهم معانيها، وقيل لأنها كانت مواعظ وأمثالاً لا أحكام وشرائع، فلم يثبت لها حكم الكتب المشتملة على الأحكام.

مسألة: ما حكم زواج المرتدة؟

المرتد: من رجع عن دين الإسلام إلى الكفر عن طواعية واختيار دون إكراه وإجبار، ولا يحل لمسلم ولا لكافر ولا لمرتد أن يتزوج المرتدة، ولا يحل لمسلمة ولا لكافرة ولا لمرتدة أن تتزوج مرتداً؛ وذلك لأن الزواج يعتمد الملة، ولا ملة للمرتد، لأنه ترك دينه، ولا يقر على الدين الذي اعتنقه، ولو كان ديناً سماوياً، كما أن الارتداد جريمة عقوبتها للرجل القتل إن لم يتب بعد إمهاله ثلاثة أيام، تزال شبهته إن كانت له شبهة ويرفع عنه الظلم إن وقع عليه ظلم،

---

[1] مغني المحتاج: الشربيني 189/3، المغني: ابن قدامه 501/7.

[2] البحر الرائق: ابن نجيم، المغني: ابن قدامه 501/7، 502.

ويستتاب خلالها، فإما أن يرجع إلى الإسلام، وإما أن يرفض فيقتل بعد مضي مدة الإمهال باتفاق الفقهاء[1].

وللمرأة القتل عند جمهور الفقهاء[2]، والحبس مع الضرب عند الحنفية[3] حتى تعود إلى الإسلام أو تموت، وروي عن علي والحسن وقتادة[4] أنها تسترق ولا تقتل.

وحجة الجمهور في ذلك ما يلي:

1. روى مسروق عن عبد الله أن الرسول صلى الله عليه وسلم قال:﴿ لا يحل دم امرئ مسلم إلا بإحدى ثلاث: الثيب الزاني، والنفس بالنفس، والتارك لدينه المفارق للجماعة﴾[5].
2. روي أن امرأة يقال لها أم مروان ارتدت عن الإسلام، فبلغ أمرها إلى النبي صلى الله عليه وسلم فأمر أن تستتاب، فإن تابت وإلا قتلت.
3. لأن المرأة شخص مكلف بدّل دين الحق بالباطل فتقتل كالرجل[6].

أما حجة الحنفية في ذلك فهي ما يلي:

1. نهي الرسول صلى الله عليه وسلم عن قتل النساء.
2. الأصل تأخير الأجزية إلى الدار الآخرة، إذ تعجيلها يخل بمعنى الابتلاء، وإنما عدل عنه دفعاً لشرٍ ناجز، وهو الحراب، ولا يتوجه ذلك من النساء، لعدم صلاحية البنية بخلاف الرجال فصارت المرتدة كالأصيلة[7].

---

[1] الاختيار: الموصلي 145/4ـ146، 112/3ـ114، الهداية: المرغيناني 145/2ـ146، بداية المجتهد: ابن رشد 459/2، الكافي: القرطبي 543/2، 1089/2ـ1090، الإقناع: الشربيني 137/2ـ238، 247/2، مغني المحتاج: الشربيني 190/3، 139/4ـ140، الشرح الكبير: المقدسي 74/10، المغني: ابن قدامه 74/10، 503.

[2] بداية المجتهد: ابن رشد 459/2، الكافي: القرطبي 1089/2ـ1090،الإقناع: الشربيني 247/2،، مغني المحتاج: الشربيني 139ـ140، الشرح الكبير: المقدسي 74/10، المغني: ابن قدامه 74/10.

[3] الاختيار: الموصلي 4/ 149، الهداية: المرغيناني 164/2ـ165.

[4] المغني: ابن قدامه 74/10.

[5] صحيح مسلم: مسلم 179/6.

[6] المغني: ابن قدامه 75/10.

[7] الهداية: المرغيناني 165/2.

وقد أجاب الجمهور على أدلة الحنفية بأن نهي الرسول صلى الله عليه وسلم عن قتل المرأة، فالمراد به الأصلية، فإنه قال ذلك حين رأى امرأة مقتولة، وكانت كافرة أصلية، ولذلك نهى الذين بعثهم إلى ابن أبي الحقيق عن قتل النساء، ولم يكن فيهم مرتد ويخالف الكفر الأصلي الطارئ بدليل أن الرجل يقر عليه، ولا يقتل أهل الصوامع والشيوخ والمكافيف، ولا تجبر المرأة على تركه بضرب ولا حبس، والكفر الطارئ بخلافه[1].

أما أصحاب المذهب الثالث القائلون بأنها تسترق ولا تقتل فقد استدلوا على قولهم، بأن أبا بكر استرق نساء بني حنيفة وذراريهم، وأعطى علياً منهم امرأة، فولدت له محمد بن الحنفية، وكان هذا بمحضر من الصحابة، فلم ينكر، فكان إجماعاً[2].

وقد أجاب الجمهور بأنه لم يثبت أن من استرق من بني حنيفة تقدم له إسلام، ولم يكن بنو حنيفة أسلموا كلهم، وإنما أسلم بعضهم، والظاهر أن الذين أسلموا كانوا رجالاً، فمنهم من ثبت على إسلامه منهم ثمامة بن أثال، ومنهم من ارتد منهم الدجال الحنفي[3].

مسألة: ما نوع الفرقة الحاصلة بردة أحد الزوجين؟

اتفق الفقهاء على أن الفرقة الحاصلة بردة المرأة تكون فسخاً لا طلاقاً، وذلك لأن الطلاق جعله الله سبحانه وتعالى بيد الرجل[4]، واختلفوا في نوع الفرقة الحاصلة بردة الزوج على مذهبين:

المذهب الأول: ذهب جمهور الفقهاء[5] إلى أن الفرقة الحاصلة بردة الزوج تكون فسخاً للنكاح.

المذهب الثاني: ذهب مالك ومحمد بن الحسن[6] إلى أن الفرقة الحاصلة بردة الزوج تكون طلاقاً.

---

[1] المغني: ابن قدامه 75/10.

[2] المغني: ابن قدامه 74/10.

[3] المغني: ابن قدامه 75/10.

[4] الاختيار: الموصلي 114/3، الهداية: المرغيناني 221/1، الكافي: القرطبي 543/2، الإقناع: الشربيني 137/2ـ138، مغني المحتاج: الشربيني 190/3، المغني: ابن قدامه 177/7، المحلى: ابن حزم 19/9.

[5] الاختيار: الموصلي 114/3، الهداية: المرغيناني 221/2، الكافي: القرطبي 543/2، مغني المحتاج: 190/3، المغني: ابن قدامه 177/7.

[6] الكافي: القرطبي 1090/2، الاختيار: الموصلي 144/3، الهداية: المرغيناني 221/2.

مسألة: ما حكم زواج المسلمة بغير المسلم؟

اتفق الفقهاء[1] على أنه لا يجوز للمسلمة أن تتزوج من غير مسلم سواء أكان مشركاً أم كتابياً، فلو تزوجت مسلمة بغير مسلم كان الزواج باطلاً، ولا يترتب عليه أي أثر من آثار الزواج.

واستدلوا على ذلك بما يلي:

أولاً: قال الله تعالى: ﴿ يا أيها الذين آمنوا إذا جاءكم المؤمنات مهاجرات فامتحنوهن الله أعلم بإيمانهن فإن علمتموهن مؤمنات فلا ترجعوهن إلى الكفار لا هن حل لهم ولا هم يحلون لهن﴾[2].

وجه الدلالة: تدل الآية الكريمة صراحة على تحريم المسلمات على هؤلاء الكفار لكفرهم، ولفظ الكفر عام يشمل من ليس بمسلم فيتناول بعمومه أهل الكتاب وغيرهم، وإذا كانت الآية نزلت في شأن الأزواج المشركين، إلا أن اللفظ عام، والقاعدة الفقهية في علم الأصول تقول: العبرة بعموم اللفظ لا بخصوص السبب[3].

ثانياً: الآثار المروية عن السلف الصالح[4] أنهم كانوا يفرقون بين النصراني وزوجته إذا أسلمت، ومن ذلك أن رجلاً من بني تغلب أسلمت زوجته وأبى هو أن يسلم، ففرق عمر بن الخطاب بينهما.

وروي عن ابن عباس رضي الله عنه أنه قال: "إذا أسلمت النصرانية قبل زوجها فهي أملك لنفسها"؛ وبهذا استفاضت الأخبار عن أصحاب الرسول صلى الله عليه وسلم ولا بد أن يكون مسموعاً عن رسول الله صلى الله عليه وسلم ما بنوا عليه أحكامهم، وقد انعقد إجماعهم على ذلك.

وإذا كانت الزوجة كافرة تحت زوج كافر فأسلمت، وامتنع زوجها عن الإسلام، يفرق بينهما[5].

---

[1] انظر الأحوال الشخصية: أبو زهرة ص 115، الفقه المقارن: أبو العينين ص 120.

[2] سورة الممتحنة: آية 10.

[3] الفقه المقارن: أبو العينين 120.

[4] الأحوال الشخصية: أبو زهرة ص 115، الفقه المقارن: أبو العينين ص 120.

[5] الاختيار: الموصلي 113/3، الكافي: القرطبي 550/2، مغني المحتاج: الشربيني 191/3-192، المغني: ابن قدامه 526/7.

النوع الرابع: المحرمات بسبب الجمع بين المحارم

اتفق الفقهاء[1] على أنه يحرم على الرجل أن يجمع في نكاحه بين المرأة وأختها، وبين المرأة وعمتها، وبين المرأة وخالتها، وبين المرأة وبنت أخيها، وبين المرأة وبنت أختها، وسواء في ذلك الجمع أكان سببه النسب أم الرضاع عند الجمهور[2]، وخالف ابن القيم وابن تيميه[3] حيث أجازا الجمع بين المحارم رضاعاً لعدم ورود النص بالتحريم، وضابطه أن كل امرأتين بينهما علاقة محرمية، بحيث لو فرضت كل واحدة منهما ذكراً حرمت عليه الأخرى.

ولا يحرم الجمع بين المرأة وزوجة أبيها، أو زوجة ابنها؛ لأنه لا يمكن فرض زوجة الأب ذكراً؛ لأنها لو كانت كذلك لما كانت زوجة أب، وكذلك زوجة الابن، لعدم إمكان فرض زوجة الابن، وخالف في هذا زفر من الحنفية[4]، حيث ذهب إلى حرمة الجمع بين المرأة وزوجة أبيها أو زوجة ابنها؛ لأنه لا يشترط أن تكون المحرمية ثابتة من الطرفين، واكتفى في تحقيق المحرمية بأنه إذا أمكن فرض إحداهما ذكراً حرمت الأخرى، ولذلك قرر عدم الجمع بين المرأة وزوجة أبيها؛ لأن هذه المرأة لو فرضت ذكراً حرمت عليها زوجة الأب.

وقد استدلوا على تحريم الجمع بين المحارم بالكتاب والسنة والإجماع والمعقول

أولاً: القرآن الكريم:

قال الله تعالى:﴿ وأن تجمعوا بين الأختين إلا ما قد سلف ﴾[5].

وجه الدلالة: تفيد الآية الكريمة صراحة حرمة الجمع بين الأختين، وتفيد بمعناها حرمة الجمع بين سائر المحارم؛ لأن سبب التحريم وهو العداوة المؤدية إلى قطيعة الرحم متحققة في سائر المحارم، بل من الأولى حرمة الجمع بين المرأة وعمتها أو خالتها؛ لأن كلتيهما بمنزلة الأم والرحم بينهما قريبة واجبة الصلة.

---

[1] الاختيار: الموصلي 84/3، 87، الهداية: المرغيناني 191/1ـ192، بداية المجتهد: ابن رشد 41/2، الكافي: القرطبي 536/2، الشرح الصغير: الدردير 405/2، كفاية الأخيار: الحصني 36/2، مغني المحتاج: الشربيني 180/3، الشرح الكبير: المقدسي 485/7، المغني: ابن قدامه 489/7، 497.

[2] الاختيار: الموصلي 84/3، 87، الهداية: المرغيناني 191/1ـ192، الكافي: القرطبي 537/2، الشرح الكبير: المقدسي 485/7،، المحلى: ابن حزم 132/9.

[3] الأحوال الشخصية: أبو زهرة ص 97، الأحوال الشخصية: السرطاوي ص 90.

[4] الاختيار: الموصلي 84/3، 87، الهداية: المرغيناني 191/1ـ192.

[5] سورة النساء: آية 23.

ثانياً: السنة النبوية:

عن أبي هريرة رضي الله عنه قال: قال رسول الله صلى الله عليه وسلم: ﴿ لا يجمع بين المرأة وعمتها، ولا بين المرأة وخالتها﴾[1].

ثالثاً: الإجماع:

انعقد إجماع العلماء[2] على تحريم الجمع بين المحارم.

رابعاً: المعقول:

إن الجمع بين المحارم يؤدي إلى إيقاع العداوة بين المحارم، وإفضاؤه إلى قطيعة الرحم المحرم.

مسألة: ما حكم الجمع بين المحارم أثناء العدة؟

اتفق الفقهاء على أنه يحرم الجمع بين المحارم أثناء العدة من طلاق رجعي، واختلفوا في حكم الجمع بين المحارم أثناء العدة من طلاق بائن إلى مذهبين.

المذهب الأول: ذهب المالكية والشافعية والظاهرية[3] إلى القول بأنه يحل الجمع بين المحارم أثناء العدة من الطلاق البائن، لانقطاع الزوجية بينهما بالكلية، إعمالاً للقاطع وهو الطلاق البائن الذي قطع رابطة الزوجية حيث لا يجوز له مراجعتها إلا بعد عقد جديد، أو بعد أن تتزوج بآخر.

المذهب الثاني: ذهب الحنفية والحنابلة[4] إلى القول بأنه لا يحل الجمع بين المحارم أثناء العدة من الطلاق البائن، لما روي عن عبيدة السلماني أنه قال ما أجمعت الصحابة على شيء كإجماعهم على أربع قبل الظهر، وأن لا تنكح امرأة في عدة أختها،، ولأن النكاح باق حكماً أثناء العدة لبقاء أحكامه فهي محبوسة عن النكاح لحقه ولها نفقة العدة.

---

[1] صحيح البخاري: البخاري 20/7، صحيح مسلم: مسلم 205/5.

[2] الشرح الكبير: المقدسي 485/7، المغني: ابن قدامه 478/7.

[3] المغني: ابن قدامه 441/7، المحلى: ابن حزم 132/9، فقه السنة: سابق 89/2.

قال بهذا الرأي القاسم بن محمد وعروة بن الزبير وابن أبي ليلى وأبو ثور وأبو عبيد وابن المنذر. انظر المغني: ابن قدامه 441/7.

[4] الهداية: المرغيناني 193/2، المغني: ابن قدامه: 440/7، فقه السنة: سابق 89/2.

قال بهذا الرأي علي وعبد الله بن عباس وزيد بن ثابت وسعيد بن المسيب ومجاهد والنخعي والثوري.انظر المغني: ابن قدامه 441/7.

مسألة: ما الحكم المترتب على الجمع بين المحرمين؟

إذا أقدم رجل على الجمع بين امرأتين يحرم الجمع بينهما، فما هو الحكم المترتب على ذلك، للجواب عن هذه المسألة يجب أن نفصل عدة حالات[1]:

الحالة الأولى: إذا تزوج الرجل بعقد واحد امرأتين لا يجوز الجمع بينهما، وكان بإحداهما مانع يمنع من صحة العقد عليها كأن تكون أخته من الرضاع، أو معتدة الغير، فالعقد فاسد بالنسبة لمن قام بها مانع يمنع من صحة العقد، وهو صحيح بالنسبة لمن لا مانع لها

أما إن تزوجهما بعقد واحد وليس بواحدة منهما ما يمنع من صحة العقد عليها، فالعقد فاسد بالنسبة لهما جميعاً، وتجري عليه أحكام العقد الفاسد.

الحالة الثانية: إذا تزوج امرأتين بعقدين مختلفين، وكان كل واحد من العقدين قد استوفى جميع أركانه وشروطه، وعلم أسبقهما فهو الصحيح، واللاحق فاسد.

أما إن لم يعلم أسبقهما، أو علم ثم نسي، كأن يوكل رجلين بتزويجه فيزوجانه من اثنتين، ثم يتبين أنهما أختان، ولا يعلم أي العقدين أسبق، أو علم ونسي،، فلا يجوز الحكم بصحة أحد العقدين دون الآخر لعدم المرجح، لذلك فالعقدان غير صحيحين، وتجري عليهما أحكام العقد الفاسد.

الحالة الثالثة: إذا تزوج الرجل امرأتين بعقدين مختلفين، وكان أحدهما قد استوفى جميع أركان وشروط العقد الصحيح، ولم يستوفها العقد الآخر، كان العقد المستوفي للشروط والأركان هو الصحيح سواء أكان السابق أم اللاحق، والعقد الذي لم يستوف هو الفاسد.

النوع الخامس: المحرمات بسبب العدد

اتفق الفقهاء[2] على أنه يباح للرجل أن يجمع في عصمته أربع زوجات ليس بينهما قرابة محرمة، ويحرم عليه أن يجمع في عصمته أكثر من ذلك، فمن كان متزوجاً أربعاً من النساء

[1] البحر الرائق: ابن نجيم 3/102ـ104.الشرح الصغير: الدردير 2/406، الكافي: القرطبي 2/537ـ538، مغني المحتاج: الشربيني 3/180، العدة: المقدسي 366، المغني: ابن قدامه 7/489ـ490.

[2] الاختيار: الموصلي 3/85ـ86، الهداية: المرغيناني 1/194، بداية المجتهد: ابن رشد 2/40ـ41، الشرح الصغير: الدردير 2/405، الكافي: القرطبي 2/538، مغني المحتاج: الشربيني 3/181، المغني: ابن قدامه 7/436، المحلى ابن حزم 9/9،5.

يحرم عليه أن يتزوج بخامسة حتى يفارق إحداهن وتنتهي عدتها، سواء أكان الطلاق رجعياً أم بائناً عند الحنفية والحنابلة[1]*.

وذهب المالكية والشافعية والظاهرية[2]* إلى القول بأنه إذا كانت مطلقة طلاقاً بائناً جاز له أن يتزوج بأخرى قبل انتهاء عدتها، لأن عقد الزواج قد انتهى بالبينونة، فلم يوجد الجمع المحرم.

ورد عليهم الحنفية والحنابلة بأن الزواج بعد الطلاق البائن قائم حكماً حتى تنقضي العدة، لبقاء بعض آثاره، كوجوب النفقة، ومنعها من الخروج من مسكن زوجها حتى تنتهي العدة، فإذا كان الزواج قائم بينهما من وجه حرم على المطلق أن يتزوج بخامسة ما دامت في العدة.

والدليل على إباحة تعدد الزوجات، وعلى وجوب الاقتصار على أربع منهن: الكتاب والسنة والإجماع.

أولاً: القرآن الكريم:

قال الله تعالى:﴿ وإن خفتم ألا تقسطوا في اليتامى فانكحوا ما طاب لكم من النساء مثنى وثلاث ورباع فإن خفتم ألا تعدلوا فواحدة أو ما ملكت أيمانكم ذلك أدنى ألا تعولوا﴾[3].

ثانياً: السنة النبوية:

1. عن ابن عمر - رضي الله عنهما -﴿ أن غيلان الثقفي أسلم، وله عشر نسوة في الجاهلية، فأسلمن معه، فأمر النبي صلى الله عليه وسلم أن يتخير أربعاً منهن ﴾[4].

---

[1] الاختيار: الموصلي 3 /86، الهداية: المرغيناني 194/1، المغني: ابن قدامه 441/7.

* قال بهذا الرأي علي وعبد الله بن عباس وزيد بن ثابت وسعيد بن المسيب ومجاهد والشعبي والنخعي والثوري.انظر المغني: ابن قدامه 441/7، المحلى: ابن حزم 159/9.

[2] مغني المحتاج: الشربيني 3/ 182، المغني: ابن قدامه 441/7، المحلى: ابن حزم 159/9.

* قال بهذا الرأي القاسم بن محمد وعروة بن الزبير وعطاء والزهري وعبد الله بن أبي سلمة وابن أبي ليلى وأبو ثور وأبو عبيد وابن المنذر وعثمان البتي والليث بن سعد انظر المغني: ابن قدامه 441/7، المحلى: ابن حزم 159/9.

[3] سورة النساء: آية 3.

[4] سنن الترمذي: الترمذي 368/2.، التاج الجامع لأصول: ناصف 355/2، نيل الأوطار: الشوكاني 302/6.

2. عن الحارث بن قيس رضي الله عنه أنه قال: أسلمت وعندي ثمان نسوة، فجئت النبي صلى الله عليه وسلم فذكرت ذلك له، فقال: ﴿ اختر منهن أربعاً ﴾[1].

3. قال الرسول صلى الله عليه وسلم لنوفل بن معاوية حين أسلم وله خمس نسوة: ﴿ أمسك أربعاً وفارق الأخرى ﴾[2].

ثالثاً: الإجماع:

انعقد إجماع المسلمين على إباحة التعدد قولاً وعملاً في حياة الرسول صلى الله عليه وسلم وبعده إلى يومنا هذا، فقد جمع كبار الصحابة بين أكثر من واحدة، مثل عمر بن الخطاب، وعلي بن أبي طالب، ومعاوية بن أبي سفيان، وكذا فقهاء التابعين وغيرهم ممن لا يعد كثرة، كما أقروا من جمع بالزواج بين أكثر من واحدة في عصمته.

وقد جرى عمل السلف والخلف من الأمة الإسلامية على هذا، فكان ذلك إجماعاً على إباحة التعدد قولاً وعملاً، ولم ينقل عن أحد في حياة الرسول ـ عليه الصلاة والسلام ـ ولا بعده إلى يومنا هذا أنه جمع بين أكثر من أربع زوجات في عصمته[3].

مسألة: ما قيود تعدد الزوجات؟

لم يشرع تعدد الزوجات دون قيود ضابطة، بل قيد تعدد الزوجات بثلاثة قيود في الآية الكريمة: ﴿ وإن خفتم ألا تقسطوا في اليتامى فانكحوا ما طاب لكم من النساء مثنى وثلاث ورباع فإن خفتم ألا تعدلوا فواحدة أو ما ملكت أيمانكم ذلك أدنى ألا تعولوا ﴾ [4]. وقد بحثنا القيد الأول ـ وهو عدم مجاوزة الأربع زوجات ـ وفيما يلي نبحث القيدين الآخرين وهما:

أولاً: قيد العدل بين الزوجات:

أمر الله سبحانه وتعالى الزوج بالاقتصار على زوجة واحدة إذا اعتقد أو خاف من عدم العدل بين زوجاته، لقول الله تعالى: ﴿ فإن خفتم ألا تعدلوا فواحدة ﴾[5]، والعدل المطلوب، هو العدل الظاهر بين الزوجات كالمساواة بينهن في المعاملة والإنفاق عليهن والمبيت، أما العدل غير

---

[1] التاج الجامع: ناصف 355/2.
[2] انظر أحكام الشريعة الإسلامية: عمر ص 200.
[3] انظر أحكام الشريعة الإسلامية: عمر ص 200_2001، خطبة النكاح: عتر 89.
[4] سورة النساء: آية 3.
[5] سورة النساء: آية 3.

المستطاع كالمحبة التي محلها القلب، فإن ذلك ليس في قدرة الإنسان واختياره، وهو المقصود بقول الله تعالى: ﴿ولن تستطيعوا أن تعدلوا بين الناس ولو حرصتم فلا تميلوا كل الميل فتذروهاكالمعلقة﴾[1]. والمقصود بالعدل في الآية هو المحبة والميل القلبي وهو غير مطلوب، ولذلك كان الرسول صلى الله عليه وسلم يقول بعد قسمه بين زوجاته والعدل بينهن:﴿ اللهم هذا قسمي فيما أملك فلا تلمني فيما تملك ولا أملك ﴾[2].

ثانياً: قيد النفقة

يقصد بهذا القيد القدرة على الإنفاق على الزوجات، وعلى من تجب له النفقة، قال الله تعالى: ﴿ ذلك أدنى ألا تعولوا ﴾[3] أي أقرب ألا تكثر عيالكم كما قال الشافعي.

وإذا ما تم الزواج مع عدم تحقيق هذين الشرطين، كان الزواج صحيحاً مع الإثم.

مسألة: هل للمرأة الحق في أن تشترط عدم التزوج عليها؟

قلنا بأن الإسلام قيد عقد الزواج بالاقتصار على أربع والقدرة على العدل والنفقة، ومع هذه القيود هل من حق المرأة أو وليها أن يشترط على الزوج ألاّ يتزوج عليها؟ وإن شرطت، ثم تزوج الرجل عليها ما حكم الشرط؟ وماذا يترتب عليه؟.

هذه المسألة تبحث من خلال بحث الشروط المقترنة بالعقد، ولكن نظراً لصلتها بتعدد الزوجات، وإمكانية وجودها في عقد الزواج أفردنا هذه المسألة في بحث مستقل تحت عنوان المحرمات بسبب تعدد الزوجات، وفيما يلي توضيح هذه المسألة.

اختلف الفقهاء في هذه المسألة إلى مذهبين:

المذهب الأول: ذهب جمهور الفقهاء[4] إلى أنه ليس للزوجة أن تشترط في عقد الزواج ألاّ يتزوج عليها زوجها، وإن اشترطت فالعقد صحيح، والشرط باطل، ولها مهر المثل.

وقد استدلوا على ذلك بما يلي:

---

[1] سورة النساء: آية 129.

[2] التاج الجامع: ناصف 322/2.

[3] سورة النساء: آية 3.

[4] المغني: ابن قدامه 448-449، نيل الأوطار: الشوكاني 280-281،سبل السلام: الصنعاني: 125/3، الموطأ: مالك 419/2.

1. قال النبي صلى اللـه عليه وسلم : ﴿كل شرط ليس في كتاب اللـه فهو باطل﴾ [1].

وجه الدلالة: أن هذا الشرط ليس في كتاب اللـه؛ لأن الشرع لا يقتضيه، لذلك فهو باطل.

2. قال النبي صلى اللـه عليه وسلم : ﴿ المسلمون عند شروطهم إلا شرطاً أحل حراماً أو حرم حلالاً﴾ [2].

وجه الدلالة: وهذا شرط يحرم الحلال، وهو التزويج، ولأن هذا الشرط ليس من مصلحة العقد ولا مقتضاه، فكان فاسداً، كما لو شرطت أن لا تسلم نفسها.

3. روي أن النبي صلى اللـه عليه وسلم خطب أم مبشر بنت البراء بن معرور فقالت: إني شرطت لزوجي أن لا أتزوج بعده، فقال النبي صلى اللـه عليه وسلم :﴿ إن هذا لا يصلح﴾[3].

وجه الدلالة: الحديث واضح الدلالة في أنه لا يصح للزوجة أن تشترط على نفسها ألاّ تتزوج بعد زوجها، وكذلك فإنه يدل بمفهومه على أنه لا يصح لها أن تشترط على زوجها أن لا يتزوج عليها.

المذهب الثاني: ذهب الحنابلة[4] إلى أن للزوجة الحق في أن تشترط على زوجها ألاّ يتزوج عليها وإن شرطت عليه ذلك في عقد الزواج صح الشرط ولزم، وكان لها حق فسخ الزواج إذا لم يف لها بالشرط، ولا يسقط حقها في الفسخ إلا إذا أسقطته، ورضيت بمخالفته

وقد استدلوا على ذلك بما يلي:

1. قال صلى اللـه عليه وسلم : ﴿ المسلمون عند شروطهم إلا شرطاً أحل حراماً أو حرم حلالاً ﴾ [5].

وجه الدلالة:

يدل الحديث على أن الأصل في الشروط الصحة حتى يقوم دليل شرعي على بطلان تلك الشروط، ولا دليل على بطلان هذا الشرط.

2. قال النبي صلى اللـه عليه وسلم :﴿أحق ما أوفيتم به من الشروط أن توفوا ما استحللتم به من الفروج﴾[6].

---

[1] السنن الكبرى: البيهقي 132/7.
[2] السنن الكبرى: البيهقي 249/7.
[3] نيل الأوطار: الشوكاني 282/6.
[4] المغني: ابن قدامه 448ـ449، نيل الأوطار: الشوكاني 280ـ281،سبل السلام: الصنعاني: 125/3.
[5] السنن الكبرى: البيهقي 249/7.
[6] صحيح البخاري: البخاري 34/7، صحيح مسلم: مسلم 218/5 واللفظ للبخاري.

وجه الدلالة: يدل الحديث على وجوب الوفاء بجميع الشروط المقترنة بعقد الزواج إذا كانت لا تنافي ما يقتضيه العقد، وهذا الشرط لا ينافي ما يقتضيه العقد.

3.إجماع الصحابة، حيث روي عن بعضهم مثل عمر بن الخطاب وسعد بن أبي وقاص ومعاوية وعمرو بن العاص، ولم يعلم لهم مخالفاً في عصرهم، فكان إجماعاً[1].

وقد أجيب عن ذلك بما روى الترمذي عن علي بن أبي طالب أنه قال: شرط الله قبل شرطها.

4.لأن الأصل وجوب الوفاء بالعقود، لأنها قائمة على الرضا، ولتحقيق منفعة للمتعاقدين ما دامت لا تتعارض مع القواعد العامة التي نص عليها الشارع، والهدف من الشرط تحقيق منفعة مقصودة لمن اشترطه، فيجب الوفاء به عملاً بقول الله تعالى: ﴿ يا أيها الذين آمنوا أوفوا بالعقود ﴾[2]

5. أجابوا على من قال بأنه يحرم حلالاً، بأنه لا يحرم حلالاً، وإنما يثبت للمرأة حق الفسخ إن لم يف بهذا الشرط[3].

مسألة: ما الحكمة من مشروعية تعدد الزوجات؟

إن من عادة العرب في الجاهلية التعدد دون قيد أو شرط، فالرجل يتزوج ما يشاء من النساء دون حصر، فقد روى عن ابن عمر -رضي الله عنهما -:﴿ أن غيلان الثقفي أسلم وله عشر نسوة في الجاهلية، فأسلمن معه فأمر النبي صلى الله عليه وسلم أن يتخير أربعاً منهن﴾[4].

وروي عن الحارث بن قيس رضي الله عنه أنه قال: أسلمت وعندي ثمان نسوة، فجئت النبي صلى الله عليه وسلم فذكرت ذلك له، فقال:﴿ اختر منهن أربعاً﴾[5].

وقد جعلت الشريعة الإسلامية التعدد مباحاً عند الحاجة إليه، وقيدته بأن لا يتجاوز أربع نسوة وفي ذلك تحقيق لمصلحة كل من الرجل والمرأة والمجتمع، وفيما يلي بيان لحكمة مشروعية التعدد:

---

[1] المغني: ابن قدامه 449/7.

[2] سورة المائدة: آية 1.

[3] المغني: ابن قدامه 449/7.

[4] سنن الترمذي: الترمذي 368/2، التاج: ناصف 355/2، نيل الأوطار: الشوكاني 302/6.

[5] التاج: ناصف 355/2.

أولاً: إن الشريعة الإسلامية جاءت لتطبق على الناس كافة، ولتنسجم مع طبائعهم وأمزجتهم في مختلف العصور والأزمنة، ولتلبي غرائزهم وحاجاتهم الجنسية، فمن الرجال من يكون حاد الشهوة بحيث لا تكفيه الزوجة الواحدة، ولا تتحقق الحكمة من الزواج بعفة النفس عن الحرام، لذا أباح الإسلام للرجل أن يتزوج امرأة ثانية يعف بها نفسه، مع إعطاء الزوجة الأولى كافة حقوقها، وفي ذلك صيانة له من اللجوء إلى الحرام واتخاذ الخليلات التي تؤدي إلى إيذاء الزوجة الأولى، وامتهان كرامة المرأة التي اتصل بها عن طريق الحرام وضياع لحقوقها وحقوق أولادها وعدم الاعتراف بنسبهم.

ثانياً: كثرة عدد النساء وقلة عدد الرجال زيادة طبيعية أو نتيجة لظروف طارئة كالحروب والكوارث، ففي هذه الحالة يكون العدد لازماً لصون المرأة من الانحراف وارتكاب الزنا، والمجتمع من الانحلال والفساد الخلقي، ولتعيش المرأة في كنف زوج ينفق عليها، ويبعد عنها ألم الحرمان وشقاء العزوبة، وللحفاظ على المجتمع بكثرة النسل وقوة الأمة.

ثالثاً: قد تكون الزوجة صحيحة الجسم، محببة إلى زوجها محبة له، ولكنها عقيم لا تنجب، وحب الأولاد غريزة في النفس البشرية، وفي بقائها مع منع الزوج من الزواج بزوجة ثانية حرمان له من إنجاب الأولاد والتمتع بزينة الحياة الدنيا، وفي طلاقها، وهي تحبه وترغب في عشرته، إيذاء لها بالفراق، ولا تجد من يتزوجها وهي عقيم. لذا شرع الإسلام تعدد الزواج تحقيقاً لرغبة الزوج في الإنجاب، وتحقيقاً لرغبتها في دوام العشرة مع المحافظة على حقوق كل من الزوجتين.

رابعاً: قد تصاب المرأة بمرض مزمن، أو منفر، أو معد، فلا يستطيع معه أن يعاشرها معاشرة الأزواج، ولا يستطيع تحمل ذلك والصبر عليه، وفي هذه الحالة إما أن يطلقها، وهي بأمس الحاجة إلى الرعاية والعناية والعطف والمعالجة، وليس في ذلك شيء من الوفاء ولا المروءة ولا كرم الأخلاق، وإما أن يبقيها ويتركها دون رعاية وعناية وعلاج، ويتخذ الخليلات ويقيم العلاقات معهن ليشبع غريزته الجنسية غير مكترث بزوجته، وليس في ذلك شئ من العفة التي شرع الله الزواج لتحقيقها، وإما أن يصبر على ذلك ويعيش في ضيق وحرمان وعدم استقرار؛ لذا شرع الله عز وجل التعدد إكراماً للزوجة الأولى ووفاءً لها وحفاظاً على كرامتها وقياماً بحقوقها ورعايتها ومتابعة علاجها، وحماية للرجل من الانحراف والفساد وارتكاب الجريمة، وتوفيراً للسكن والاستقرار النفسي والهناء والسعادة والاطمئنان للزوج من خلال الزواج الثاني.

النوع السادس: المحرمات بسبب زواج الأمة على الحرة

ذهب عامة الفقهاء[1] إلى على أن من عنده زوجة حرة لا يجوز له أن يتزوج أمة، حتى يطلق الحرة وتنتهي عدتها؛ وذلك لأن الزواج بالأمة لمن لا يستطيع الزواج بالحرة، قال الله تعالى:﴿ ومن لم يستطع منكم طولاً أن ينكح المحصنات المؤمنات فمما ملكت أيمانكم من فتياتكم المؤمنات﴾[2]، ولا يكون عاجزاً عن الحرة من كان متزوجاً منها فعلاً، فلا ضرورة لزواج الأمة، ولأن في إدخال الأمة على الحرة إيحاشاً لها، وإيذاءً لعزتها وكرامتها.

النوع السابع: المحرمات بسبب اللعان

اللعان: هو أن يرمي الرجل زوجته بالزنا، ولا شهود معه، عندها يحلف الرجل أمام القاضي أربع مرات بالله أنه صادق فيما رماها به من الزنا، والخامسة أن لعنة الله عليه إن كان من الكاذبين، وتحلف الزوجة أربع مرات بالله أنه من الكاذبين فيما رماها به من الزنا، والخامسة أن غضب الله عليها إن كان من الصادقين.

وصورة اللعان: أن يبتدئ القاضي بالزوج فيشهد أربع مرات، يقول في كل مرة أشهد بالله إني لمن الصادقين فيما رميت به زوجتي من الزنا ويقول في الخامسة: أن لعنة الله عليه إن كان من الكاذبين فيما رميت به زوجتي من الزنا، ثم تشهد المرأة أربع مرات، تقول في كل مرة أشهد بالله إنه لمن الكاذبين فيما رماني به من الزنا، وتقول في الخامسة: أن غضب الله عليها إن كان من الصادقين فيما رماها به من الزنا فإذا حلف الرجل وحلفت المرأة، فقد تم اللعان، وتفرق الزوجان، ولا يحل لهما أن يتعاشرا ثانية، ولا أن يعقد عليها أبداً، ولو كذب نفسه عند جمهور الفقهاء[3]. وذهب الإمام أبو حنيفة، ومحمد بن الحسن، والإمام أحمد في رواية[4] إلى أنه إذا كذب نفسه، وأقيم عليه حد القذف، فجلد ثمانين جلدة عاد الحل بينهما، فيجوز له أن يعقد عليها من جديد.

---

[1] الاختيار: الموصلي 87/3، الهداية: المرغيناني 194/1، بداية المجتهد: ابن رشد 42/2ـ43، الكافي: القرطبي 543/2، مغني المحتاج: الشربيني 183/3، المغني: ابن قدامه 509/7.

[2] سورة النساء: آية 3.

[3] الاختيار: الموصلي 167/3ـ171، الهداية: المرغيناني 24/2، بداية المجتهد: ابن رشد 120/2ـ121، الكافي: القرطبي 614/2، مغني المحتاج: الشربيني 380/3، كفاية الأخيار: الحصني 2/ 76، الإقناع: الشربيني 171/2، المغني: ابن قدامه 33/9.

[4] الاختيار: الموصلي 169/3ـ171، الهداية: المرغيناني 24/2، المغني: ابن قدامه 33/9ـ34.

أدلة اللعان:

أولاً: قال الله تعالى: ﴿ والذين يرمون أزواجهم ولم يكن لهم شهداء إلا أنفسهم فشهادة أحدهم أربع شهادات بالله إنه لمن الصادقين، والخامسة أن لعنة الله عليه إن كان من الكاذبين، ويدرؤا عنها العذاب أن تشهد أربع شهادات بالله إنه لمن الكاذبين والخامسة أن غضب الله عليها إن كان من الصادقين ﴾[1].

سبب نزول الآيات: اختلف المفسرون في سبب نزول الآيات، فقيل نزلت في عويمر العجلاني، حيث أتى رسول الله صلى الله عليه وسلم وسط الناس، فقال يا رسول الله: أرأيت رجلاً وجد مع امرأته رجلاً، أيقتله فتقتلونه؟ أم كيف يفعل؟ فقال رسول الله صلى الله عليه وسلم :﴿ قد نزل فيك وفي صاحبتك فاذهب فأت بها ﴾[2].

وقيل نزلت في هلال بن أمية، حيث روي أنه جاء من أرضه عشاءً، فوجد عند أهله رجلاً، فرأى بعينيه وسمع بأذنيه، فلم يهيجه حتى أصبح وغدا على رسول الله صلى الله عليه وسلم فقال: يا رسول الله إني جئت أهلي عشياً فوجدت عندها رجلاً، فرأيت بعيني وسمعت بأذني، فكره رسول الله صلى الله عليه وسلم ما جاء به واشتد عليه، فنزلت الآيات كلها، فَسُرِّي عن رسول الله صلى الله عليه وسلم فقال: ﴿ أبشر يا هلال: فقد جعل الله لك فرجاً مخرجاً ﴾، فقال هلال : قد كنت أرجو ذلك من ربي .... فتلاعنا، وفرق رسول الله صلى الله عليه وسلم بينهما[3].

وقيل نزلت في الاثنين معاً[4].

ثانياً: روي عن ابن عمر ـ رضي الله عنهما ـ أنه قال: ﴿ لاعن رسول الله صلى الله عليه وسلم بين رجل من الأنصار وامرأته وفرق بينهما﴾[5].

---

[1] سورة النور: الآيات 6ـ9.

[2] صحيح مسلم: مسلم 377/5، أسباب النزول: النيسابوري ص 218، لباب النقول: السيوطي ص 153ـ154، شرح النووي: النووي 386/9ـ387.

[3] أسباب النزول: النيسابوري ص 218ـ219، لباب النقول: السيوطي ص154، شرح النووي: النووي 386/5ـ387.

[4] أسباب النزول: النيسابوري ص 218ـ219، شرح النووي: النووي 387/5.

[5] صحيح مسلم: مسلم 381/5.

رأي القانون:

أخذت قوانين الأحوال الشخصية بما ذهب إليه الفقهاء بالنسبة للنساء المحرمات حرمة مؤقتة؛ فقد نص قانون الأحوال الشخصية الأردني[1] في المادة (27): " يحرم على الرجل العقد على زوجة آخر أو معتدته ".

والمادة (28): " يحرم على كل من له أربع زوجات أو معتدات أن يعقد زواجه على امرأة أخرى قبل أن يطلق إحداهن وتنقضي عدتها ".

والمادة (29): " يحرم على الرجل الذي طلق زوجته التزوج بذات محرم لها مادامت في العدة ".

والمادة(30): " يحرم على من طلق زوجته ثلاث مرات متفرقات في ثلاثة مجالس أن يتزوج بها إلا إذا انقضت عدتها من زوج آخر دخل بها

والمادة (31): " يحرم الجمع بين امرأتين بينهما حرمة النسب أو الرضاع بحيث لو فرضت واحدة منهما ذكراً لم يجز نكاحها من الأخرى ".

ونص القانون السوداني[2] في المادة (19)، ومشروع القانون العربي[3] في المادة (30)، ومشروع القانون الخليجي[4] في المادة (28) على أن:" المحرمات بصورة مؤقتة:

أ. الجمع، ولو في العدة بين امرأتين، لو فرضت إحداهما ذكراً، لحرم عليه التزوج بالأخرى

ب. التزوج بما يزيد على أربع، ولو كانت إحداهن في عدة

ج. زوجة الغير، أو معتدته.

د. المطلقة ثلاث مرات، فلا يصح لمطلقها أن يتزوجها إلا بعد انقضاء عدتها من زوج آخر دخل بها فعلاً في زواج صحيح

هـ التزوج بالمرأة التي لا تدين بدين سماوي ".

وأضاف القانون العربي، وقانون مجلس التعاون الخليجي: يحرم زواج المسلمة بغير المسلم.

---

[1] مجموعة التشريعات: الظاهر 107-109.

[2] قانون الأحوال الشخصية السوداني: ص 10.

[3] المجلة العربية للفقه والقضاء: الأمانة العامة، العدد الثاني ص 21.

[4] جريدة الخليج: العدد 6378 ص 11.

ونص مشروع القانون الكويتي[1] في المادة (18)، ومشروع القانون الإماراتي[2] في المادة (14) على أنه: " لا ينعقد:

أ. زواج المسلم بغير كتابية ـ وفي القانون الإماراتي ـ بمن لا تدين بدين سماوي.

ب. زواج المسلمة بغير المسلم، وأضاف القانون الإماراتي أو بحديث الإسلام مع قيام أمارات كذبه

ج. زواج المرتد عن الإسلام أو المرتدة، ولو كان الطرف الآخر غير مسلم.

والمادة (19) من مشروع القانون الكويتي، والمادة (15) من مشروع القانون الإماراتي: " لا ينعقد زواج الرجل بزوجة الغير أو معتدته ".

والمادة (20) من مشروع القانون الكويتي، والمادة (16) من مشروع القانون الإماراتي: " لا يجوز الجمع بين امرأتين لو فرضت كل منهما ذكراً حرمت عليه الأخرى ".

والمادة (21) من مشروع القانون الكويتي، والمادة (17) من مشروع القانون الإماراتي: " لا يجوز أن يتزوج بخامسة قبل أن ينحل زواجه بإحدى زوجاته الأربع وتنقضي عدتها ".

والمادة (22) من مشروع القانون الكويتي، والمادة (18) من مشروع القانون الإماراتي: " لا يجوز أن يتزوج الرجل امرأة طلقت منه ثلاث مرات إلا بعد انقضاء عدتها من زوج آخر دخل بها فعلاً في زواج صحيح ".

وأضاف مشروع القانون الكويتي في المادة (23): " لا يجوز أن يتزوج الرجل امرأة أفسدها على زوجها إلا إذا عادت إلى زوجها الأول، ثم طلقها، أو مات عنها ".

ونصت مدونة الأحوال الشخصية المغربية[3] في الفصل (29) على أن: " المحرمات حرمة مؤقتة:

1- الجمع بين امرأتين لو فرضت إحداهما ذكراً حرم عليه التزوج بالأخرى وذلك كالجمع بين الأختين والمرأة وعمتها والمرأة وخالتها سواء كانت شقيقة أو لأب أو لأم أو من الرضاع ويستثنى من ذلك الجمع بين المرأة وأم زوجها أ، بنت زوجها.

2- الزيادة في الزوجات على القدر المسموح به شرعاً.

---

[1] مشروع قانون الأحوال الشخصية الكويتي.

[2] مشروع قانون الأحوال الشخصية الإماراتي: وزارة العدل 6ـ7.

[3] مدونة الأحوال الشخصية المغربية ص 12، الوثائق العدلية: العراقي ص 128، أحكام الأسرة: ابن معجوز 355ـ356.

3- أن يتزوج الرجل امرأة طلقها ثلاث مرات متتابعة إلا بعد انقضاء عدتها من زوج آخر دخل بها دخولاً يعتد به شرعاً.

4- زواج المطلقة من آخر يهدم الثلاث السابقة فإذا عادت إلى مطلقها يملك عليها ثلاثاً جديدة.

5- زواج المسلمة بغير المسلم.

6- التزوج بامرأة هي في عصمة آخر أو في عدة أو استبراء.

ونص القانون السوري[1] في المادة (36):

"1. لا يجوز أن يتزوج الرجل امرأة طلقها ثلاث مرات إلا بعد انقضاء عدتها من زوج آخر دخل بها فعلاً.

2. زواج المطلقة من آخر يهدم طلقات الزوج السابق ولو كانت دون الثلاث، فإذا عادت إليه ملك عليها ثلاثاً جديدة.

والمادة (37): " لا يجوز أن يتزوج خامسة حتى يطلق إحدى زوجاته الأربع وتنقضي عدتها ".

والمادة (38): " لا يجوز التزوج بزوجة آخر ولا بمعتدته ".

والمادة (39): " " لا يجوز الجمع بين امرأتين لو فرضت كل منهما ذكراً حرمت عليه الأخرى فإن ثبت الحل على أحد الفرضين جاز الجمع بينهما ".

ونص القانون العراقي[2] في المادة (13) المعدلة: " أسباب التحريم قسمان: مؤبدة ومؤقتة ...، والمؤقتة الجمع بين الزوجات يزدن على أربع وعدم الدين السماوي والتطليق ثلاثاً وتعلق حق الغير بنكاح أو عدة وزواج أحد المحرمين مع قيام الزوجية الأخرى ".

والمادة (17): "يصح للمسلم أن يتزوج كتابية، ولا يصح زواج المسلمة من غير المسلم".

والمادة (18): " إسلام أحد الزوجين قبل الآخر تابع لأحكام الشريعة في بقاء الزوجية أو التفريق بين الزوجين ".

---

[1] قانون الأحوال الشخصية السوري: وزارة العدل ص 27، قانون الأحوال الشخصية السوري المعدل: الكويفي ص31.

[2] الأحوال الشخصية: الكبيسي 404ـ403/2.

أما القانون التونسي[1] فقد نص في الفصل (14) على أن موانع الزواج قسمان: مؤبدة ومؤقتة ... والمؤقتة: تعلق حق الغير بزواج أو عدة والفصل (19): " يحجر على الرجل أن يتزوج مطلقته ثلاثاً "، والفصل (20) " يحجر التزوج بزوجة الغير أو معتدته ".

مسألة: ما موقف القوانين العربية من التعدد؟

خرجت بعض القوانين عن الشريعة الإسلامية بالنسبة لتعدد الزوجات، بينما قيدت قوانين أخرى التعدد بقيود ومنها:

أولاً: القانون التونسي: خرج القانون التونسي عن الشريعة الإسلامية، وخالفها مخالفة ظاهرة، فحرم المباح وعاقب عليه، ولم يدرك ضرورة التعدد عندما نص في الفصل (18) على أن: " تعدد الزوجات ممنوع، وأضاف قائلاً: كل من تزوج وهو في حالة الزوجية، وقبل فك عصمة الزواج السابق، يعاقب بالسجن لمدة عام وبخطية قدرها مائتان وأربعون ألف فرنك أو بإحدى العقوبتين، ولو أن الزواج الجديد لم يبرم طبق أحكام القانون ".

ثانياً: القانون العراقي والمغربي: حرم القانون العراقي[2] التعدد إلا بإذن القاضي، واشترط على القاضي عدم إعطاء الإذن إلا في حالة القدرة على الإنفاق، وأن تكون هناك مصلحة مشروعة لهذا الزواج، وكذلك عند الخوف من عدم العدل، حيث نصت المادة(4) على أنه: " لا يجوز الزواج بأكثر من واحدة إلا بإذن القاضي، ويشترط لإعطاء الإذن تحقق الشرطين التاليين:

1. أن تكون للزوج كفاية مالية لإعالة أكثر من زوجة واحدة.
2. أن تكون هناك مصلحة مشروعة.

ونصت المادة (5) من القانون على أنه: " إذا خيف عدم العدل بين الزوجات فلا يجوز التعدد ويترك تقدير ذلك للقاضي ".

يلاحظ أن الهدف من هذه النصوص المقيدة هو التحريم تحت اسم التقييد بالشروط حيث جعلت الزواج بأكثر من واحدة مرتبطاً بإذن القاضي، واشترطت عليه عدم السماح إلا بقيود لا يمكن للقاضي ولا لأحد أن يطلع عليها أو يتحقق منها إلا الزوج نفسه كالعدل بين الزوجات

[1] موسوعة التشريعات العربية: تونس
[2] الأحوال الشخصية: الكبيسي 400/2.

فالخوف من عدم العدل أمر بين الإنسان وربه، ومن الصعب أن يتبينه القاضي، ووجود مصلحة مشروعة، والتي يختلف أمر تقديرها مشروعة أو غير مشروعة من قاض لآخر.

كما ذهب إلى ذلك القانون المغربي[1] عندما نص في الفصل (30): على أنه إذا خيف عدم العدل لم يجز التعدد، وللمتزوج عليها إذا لم تكن اشترطت الخيار أن ترفع أمرها للقاضي لينظر في الضرر الحاصل لها ولا يعقد على الثانية إلا بعد اطلاعها على أن مريد الزواج منها متزوج بغيرها "، وفي الفصل (8) على أنه إن خيف العنت رفع الأمر إلى القاضي ".

ثالثاً: القانون السوري: أباح القانون السوري التعدد، ولكنه قيده بقيدين جعلهما بيد القاضي، وهما أن تكون هناك مصلحة مشروعة، وليست كل مصلحة مشروعة يمكن للقاضي أن يطلع عليها كأن يكون الزوج ذو غريزة جنسية حادة، فلا تكفيه زوجة واحدة، أو يريد أن يتزوج لسوء خلق زوجته، ولا يريد أن يفضح أمرها أمام القاضي، وإن كانت المصلحة معلومة، فإن أمر تقديرها مشروعة أو غير مشروعة يختلف من قاض لآخر، أما بالنسبة للقدرة المالية على الإنفاق، فإنه يمكن للقاضي معرفة ذلك من خلال واقع الحال، ولكنه لا يستطيع أن يتحقق من ذلك بالكامل خاصة وأن الرجل، قد يكون فقيراً فيصبح غنياً، وقد يكون غنياً فيصبح فقيراً. حيث نص في المادة (17) على أن: " للقاضي أن لا يأذن للمتزوج بأن يتزوج على امرأته إلا إذا كان لديه مسوغ شرعي وكان الزوج قادراً على نفقتهما ".

رابعاً: القانون الأردني: اشترط القانون الأردني[2] القدرة المالية على المهر والنفقة، وإخبار الزوجة الثانية بأن الزوج متزوج بأخرى ثم كلف المحكمة بإعلام الزوجة الأولى بعقد الزواج المكرر بعد إجرائه المكرر، حيث نص في المادة (6) مكرر من القانون المعدل رقم 82 لسنة 2001م على أنه:

" أ. يتوجب على القاضي قبل إجراء عقد الزواج المكرر التحقق مما يلي:

1.قدرة الزوج المالية على المهر والنفقة.

2. إخبار الزوجة الثانية بأن الزوج متزوج بأخرى.

ب. على المحكمة إعلام الزوجة الأولى بعقد الزواج المكرر بعد إجراء عقد الزواج ".

---

[1] مدونة الأحوال الشخصية المغربية ص 9، 15، الوثائق العدلية: العراقي ص 125، 128، أحكام الأسرة: ابن معجوز ص 350ـ356.

[2] قانون الأحوال الشخصية المعدل رقم 42 لسنة 2001.

خامساً: مشروع القانون العربي الموحد: توسع مشروع القانون العربي الموحد في منع الزواج إلا بإذن القاضي وتقييده بشروط عندما نص في المادة (31): " يجوز الزواج في حدود أربع نسوة إلا إذا خيف عدم العدل.

ب. لا يعقد على الزوجة إلا بإذن القاضي، ويشترط لإعطاء الإذن تحقق الشروط التالية:

1. أن تكون هناك مصلحة مشروعة.

2. أن تكون للزوج كفاية مالية لإعالة أكثر من زوجة.

3. أن تُشْعَر الزوجة بأن مريد الزواج منها متزوج بغيرها.

4. أن تُخْبَر الزوجة بأن زوجها راغب في الزواج عليها.

ج. لا ينفذ الإذن إلا بعد صيرورته نهائياً.

هذا وإني أرى بأن يترك أمر تعدد الزوجات، وإمكانية تحقق قيدي العدل والإنفاق للزوج نفسه حيث أنه أعلم بذلك من غيره، على أن يبين له القاضي قبل إجراء العقد أنه يجب عليه أن يعدل بين زوجاته، وأن تكون لديه القدرة على المهر والنفقة على كل من تلزمه نفقته، وأن ينصحه إن لم يكن قادراً على ذلك بعدم الزواج، وإلا استحق الإثم بعدم العدل أو العجز عن النفقة.

أما بالنسبة لاشتراط الزوجة في عقد الزواج أن لا يتزوج عليها، فقد أخذ كل من القانون الأردني في المادة (19)[1] والقانون السوري في المادة (14)[2] برأي الحنابلة وهو اعتبار الشرط صحيحاً وملزماً، فإن لم يف الزوج بالشرط كان لها حق طلب فسخ العقد ولها سائر حقوقها.

كما أخذ القانون المغربي[3]، ومشروع القانون العربي، برأي الحنابلة، حيث جاء في الفصل (31) من القانون المغربي، والمادة (32) من مشروع القانون العربي الموحد على أن: " للمرأة الحق في أن تشترط في عقد النكاح أن لا يتزوج عليها زوجها وأنه إذا لم يف بما التزم به يبقى للزوجة حق طلب فسخ النكاح ".

---

[1] انظر نص المادتين في رأي القانون بالنسبة للعقد المقترن بشرط من الكتاب.

[2] انظر نص المادتين في رأي القانون بالنسبة للعقد المقترن بشرط من الكتاب.

[3] مدونة الأحوال الشخصية المغربية ص 15، الوثائق العدلية: العراقي ص 128، أحكام الأسرة: ابن معجوز ص 356.

أما بالنسبة للنوع السابع وهو المحرمات بسبب اللعان فقد ذهبت بعض القوانين إلى اعتباره من المحرمات تحريماً مؤبداً ومنها: مدونة الأحوال الشخصية المغربية[1] في الفصل(25) على أن من المحرمات تحريماً مؤبداً اللعان، كما نص مشروع القانون الموحد[2] تحت عنوان المحرمات على التأبيد في المادة (27): " يحرم على الرجل التزوج بمن لاعنها ".

واعتبر القانون السوداني[3]، ومشروع القانون العربي[4] اللعان من المحرمات تحريماً مؤبداً، إلا أنه أجاز الزواج بمـن لاعنها إذا كذب الزوج نفسه مما يدل على اعتباره مؤقتاً حيث نصت المادة (18) من القانون السوداني، والمـادة (29) مـن مشروع القانون العربي الموحد: " يحرم على الرجل التزوج بمن لاعنها، إلا إذا أكذب نفسه، وأقيم عليه حد القذف ".

أما بقية القوانين، فلم تنص على أن اللعان من المحرمـات تحريمـاً مؤبداً أو مؤقتاً، لـذلك يرجـع إلى الـراجح مـن المذهب الذي اعتمده كل قانون من هذه القوانين.

الفرع الثاني

أن تكون صيغة العقد مؤبدة لا مؤقتة

يشترط في صيغة عقد الزواج أن تكون دالة على التأبيد، لأن مقتضى عقد الزواج هو حل العشرة الزوجية ودوامها لبناء أسرة، والمحافظة على النسل، وتربية الأولاد والقيام على شؤونهم، والتأقيت يتنافى مـع هـذه الغايـات المقصودة مـن عقد الزواج، فلا بد أن يكون هذا العقد دالاً على التأبيد لا التأقيت.

أنواع الزواج غير المؤبد: لقد حكم الفقهاء ببطلان عقد الزواج القائم علـى التأقيـت وذلـك في صـورتين هـما زواج المتعة والزواج المؤقت.

---

[1] مدونة الأحوال الشخصية المغربية ص 13، الوثائق العدلية: العراقي ص 127، أحكام الأسرة: ابن معجوز ص 354.
[2] مشروع القانون الموحد: جريدة الخليج ص 11.
[3] قانون الأحوال الشخصية السوداني: ص 9.
[4] المجلة العربية للفقه القضاء: الأمانة العامة 21/2.

الصورة الأولى: زوج المتعة

صورة زواج المتعة: أن يقيد عقد الزواج بمدة من الزمن، كأن يقول للمرأة متعيني بنفسك شهراً أو سنةً أو إلى انقضاء الموسم، أو إلى قدوم الحاج، أو يذكر ذلك بلفظ النكاح أو التزويج لها أو لوليها بعد أن يقدره بمدة سواء كانت المدة معلومة أو مجهولة.

اختلف الفقهاء في حكم زواج المتعة على مذهبين:

المذهب الأول: ذهب جمهور الفقهاء[1] إلى تحريم زواج المتعة:

وقد استدلوا على ذلك بما يلي:

أولاً: القرآن الكريم:

قال الله تعالى: ﴿ والذين هم لفروجهم حافظون إلا على أزواجهم أو ما ملكت أيمانهم فإنهم غير ملومين، فمن ابتغى وراء ذلك فأولئك هم العادون ﴾[2].

وجه الدلالة: إن الله سبحانه وتعالى حرم النكاح في هذه الآية إلا من طريقين: النكاح وملك اليمين، وليست المتعة نكاحاً ولا ملك يمين، فتكون محرمة، ومما يدل على أنها ليست بنكاح أنها ترتفع من غير طلاق ولا فرقة، ولا يجري فيها التوارث. كما أنها اعتبرت الوطء من غير نكاح ولا ملك يمين عدوان، فالمتعة عدوان منهي عنه.

ثانياً: السنة النبوية:

1. عن علي بن أبي طالب رضي الله عنه قال لابن عباس:﴿ أن النبي صلى الله عليه وسلم نهى عن المتعة وعن لحوم الحمر الأهلية يوم خيبر﴾[3].

2. عن الربيع بن سبرة أن أباه حدثه أنه كان مع رسول الله صلى الله عليه وسلم فقال: ﴿ يا أيها الناس! إني قد كنت أذنت لكم في الاستمتاع من النساء، وإن الله قد حرم ذلك إلى يوم القيامة، فمن كان عنده منهن شيء فليخل سبيله، ولا تأخذوا مما آتيتموهن شيئاً﴾[4].

---

[1] رد المحتار: 51/3، البحر الرائق: 115/3، الهداية: المرغيناني 195/1، الروضة الندية: 25/2، بداية المجتهد: ابن رشد 58/2، الكافي: القرطبي 530/2، الحاوي: الماوردي 449/11، المغني: ابن قدامه 571/7، المحلى: ابن حزم 127/9.

[2] سورة المعارج: آية 3.

[3] صحيح البخاري: البخاري 21/7 واللفظ له، صحيح مسلم: مسلم 199/5.

[4] صحيح مسلم: مسلم 196/5.

ثالثاً: المأثور من أقوال الصحابة ومنها:

1. روي عن هشام بن عروة أن عروة كان ينهى عن نكاح المتعة ويقول هي: الزنا الصريح.

2. عن سالم عن أبيه قال: سئل ابن عمر عن متعة النساء: فقال: لا نعلمه إلا السفاح.

رابعاً: الإجماع:

انعقد إجماع الأمة على تحريم المتعة، وقد امتنعت الأمة عن المتعة مع ظهور الحاجة إليها ولو كانت جائزة لأفتوا بها[1].

خامساً: القياس:

أن كل عقد جاز مطلقاً بطل مؤقتاً، كالبيع طرداً والإجارة عكساً، ولأن للنكاح أحكاماً تتعلق بصحتها، وينتفي عن فاسدها وهي: الطلاق، والظهار، والعدة، والميراث، فلما انتفت عن المتعة هذه الأحكام، دل على فساده كسائر المناكح الفاسدة[2].

سادساً: المعقول:

إن النكاح إنما شرع ليحقق أغراضاً ومقاصد اجتماعية، كأن يكون كل من الزوجين لباساً للآخر ولإيجاد نسل، والمتعة ليس فيها إلا قضاء الشهوة، وقد حرم الله تعالى الزنا لأضراره الاجتماعية والأخلاقية، وليست المتعة إلا نوعاً من الزنا تحت اسم آخر فلا معنى لتحريمه مع إباحة المتعة، وقد أعتبر الله تعالى تأجير الفتاة نفسها للشهوة بغاءً ونهى عنه قال الله تعالى:﴿ ولا تكرهوا فتياتكم على البغاء إن أردن تحصناً﴾[3].

المذهب الثاني: ذهب الشيعة الإمامية[4] إلى جواز نكاح المتعة.

وقد استدلوا على ذلك بما يلي:

---

[1] الحاوي: الماوردي 452/11، رد المحتار: ابن عابدين 51/3، الروضة الندية: القنوجي 25/2، نيل الأوطار: الشوكاني 269/6ـ271.

[2] الحاوي: الماوردي 453/11.

[3] سورة النساء: آية 24.

[4] رد المحتار: ابن عابدين 51/3، الحاوي: الماوردي 449/11، نيل الأوطار: الشوكاني 271/6، المغني: ابن قدامه 571/7.

أولاً: القرآن الكريم

قال الله تعالى: ﴿ فما استمتعتم به منهن فآتوهن أجورهن فريضة﴾[1].

وجه الدلالة: دلت هذه الآية عندهم على جواز المتعة من ثلاثة وجوه:

أ. ذكرت الآية الاستمتاع والمراد به المتعة، وليس المقصود به الزواج.

ب. أمرت الآية بإعطاء الأجور، وهو حقيقة في الإجارة، والمتعة هو عقد الإجارة على منفعة البضع.

ج. أمرت الآية بإعطاء الأجر بعد الاستمتاع، ولو كان المراد بالأجر المهر لوجب بنفس العقد لا بعد الاستمتاع كما هو الحال في النكاح، فدل ذلك على أن المراد هنا عقد يخالف عقد النكاح.

ثانياً: السنة النبوية:

1. عن عبد الله بن مسعود أنه قال:﴿ كنا نغزو مع رسول الله صلى الله عليه وسلم ، ليس لنا نساء، فقلنا: ألا نستخصي؟ فنهانا عن ذلك ثم رخص لنا أن ننكح إلى أجل،، ثم قرأ عبد الله بن مسعود: " يا أيها الذين آمنوا لا تحرموا طيبات ما أحل الله لكم ولا تعتدوا إن الله لا يحب المعتدين "﴾[2].

2. روي عن عمر بن الخطاب رضي الله عنه أنه قال: " متعتان كانتا على عهد رسول الله صلى الله عليه وسلم أنا أحرمهما وأنهى عنهما بأن أعاقب عليهما: متعة النساء ومتعة الحج "[3].

وجه الدلالة: يدل هذا القول على أن النهي لم يكن من الرسول عليه الصلاة السلام، بل كان من اجتهادات الخليفة عمر بن الخطاب، ولا يملك هذا الاجتهاد نسخ النص الصريح من القرآن والسنة بجواز نكاح المتعة، لأن عمر رضي الله عنه ذكر صراحة أنه هو الذي نهى عنها، ولو ثبت لديه نهي النبي عنها أو نسخها لأضاف التحريم إليه دون نفسه.

ثالثاً: فتوى الصحابة والتابعين:

فقد روي عن بعض الصحابة الفتوى بجواز نكاح المتعة اعتماداً على ما أباحه الرسول عليه السلام، لأنه لم يصل دليل لديهم على التحريم، ومنهم عبد الله بن عباس وعبد الله بن

---

[1] سورة النساء: آية 24.
[2] صحيح مسلم: مسلم 193/5.
[3] الحاوي: الماوردي 450/11.

مسعود وجابر بن عبد الله وأبي سعيد الخدري وعطاء وطاووس وسعيد بن جبير وابن جريج، ومن الشيعة الباقر والصادق[1].

مناقشة أدلة الشيعة الإمامية فيما ذهبوا إليه من إباحة نكاح المتعة:

أجاب الجمهور على أدلة الشيعة الإمامية بالأدلة المقنعة التالية:

1. الجواب عن الاستدلال بقول الله تعالى:﴿ فما استمتعتم به منهن فآتوهن أجورهن فريضة ﴾[2]: من ثلاثة وجوه:

أ. إن لفظ الاستمتاع الوارد في الآية الكريمة لا يفيد نكاح المتعة، بل المقصود منه النكاح الصحيح الدائم غير المؤقت بدليل سياق الآية الكريمة ما قبلها وما بعدها، فهي جزء من آيات في سورة النساء تحدثت عما حرم الله تعالى وأحل من النساء، وهي قوله تعالى:﴿ حرمت عليكم أمهاتكم وبناتكم وأخواتكم وعماتكم وخالاتكم ...وأحل لكم ما وراء ذلكم أن تبتغوا بأموالكم محصنين غير مسافحين فما استمتعتم به منهن فآتوهن أجورهن فريضة﴾[3]. بعد أن بين الله تعالى المحرمات من النساء، أحل الزواج بغيرهن، ولا يكون ذلك إلا بالنكاح الصحيح، ثم أوجب المهر كاملاً إذا حصل الدخول بالزوجة وهو المقصود بقوله تعالى: ﴿ فما استمتعتم به﴾.

ب. أما التعبير بالأجر، فإن المهر في النكاح يسمى أجراً ومن شواهد ذلك: قال الله تعالى: ﴿ يا أيها النبي إنا أحللنا لك أزواجك اللاتي آتيت أجورهن ﴾[4]، أي مهورهن، وقال تعالى:﴿ فانكحوهن بإذن أهلهن وآتوهن أجورهن بالمعروف ﴾[5].

ج. وأما بإعطاء الأجر بعد الاستمتاع، والمهر يؤخذ قبل الاستمتاع، فالجواب عنه أن هنا تقديماً وتأخيراً، والتقدير فآتوهن أجورهن إذا استمتعتم بهن، وذلك مثل قول الله تعالى:﴿ إذا

---

[1] المغني: ابن قدامه 571/7، المحلى: ابن حزم 129/9،نيل الأوطار: الشوكاني 271/6،270.
[2] سورة النساء: آية 24.
[3] سورة النساء: آية 23ـ24.
[4] سورة الأحزاب: آية 50.
[5] سورة النساء: آية 24.

طلقتم النساء فطلقوهن﴾[1]، أي إذا أردتم الطلاق، وكقول الله تعالى:﴿ إذا قمتم إلى الصلاة فاغسلوا﴾[2]، أي إذا أردتم الصلاة. فاغسلوا.

2. وأما ما استدلوا به من حديث عبد الله بن مسعود، فقد كان ذلك في ظروف خاصة، ثم جاء بعد ذلك التحريم، ومما يدل على ذلك ما روينا من الآثار التي تدل على التحريم، ومن ذلك أيضاً:

أ. عن إياس بن سلمة عن أبيه قال: ﴿ رخص لنا رسول الله صلى الله عليه وسلم عام أوطاس في المتعة ثلاثاً ثم نهى عنها﴾[3].

ب. عن الربيع بن سبرة الجهني عن أبيه: أن رسول الله صلى الله عليه وسلم نهى عن المتعة وقال: ﴿ ألا إنها حرام من يومكم هذا إلى يوم القيامة، ومن كان أعطى شيئاً فلا يأخذه﴾[4].

3. لم يكن نهي عمر بن الخطاب رضي الله عنه عن المتعة اجتهاداً منه ـ كما زعم الشيعة ـ بل الصحيح أن نهيه عن المتعة كان بعد نهي النبي صلى الله عليه وسلم عنها وتحريمها تحريماً مؤبداً، فقد أخرج ابن ماجة من حديث ابن عمر قال: لما ولي عمر بن الخطاب خطب الناس فقال: " إن رسول الله صلى الله عليه وسلم أذن لنا في المتعة ثلاثاً ثم حرمها، و الله لا أعلم أحداً يتمتع وهو محصن إلا رجمته بالحجارة، إلا أن يأتيني بأربعة يشهدون: أن رسول الله صلى الله عليه وسلم أحلها بعد إذ حرمها ".

فهذا الأثر صريح في أن تحريم عمر بن الخطاب رضي الله عنه للمتعة إنما كان اعتماداً على تحريم النبي صلى الله عليه وسلم لها، ولم ينكر عليه من الصحابة أحد، ورجع من كان يقول بالإباحة إلى القول بالتحريم، فأصبح إجماعاً على التحريم بعد الخلاف فيه.

4. أما الاحتجاج بفتوى بعض الصحابة والتابعين، فقد ثبت رجوعهم عن فتواهم بإباحة المتعة إلى التحريم، ولم ينكر أحد منهم على نهي عمر بن الخطاب عن المتعة، فكان إقراراً منهم على التحريم، ولا يقره الصحابة على أمر إلا إذا كان له أساس من كتاب الله وسنة نبيه.

أما قول ابن عباس فقد قيل بأنه أفتى بإباحتها للضرورة، فقد روى سعيد بن جبير رضي الله عنه قال: قلت لابن عباس قد سارت بفتياك الركبان وقالت فيها الشعراء قال: وما قالوا؟

[1] سورة الطلاق: آية 1.
[2] سورة المائدة: آية 7.
[3] صحيح مسلم: مسلم 194/5.
[4] صحيح مسلم: مسلم 198/5.

والذي يتبين لنا بعد مناقشة الجمهور لأدلة الشيعة الإمامية أن نكاح المتعة هو أحد صور النكاح التي كانت شائعة في الجاهلية بين الناس في بدو وحضر، في إقامة وسفر، وقد جاء الإسلام ونكاح المتعة منتشراً بين الناس والصحابة حديثي عهد بالإسلام؛ لذا أباح الرسول عليه الصلاة والسلام لهم نكاح المتعة في أسفارهم في بعض غزواتهم عند ضرورتهم وبعدهم عن نسائهم مع شدة حاجتهم وقلة صبرهم عنهن، كمحظور يباح للضرورة، ويقدر بقدرها، ويراعي فيه أن تكون هذه الإباحة خطوة في التدرج إلى تحريمه تحريماً باتاً لا ترخص فيه، فقد روى ابن أبي عمرة " أنها كانت رخصة في أول الإسلام لمن اضطر إليها كالميتة ونحوها "[1]، هذا وقد حرم الرسول صلى الله عليه وسلم نكاح المتعة تحريماً قاطعاً على ملأ من جمهور الصحابة، فقد حدث الربيع بن سبرة أن أباه حدثه أنه كان مع رسول الله صلى الله عليه وسلم فقال: ﴿ يا أيها الناس ! إني قد كنت أذنت لكم في الاستمتاع من النساء، وإن الله قد حرم ذلك إلى يوم القيامة، فمن كان عنده منهن شيء فليخل سبيله، ولا تأخذوا مما آتيتموهن شيئاً ﴾[2]. وفي رواية أخرى أن رسول الله صلى الله عليه وسلم نهى عن المتعة وقال: ﴿ ألا إنها حرام من يومكم هذا إلى يوم القيامة، ومن كان أعطى شيئاً فلا يأخذه﴾[3] إلا أن بعض الصحابة ـ كابن عباس ومعاوية وجابر بن عبد الله ـ بقي على غير علم بهذا التحريم حتى كان عهد الخليفة عمر بن الخطاب، فأعلن أن الرسول صلى الله عليه وسلم حرمه تحريماً قاطعاً، ولم ينكر عليه أحد من الصحابة ـ رضوان الله عنهم ـ وعلم من كان يفتي بإباحة المتعة من الصحابة بهذا النهي عن الرسول عليه الصلاة والسلام وتحريمه البات له، رجع عن قوله بإباحة المتعة فور إعلامه بهذا النهي، وذلك التحريم.

أما الشيعة الإمامية، فلا دليل لهم في إباحة المتعة، خصوصاً وأن علياً رضي الله عنه حرم المتعة، ورد على ابن عباس رأيه بقوله: " إنك رجل تائه، نهانا رسول الله صلى الله عليه وسلم عن متعة النساء يوم خيبر "[4]، والشيعة أولى الناس باتباع رأي علي رضي الله عنه وإن كانوا ينكرون عليه هذه الرواية. قال الخطابي: " تحريم المتعة كالإجماع إلا عن بعض الشيعة، ولا يصح على قاعدتهم في الرجوع في المختلفات إلى علي وآل بيته، فقد صح عن علي أنها نسخت ". كما نقل البيهقي عن جعفر بن محمد أنه سئل عن المتعة فقال هي الزنا بعينه.

---

[1] شرح النووي: النووي 200/5.

[2] صحيح مسلم: مسلم 196/5.

[3] صحيح مسلم: مسلم 198/5.

[4] شرح النووي: النووي 199/5.

الصورة الثانية: الزواج المؤقت

وهو عقد بصيغة الزواج إلى مدة معلومة، كأن يقول الرجل للمرأة: تزوجتك إلى سنة بخمسمائة دينار، فتقول: قبلت.

اختلف الفقهاء في حكم الزواج المؤقت على مذهبين

المذهب الأول: ذهب جمهور الفقهاء[1] إلى بطلان الزواج المؤقت، لأنه كنكاح المتعة ولا فرق بينهما إلا في الصيغة، والعبرة في العقود للمقاصد والمعاني، لا للألفاظ المجردة والمباني، ولا فرق بين إذا ما طالت مدة التأقيت أو قصرت، لأن الصيغة بتوقيتها أصبحت غير صالحة للإنشاء.

المذهب الثاني: ذهب الإمام زفر من الحنفية[2] إلى أن العقد صحيح، ويبطل التأقيت، ويكون الزواج مؤبداً، لأن التأقيت شرط فاسد، وعقد النكاح لا يبطل بالشروط الفاسدة عنده فيلغى الشرط ويصح العقد.

رأي القانون:

ذهب قانون الأحوال الشخصية الأردني[3] إلى اعتبار زواج المتعة والزواج المؤقت فاسداً فقد جاء في الفقرة (6 من المادة 34): " يكون الزواج فاسداً في الحالات التالية منها: زواج المتعة، والزواج المؤقت ".

الفرع الثالث

الإشهاد على عقد الزواج

عقد الزواج من العقود القائمة على الرضا، ومع ذلك فهذا غير كاف في نظر الشرع لصحة العقد، إذ لا بد من الإشهاد لإخراجه من حدود السرية حتى لا يلتبس بالزنا، ولا تكون علاقة الرجل بامرأته محل شبهة أو سوء ظن، وللمحافظة على الحقوق المترتبة عليه؛ فما حكم الإشهاد على الزواج عند الفقهاء، وما الشروط المطلوبة في الشهود، هذا ما سنبحثه في المسائل التالية:

---

[1] البحر الرائق: ابن نجيم 115/3، رد المحتار: ابن عابدين 50/3، الهداية: المرغيناني 195/1،

[2] البحر الرائق: ابن نجيم 115/3، رد المحتار: ابن عابدين 50/3، الهداية: المرغيناني 195/1،

[3] مجموعة التشريعات: الظاهر 110.

أولاً: حكم الإشهاد على عقد الزواج:

اختلف الفقهاء في هذه المسألة على مذهبين:

المذهب الأول: ذهب جمهور الفقهاء[1] إلى اشتراط الشهود، وقد استدلوا على ذلك بما يلي:

1. عن عمران بن الحصين رضي الله عنه قال: قال رسول الله صلى الله عليه وسلم :﴿ لا نكاح إلا بولي وشاهدي عدل ﴾[2].

2. عن ابن عباس رضي الله عنه أن النبي صلى الله عليه وسلم قال:﴿ البغايا اللاتي ينكحن أنفسهم بغير بينة ﴾[3].

3. عن عائشة ـ رضي الله عنها ـ عن النبي صلى الله عليه وسلم :﴿ لا بد في النكاح من أربعة: الولي والزوج والشاهدان ﴾[4].

4. روى الدار قطني وابن حبان عن عائشة ـ رضي الله عنها ـ أنها قالت: " لا نكاح إلا بولي وشاهدي عدل، وما كان من نكاح على غير ذلك فهو باطل، فإن تشاجروا فالسلطان ولي من لا ولي له "[5].

5. عن أبي الزبير المكي: " أن عمر بن الخطاب أتي بنكاح لم يشهد عليه إلا رجل وامرأة، فقال هذا نكاح السر ولا أجيزه، ولو كنت تقدمت فيه لرجمت "[6].

وجه الدلالة: تدل هذه الآثار على أنه يشترط لصحة النكاح وجود الشهود.

[1] الاختيار: الموصلي 83/3، البحر الرائق: ابن نجيم 94/3، رد المحتار: ابن عابدين 20/3، بداية المجتهد: ابن رشد 17/3، الشرح الصغير: الدردير 335/2، إحياء علوم الدين: الغزالي 325/5، الحاوي: الماوردي 84/11، الإقناع: الشربيني 122/2، كفاية الأخيار: الحصني 30/2، نهاية المحتاج: الرملي 217/6، مجموعة الفتاوى: ابن تيمية 81/32، المغني: ابن قدامه 340/7، 339، العدة: المقدسي 354.

[2] قال الشوكاني: حديث عمران بن الحصين أشار إليه الترمذي وأخرجه الدار قطني والبيهقي في العلل من حديث الحسن عنه وفي إسناده عبد الله بن حجر وهو متروك، ورواه الشافعي من وجه آخر عن الحسن مرسلاً، وقال هذا وإن كان منقطعاً فإن أكثر أهل العلم يقولون به. نيل الأوطار: الشوكاني 258/6.

[3] قال أبو عيسى أنه لم يرفعه غير عبد الأعلى، وانه قد وقفه مرة، والوقف أصح، وهذا لا يقدح لأن عبد الأعلى ثقة. سنن الترمذي: الترمذي 354/2، نيل الأوطار: الشوكاني 258/6.

[4] قال الشوكاني وفي إسناده أبو الخصيب نافع بن ميسرة مجهول، نيل الأوطار: الشوكاني 259/2.

[5] نيل الأوطار: الشوكاني 258/6، مغني المحتاج: الشربيني 144/3.

[6] الموطأ: مالك 423/2، نيل الأوطار: الشوكاني 258/6.

6. لأنه يترتب على عقد النكاح أحكام كثيرة يظل أثرها مع الزمان، كثبوت النسب وحرمة المصاهرة واستحقاق الميراث، لذا فإن عقد الزواج يتعلق به حق غير المتعاقدين، فكان من الواجب إعلان النكاح بالإشهاد عليه.

المذهب الثاني: ذهب المالكية في المشهور[1] والحنابلة في قول[2] والظاهرية[3] إلى أنه لا يشترط الإشهاد، بل يكفي الإشهار والعلنية.

وقد استدلوا على ذلك بما يلي:

1. عن أنس بن مالك رضي الله عنه قال:﴿ أقام النبي صلى الله عليه وسلم بين خيبر والمدينة ثلاثاً يُبنى عليه بصفية بنت حيي فدعوت المسلمين إلى وليمته فما كان فيها من خبز ولا لحم أُمِر بالأنطاع[4] فألقي فيها من التمر والأقط والسمن فكانت وليمته فقال المسلمون إحدى أمهات المؤمنين أو ما ملكت يمينه فقالوا إن حجبها فهي من أمهات المؤمنين وإن لم يحجبها فهي مما ملكت يمينه فلما ارتحل وطّأ[5] لها خلفه ومد الحجاب بينها وبين الناس﴾[6].

وجه الدلالة: يبين الحديث الشريف أن النبي صلى الله عليه وسلم لم يشهد على زواجه من صفية بنت حيي، فلو أشهد عليه الصلاة والسلام على زواجه منها، ما وقع هذا التساؤل بينهم، وما عرفوا ذلك من ضرب الحجاب، مما يدل على أنه لا يشترط الإشهاد على الزواج، بل يكفي الإشهار والإعلان.

2. تزوج عدد من الصحابة بغير شهود، فقد روي أن ابن عمر زوج من غير شهود، وكذلك فعل الحسن وابن الزبير وسالم وحمزة ابنا عبد الله بن عمر[7].

3. الأحاديث الواردة في الشهود ضعيفة ومعللة، فلا يصح الاحتجاج بها.

وقد أجاب الجمهور على أدلة الإمام مالك ومن معه بما يلي:

---

[1] بداية المجتهد: ابن رشد 17/2، مواهب الجليل: الحطاب 409/3.
[2] مجموعة الفتاوى: ابن تيمية 81/32، المغني: ابن قدامه 340/7.
[3] المحلى: ابن حزم 48/9.
[4] الأنطاع: جمع نطع، وهو شيء يتخذ من أدم أي جلد مدبوغ، وأراد به سفرة الطعام.
[5] وطأ: هيأ.
[6] صحيح البخاري: البخاري 10/7.
[7] المغني: ابن قدامه 239/7.

1. إن اشتهار أحاديث الإشهاد والعمل بها يعطيانها القوة، وإن لم تكن قوية في طريق الإسناد، فجمهور الصحابة والتابعين ومن تبعهم لا يجيزون عقد الزواج من غير شهود.

2. إن الأحاديث التي احتج بها القائلون باشتراط الشهود لصحة الزواج، تفيد القوة لتعدد طرقها، وإن كانت ضعيفة، فالحديث الضعيف يقوي الضعيف، وقد ينقله إلى درجة الحسن حسب القواعد المعروفة في علم الحديث.

3. إن ما ورد من تزويج بعض الصحابة من غير شهود لا ينهض دليلاً على ما تواتر فعله من جمهور الصحابة ومن بعدهم، حتى وإن صح، والحجة في الأعم الأغلب لا في القليل النادر.

4. إن ما فعله الرسول عليه الصلاة والسلام في زواجه من صفية، لو ثبت فإنه من خصوصيات الرسول **صلى الله عليه وسلم** ولا يقاس عليه، كما أن الحكمة من الإشهاد دفع التهمة وإثبات الحقوق، والرسول عليه الصلاة والسلام منزه عن كل ذلك.

الترجيح:

لكل ما سبق نرى الأخذ بمذهب الجمهور الذي يشترط الإشهاد على النكاح، ليكون إقراراً لما أمضاه الولي والزوجان، وإبعاداً لهذه العلاقة عن أن تكون عبثاً أو فساداً، ومنعاً للظنون والشبهات، وتوثيقاً للحقوق وإثباتها.

قال الترمذي[1]: " والعمل على هذا عند أهل العلم من أصحاب النبي **صلى الله عليه وسلم** ، ومن بعدهم من التابعين، قالوا: لا نكاح إلا بشهود، لم يختلفوا في ذلك عندنا من مضى منهم، إلا قوماً من المتأخرين من أهل العلم ".

ثانياً: الشروط الواجب توافرها في الشهود:

الشروط الواجب توافرها في الشهود منها ما هو متفق عليه، ومنها ما هو مختلف فيه.

أما الشروط المتفق عليها فهي[2]:

---

[1] سنن الترمذي: الترمذي 355/2.

[2] الاختيار: الموصلي 83/3، البحر الرائق: ابن نجيم 94,95/3، رد المحتار: ابن عابدين 22/3، إتحاف السادة المتقين: الزبيدي 325/5، الإقناع: الشربيني 123/2، مغني المحتاج: الشربيني 144/3، العدة: المقدسي 355.

1.   البلوغ: فلو كان الشاهدان أو أحدهما صبياً، لم يصح عقد الزواج.

2.   العقل: فلو كان الشاهدان أو أحدهما مجنوناً، لم يصح عقد الزواج.

وأما الشروط المختلف فيها فهي:

1. الإسلام: اتفق الفقهاء على أن إسلام الشاهدين شرط في العقد إذا كان الزوجان مسلمين، لأن الشهادة من باب الولاية، ولا ولاية لغير المسلم على المسلم بمقتضى حكم الإسلام، كما أن لعقد الزواج اعتباراً دينياً، فلا بد من أن يشهده من يدين بدين الزوجين. واختلفوا في إسلام الشاهدين إذا كان الزوج مسلماً والزوجة كتابية على قولين:

القول الأول: ذهب الشافعي[1] وأحمد[2] وزفر ومحمد بن الحسن[3] إلى أن الإسلام شرط فيهما، وذلك لحديث: ﴿ لا نكاح إلا بولي وشاهدي عدل﴾[4]، ولأن الشهادة على العقد، والعقد، يتعلق بالزوج والزوجة معا، ولا ولاية لغير المسلم على المسلم.

القول الثاني: ذهب أبو حنيفة وأبو يوسف[5] إلى أنه يصح العقد بشهادة الكتابيين، وذلك لأن الشهادة في الزواج على المرأة، وهي كتابية، فتجوز شهادة الكتابيين عليها.

أما إذا كان الزوجان كتابيين فقد أجاز الحنفية شهادة الذمي على عقد الزواج بينما اشترط الشافعية[6] إسلام الشاهد لصحة العقد.

2.الذكورة: اختلف الفقهاء في شرط الذكورة على النحو التالي:

القول الأول: ذهب الجمهور ـ الشافعية والحنابلة في المشهور والمالكية[7] ـ إلى عدم قبول شهادة النساء، فلا ينعقد بشهادة رجل وامرأتين بخلاف الشهادة في الأموال.

وقد استدلوا بما يلي:

---

[1] إتحاف السدة المتقين: الزبيدي 325/5، الإقناع: الشربيني 123/2، مغني المحتاج: الشربيني 145/3،.
[2] المغني: ابن قدامه 340/7.
[3] الاختيار: الموصلي 84/3، البحر الرائق: ابن نجيم 94،95،97/3، الهداية: المرغيناني 190/2.
[4] سبق تخريجه
[5] الاختيار: الموصلي 84/3، البحر الرائق: ابن نجيم 94،95،97/3، الهداية: المرغيناني 190/2.
[6] إتحاف السادة المتقين: الزبيدي 325/5.
[7] إتحاف السادة المتقين: الزبيدي 325/5، الإقناع: الشربيني 123/2، مغني المحتاج: الشربيني 144/3، العدة: المقدسي 355، المغني: ابن قدامه 341/7، الشرح الصغير: الدردير 335/2.

1. روي عن الزهري أنه قال: " مضت السنة أنه لا تجوز شهادة النساء في الحدود ولا في النكاح ولا في الطلاق "[1].

2. لأنه عقد ليس بمال ولا المقصود منه المال ويحضره الرجال في غالب الأحوال، فلا يثبت بشهادتهن كالحدود، وبهذا فارق البيع.

القول الثاني: ذهب الحنفية والحنابلة في رواية[2] إلى أنه ينعقد بشهادة رجل وامرأتين. واستدلوا: بأنه عقد معاوضة، فانعقد بشهادتهن مع الرجال كالبيع.

القول الثالث: ذهب ابن حزم[3] إلى أنه ينعقد بشهادة أربع نسوة مستدلاً بقول الرسول عليه الصلاة والسلام: ﴿ أليس شهادة المرأة مثل نصف شهادة الرجل﴾[4]

3. **الحرية:** اختلف الفقهاء في شرط الحرية على النحو التالي:

القول الأول: ذهب الحنفية والشافعية[5] إلى أنه يشترط أن يكون الشاهد حراً، فلا تصح شهادة العبيد، لأن الشهادة من قبيل الولاية، ولا ولاية للعبد على نفسه، فلا ولاية له على غيره.

القول الثاني: ذهب الحنابلة[6] إلى أنه لا يشترط أن يكون الشاهد حراً، فتصح شهادة العبد في الزواج لعدم وجود دليل من كتاب أو سنة على رد شهادة العبد.

4. **العدالة:** هي ملكة في النفس تمنع من اقتراف الذنوب ولو صغائر الخسة والرذائل المباحة. وقد اختلف الفقهاء في شرط العدالة على النحو التالي:

القول الأول: ذهب الجمهور[7] إلى أن العدالة شرط لصحة عقد الزواج، فلا ينعقد النكاح بشهادة الفاسق المجاهر بفسقه.

---

[1] العدة: المقدسي 355، المغني: ابن قدامه 341/7.

[2] الاختيار: الموصلي 83/3، البحر الرائق: ابن نجيم 95/3، الهداية: المرغيناني 190/2، المغني: ابن قدامه 341/7.

[3] المحلى: ابن حزم 48/9.

[4] صحيح البخاري: كتاب الحيض و كتاب الشهادات.

[5] الاختيار: الموصلي 83/3، البحر الرائق: ابن نجيم 94/3، الهداية: المرغيناني 190/2، رد المحتار: ابن عابدين 22/3، إتحاف السادة المتقين: الزبيدي 325/5، الإقناع: الشربيني 123/2، مغني المحتاج: الشربيني 144/3.

[6] المغني: ابن قدامه 342/7.

[7] إتحاف السادة المتقين: الزبيدي 325/5، إحياء علوم الدين 325/5، كفاية الأخيار: الحصني 30/2، مجموعة الفتاوى: ابن تيمية 83/32، المغني: ابن قدامه 341/7، الشرح الصغير: الدردير 335/2.

وقد استدلوا على ذلك بما يلي[1]:

1. قول الرسول عليه الصلاة والسلام: ﴿ لا نكاح إلا بولي وشاهدي عدل ﴾ [2].

2. لأن النكاح لا يثبت بشهادة الفاسقين، فلم ينعقد بحضورهما كالمجانين.

3. إن الشهادة من باب الكرامة لهذا العقد الخطير، ولا كرامة للفساق.

4. إن الشهادة لها فائدة غير الشهر والإعلان، وهو الإثبات عند الجحود، فلا بد أن يكون الشهود من الصالحين لأداء الشهادة، بأن يكونوا عدولاً مقبولي الشهادة.

القول الثاني: ذهب الحنفية والحنابلة في رواية إلى أن العدالة ليست بشرط، فيصح العقد بشهادة الفاسق.

وقد استدلوا على ذلك بما يلي[3]:

1. الشهادة تحمل، فصحت من الفاسق كسائر التحملات.

2. لأن الفاسق له ولاية على نفسه، فله أن ينشئ عقد الزوج لنفسه، ولمن هو في ولايته، والشهادة على العقد دون الإنشاء، وقد ملك إنشاء عقد الزواج، فمن باب أولى أن يملك الشهادة عليه.

3. لأن الفاسق له أن يتولى أمر العامة، ويتقلد الوظائف العامة، فأولى أن تكون له الولاية الصغرى، فيصح العقد بشهادته.

أما إذا كان الشاهد مستور الحال، فيصح العقد بشهادته عند عامة الفقهاء، وذلك لأن الظاهر من المسلمين العدالة، ولأن النكاح يجري بين أوساط الناس والعوام، فلو اعتبر فيه العدالة الباطنة لاحتاجوا إلى معرفتها ليحضروا من هو متصف بها فيطول الأمر عليهم ويشق، وقد ذكر الشافعية في قول والحنابلة في رواية[4] أنه لا بد أن يكون الشاهد معروف العدالة. وقال المالكية[5] إن وجد العدل فلا يعدل عنه إلى غيره، وإن لم يوجد فتصح شهادة المستور الذي لم يعرف الكذب، وقيل يستكثر من الشهود.

---

[1] المغني: ابن قدامه 341/7، الأحوال الشخصية: أبو زهرة 62.

[2] سبق تخريجه.

[3] الاختيار: الموصلي 84/2، البحر الرائق: ابن نجيم 96/3، رد المحتار: ابن عابدين 23/3، مجموعة الفتاوى: ابن تيمية 83/32، المغني: ابن قدامه 341/7، الأحوال الشخصية: أبو زهرة 63.

[4] مجموعة الفتاوى: ابن تيمية 83/32.

[5] الشرح الصغير: الدردير 336/2.

5. **البصر:** اختلف الفقهاء في شرط البصر على النحو التالي:

القول الأول: ذهب الجمهور[1] إلى أن البصر ليس بشرط، فيصح العقد بشهادة الأعمى إذا سمع كلام المتعاقدين، وتيقن الصوت وعلمه على وجه لا يشك في المتعاقدين.

القول الثاني: ذهب بعض فقهاء الحنفية والشافعية في قول[2] إلى أنه لا تصح شهادة الأعمى، لأنه لا يستطيع التمييز بين المتعاقدين.

6. **سماع كلام المتعاقدين:** اختلف الفقهاء في حكم سماع كلام المتعاقدين على النحو التالي:

القول الأول: ذهب الجمهور[3] إلى أنه لابد من سماع كلام المتعاقدين، فلا ينعقد بشهادة الأصم أو النائم، لأن الغرض من الشهادة لا يتحقق بأمثالهما.

القول الثاني: ذهب بعض الفقهاء[4] إلى عدم اشتراط السماع، وقد غاب عن هؤلاء الحكمة الشرعية من اشتراط الشهادة في عقد الزواج.

7. **فهم كلام المتعاقدين للأخر:** اختلف الفقهاء في حكم فهم كلام المتعاقدين: فقد ذهب الجمهور إلى أنه يشترط فهم كلام المتعاقدين. فلا يجوز بشهادة من لا يعرفون اللغة العربية لعدم تحقق الغرض من الشهادة. وذهب بعض الفقهاء إلى جواز ذلك، وهو خلاف الحق والفقه[5].

8. العدد: ذهب الجمهور إلى أنه لا بد أن يكون الشهود اثنين فأكثر، ولا يكتفى بشاهد واحد للأحاديث الواردة، ومنها قوله عليه الصلاة والسلام: ﴿لا نكاح إلا بشهود﴾، ﴿ولا نكاح إلا بشاهدي عدل﴾[6].

---

[1] الاختيار: الموصلي 84/3، البحر الرائق: ابن نجيم 94/3، رد المحتار: ابن عابدين 24/3، إتحاف السادة المتقين: الزبيدي 325/5، مغني المحتاج: الشربيني 144/3.

[2] البحر الرائق: ابن نجيم 94/3، رد المحتار: ابن عابدين 23/3، مغني المحتاج: الشربيني 144/3.

[3] البحر الرائق: ابن نجيم 94/3، مغني المحتاج: الشربيني 144/3، المغني: ابن قدامه 342/7.

[4] البحر الرائق: ابن نجيم 94/3، مغني المحتاج: الشربيني 144/3.

[5] البحر الرائق: ابن نجيم 94/3، 95 رد المحتار: ابن عابدين 23/3.

[6] سبق تخريجهما.

مسألة: ما حكم شهادة الأصول أو الفروع في عقد النكاح؟

اختلف الفقهاء في هذه المسألة على مذهبين:

المذهب الأول: ذهب الحنفية والشافعية في الصحيح والحنابلة في قول[1] إلى قبول شهادة أصول العاقدين أو فروعهما على عقد النكاح، لأن الشهادة في عقد النكاح عندهم ليست لإثبات العقد عند الجحود والاختلاف بل لإخراجه من السرية إلى العلنية، ولإظهار خطره والاعتناء به، لذا جازت شهادة الفروع أو الأصول هنا، وإنما ترد شهادة الفروع لأصولهم وشهادة الأصول لفروعهم لأجل التهمة، وليس الغرض هنا الإثبات.

المذهب الثاني: ذهب الشافعية في رأي والحنابلة في قول آخر[2] إلى أنه لا يصح العقد بشهادة أصول العاقدين أو فروعهما، لتعذر ثبوت هذا النكاح بهما.

مسألة: ما حكم شهادة العدو على عقد الزواج؟

اختلف الفقهاء في هذه المسألة على مذهبين:

المذهب الأول: ذهب الشافعية في الصحيح والحنابلة في قول[3] إلى أنه ينعقد بشهادة عدوين، لأنه ينعقد بهما نكاح غير هذا الزوج فانعقد بهما كسائر العدول.

المذهب الثاني: ذهب الشافعية في رأي والحنابلة في قول آخر[4] إلى أنه لا ينعقد بشهادتهما، لأن العدو لا تقبل شهادته على عدوه.

مسألة: ما حكم العقد إذا كان أحد الشاهدين الوكيل بحضور الموكل؟

ذهب الحنفية[5] إلى أنه يصح العقد بشهادة الوكيل في حضرة الأصيل أو الولي الذي وكله، إذ يعتبر الموكل هو الذي الذي باشر العقد، وإن كان الذي عبر هو الوكيل ولا مانع من أن يعتبر المعبر من الشهود إذا احتاج نصاب الشهادة إليه ليكمل العدد. ومثال ذلك:

1. أن يزوج الولي بنته البالغة العاقلة بمحضر شاهد واحد، وقد حضرت إنشاء العقد، لأنها تجعل عاقدة، ويعتبر الولي والرجل الآخر شاهدين.

---

[1] البحر الرائق: ابن نجيم 94،96/3، رد المحتار: ابن عابدين 25/3، الحاوي: الماوردي 89/11، نهاية المحتاج: 218/6، مغني المحتاج 144/3، المغني: ابن قدامه 342/7.

[2] الحاوي: الماوردي 89/11، نهاية المحتاج: 218/6، مغني المحتاج 144/3، المغني: ابن قدامه 342/7.

[3] نهاية المحتاج: 218/6، مغني المحتاج 144/3، المغني: ابن قدامه 342/7.

[4] نهاية المحتاج: 218/6، مغني المحتاج 144/3، المغني: ابن قدامه 342/7.

[5] البحر الرائق: ابن نجيم 96/3، رد المحتار: ابن عابدين 24،25/3.

2. أن توكل الزوجة رجلا يتولى العقد، ثم تحضر في أثناء إنشائه، فإنه يصح العقد إذا كان الوكيل معه شاهد آخر، ولا يقال إن العقد قد عقد بحضرة شاهد واحد، فقد اعتبرت المرأة قد باشرت العقد، والوكيل والشاهد الآخر كانا شاهدين.

3. إذا وكل ولي الزوجة وكيلاً لمباشرة العقد، ثم حضر الولي إنشاء العقد، فإنه يعتبر المنشئ، ولا مانع من اعتبار الوكيل شاهدا، فيكتفى بشهادته مع آخر.

مسألة: ما حكم شهادة أهل الصنائع الدنيئة كالحجام؟

للحنابلة في هذه المسألة قولان بناء على قبول شهادتهم[1].

ما نوع عقد الزواج؟: عقد الزواج عقد شكلي

يقسم الفقهاء العقود إلى قسمين[2]:

القسم الأول: عقود رضائية: وهي العقود التي تتم ويعترف بها القانون، ويرتب أحكامها ويظللها بحمايته بمجرد اقتران الإيجاب بالقبول وحصول الرضا من الطرفين وتوافق إرادتهما.

القسم الثاني: عقود شكلية: وهي التي لا يعترف القانون بها، ولا تترتب أحكامها، ولا يظللها بحمايته بمجرد اقتران الإيجاب بالقبول وحصول التراضي من الطرفين، بل يشترط شروطاً أخرى لترتيب أحكامها وحمايتها، وتنفيذها.

وعقد الزواج لا يتم، ولا تترتب عليه آثاره الشرعية بمجرد توافر أركانه، وشرائط انعقاده، وحصول الرضا من الطرفين، بل لا بد من إعلانه وإشهاره بالشهادة عليه عند الجمهور. وحضور الشهود أمر خارج عن رضا الطرفين، فهو من هذه الناحية عقد شكلي، وإن كان الرضا أساساً فيه عند جمهور الفقهاء.

رأي القانون:

أخذت قوانين الأحوال الشخصية بما ذهب إليه الجمهور من اشتراط الشهود لصحة عقد الزواج فقد نص قانون الأحوال الشخصية الأردني[3] في المادة (16) والقانون السوري[4] في المادة (12) على أنه: " يشترط في صحة عقد الزواج حضور شاهدين رجلين أو رجل

---

[1] المغني: ابن قدامه 342/7.

[2] الأحوال الشخصية: أبو زهرة ص 94.

[3] مجموعة التشريعات: الظاهر ص104.

[4] قانون الأحوال الشخصية المعدل: وزارة العدل ص 24.

وامرأتين مسلمين (إذا كان الزوجان مسلمين) عاقلين بالغين سامعين الإيجاب والقبول فاهمين المقصود بهما "

وأضاف القانون الأردني قوله: " وتجوز شهادة أصول الخاطب والمخطوبة على العقد ".

ونص قانون الأحوال الشخصية السوداني[1] في المادة (25) والقانون العربي الموحد[2] في المادة (33) على أنه: " يشترط

في صحة عقد الزواج: 1. حضور شاهدين ".

وجاء في المادة (26) من القانون السوداني والمادة (34) من القانون العربي ما يلي: "يشترط في الشاهدين أن يكونا

رجلين مسلمين عاقلين بالغين من أهل الثقة سامعين الإيجاب والقبول فاهمين أن المقصود بهما الزواج " وأضاف القانون

السوداني قوله: " رجلين أو رجل وامرأتين مسلمين ".

ونص مشروع قانون الأحوال الشخصية الكويتي[3] في المادة (11) على أنه: " يشترط في صحة الزواج حضور

شاهدين مسلمين بالغين عاقلين رجلين سامعين معا كلام المتعاقدين فاهمين المراد منه ".

كما نص مشروع قانون الأحوال الشخصية الإماراتي[4] في المادة (8) على أنه:

"1. يشترط لصحة الزواج حضور شاهدين رجلين بالغين عاقلين سامعين معا كلام المتعاقدين فاهمين المقصود أن

المقصود به الزواج.

2. ويشترط إسلام الشاهدين ويكتفى عند الضرورة بشهادة كتابيين في زواج المسلم بالكتابية ".

أما مشروع قانون مجلس التعاون الخليجي[5] فقد نص في المادة (29): "مع مراعاة أحكام المواد (8،9،18)* من

هذا القانون يشترط في صحة عقد الزواج 1. الإشهاد بالنصاب

---

[1] قانون الأحوال الشخصية السوداني لسنة 1991ص 11، 12.

[2] المجلة العربية للفقه والقضاء: الأمانة العامة ص 21.

[3] مشروع قانون الأحوال الشخصية الكويتي.

[4] مشروع قانون الأحوال الشخصية الإماراتي ص 5.

[5] جريدة الخليج: العدد 6378 ص 11.

* تنص المادة (8) على ما يلي: " لا يأذن القاضي بزواج المحجور عليه لسفه إلا بموافقة وليه وبعد التأكد من ملاءمة الصداق لحالته المادية فإذا امتنع الولي طلب القاضي موافقته خلال مدة يحددها له فإن لم يعترض أو كان اعتراضه غير جدير بالاعتبار زوجه القاضي " ونصت المادة (9): " أ. إذا طلب من أكمل الخامسة عشرة من عمره الزواج وامتنع وليه من تزويجه جاز له رفع الأمر إلى القاضي. ب. يحدد القاضي مدة لحضور الولي يبين خلالها أقواله فإن لم يحضر أصلا أو كان اعتراضه غير سائغ زوجه القاضي ". كما نصت المادة (18) على أنه " يتولى ولي المرأة عقد زواجها برضاها ".

الشرعي"، وفي المادة (30) على أنه: " يشترط في الشاهد أن يكون عاقلا بالغا مسلما من أهل الثقة سامعا الإيجاب والقبول فاهما أن المقصود بهما الزواج ".

يلاحظ أن الخلاف بين هذه القوانين في شرط الذكورة، فقد اشترط كل من القانون الكويتي ومشروع القانون العربي ومشروع القانون الخليجي ومشروع القانون الإماراتي الذكورة في الشاهدين، ولم تشترطه القوانين الأخرى بل أجازت شهادة رجل وامرأتين.

كما ظهر الخلاف في شرط الإسلام في حالة كون الزوجة كتابية، فقد اشترط القانون السوداني والكويتي والخليجي والعربي الموحد الإسلام، ولم تشترطه بقية القوانين.

أما الشروط التي لم تتطرق لها هذه القوانين، فيؤخذ بالراجح من المذهب الذي اعتمده كل قانون من هذه القوانين.

الفرع الرابع

أن لا يكون العاقد محرماً بحج أو عمرة

اختلف الفقهاء في صحة عقد النكاح إذا كان العاقد محرماً بحج أو عمرة على مذهبين:

المذهب الأول: ذهب جمهور الفقهاء[1] إلى أنه يشترط لصحة العقد أن لا يكون العاقد محرماً بحج أو عمرة، فلا يصح العقد إذا عقده الزوج أو الزوجة أو الوكيل أو الولي عنهما حال إحرامهم. وقد استدلوا على ذلك بما يلي:

1. عن عثمان بن عفان رضي الله عنه أن رسول الله صلى الله عليه وسلم قال: ﴿ لا يَنْكِح المحرم ولا يُنْكَح ولا يخطب﴾[2].

وجه الدلالة: يدل الحديث الشريف على عدم صحة عقد النكاح في حال الإحرام، قال الإمام النووي: " واعلم أن النهي عن النكاح في حال الإحرام نهي تحريم، فلو عقد لم ينعقد،، سواء كان المحرم هو الزوج والزوجة أو العاقد لهما بولاية أو وكالة، فالنكاح باطل في كل ذلك، حتى لو كان الزوجان والولي محلين، ووكل الولي أو الزوج محرماً في العقد لم ينعقد "[3].

---

[1] بداية المجتهد: ابن رشد 45/2، شرح الخرشي: الخرشي 188/3، الكافي: القرطبي 534/2، الأم: الشافعي 69،70/5، الحاوي: الماوردي 459/11، المغني: ابن قدامه 311/3، 578/7 الشرح الكبير: ابن قدامه المقدسي 311/3.

[2] صحيح مسلم: مسلم 209/5.

[3] شرح النووي: النووي 211/5.

2. عن عبد الـلـه بن عمر ـ رضي الـلـه عنهما ـ أنه كان يقول: " لا ينكح المحرم ولا يخطب على نفسه ولا على غيره "[1].

3. عن علي رضي الـلـه عنه أنه قال: " من تزوج وهو محرم، نزعنا منه امرأته ولم نجز نكاحه "[2].

4. عن مالك، عن داود بن الحصين، أن أبا غطفان بن طريف المرى، أخبره أن أباه تزوج امرأة وهو محرم، فرد عمر بن الخطاب نكاحه[3].

5. عن مالك، أنه بلغه أن سعيد بن المسيب، وسالم بن عبد الـلـه، وسليمان بن يسار، سئلوا عن نكاح المحرم؟ فقالوا: لا يَنْكِح المحرم ولا يُنْكَح[4].

وجه الدلالة: تدل هذه الآثار أنه يحرم على المحرم أن يعقد نكاحاً لنفسه أو لغيره، فإن عقد فإنه لا يصح.

6. لأن الإحرام يحرم الطيب، فيحرم النكاح كالعدة[5].

المذهب الثاني: ذهب الحنفية[6] إلى أنه يصح العقد حالة الإحرام.

وقد استدلوا على ذلك بما يلي:

1. عن أبي بكر بن أبي شيبة وابن نمير وإسحاق الحنظلي جميعاً عن ابن عيينة قال ابن نمير: حدثنا سفيان بن عيينة عن عمرو بن دينار عن أبي الشعثاء أن ابن عباس أخبره ﴿أن النبي صلى الـلـه عليه وسلم تزوج ميمونة وهو محرم﴾[7].

وجه الدلالة: يدل الحديث الشريف على أن النبي صلى الـلـه عليه وسلم تزوج ميمونة وهو محرم، مما يبيح عقد النكاح أثناء الإحرام، والمحظور الوطء ودواعيه لا العقد، وهو محمل ما روي أن النبي صلى الـلـه عليه وسلم نهى أن ينكح المحرم[8].

وقد أجاب جمهور الفقهاء عن حديث ميمونة بعدة أجوبة منها:

---

[1] الموطأ: مالك 283/1.
[2] الحاوي: الماوردي 460/11.
[3] الموطأ: مالك 283/1.
[4] الموطأ: مالك 283/1.
[5] المغني: ابن قدامه 112/3.
[6] الاختيار: الموصلي 89/3، البحر الرائق: ابن نجيم 111/3، الهداية: المرغيناني 193/1.
[7] صحيح مسلم: مسلم 209/5.
[8] الاختيار: الموصلي 89/3.

أولاً: أن النبي **صلى الله عليه وسلم** تزوج ميمونة حلالاً هكذا! رواه أكثر الصحابة، ومن هذه الروايات:

أ. زاد ابن نمير بعد أن ذكر حديث ابن عباس قوله: فحدثت به الزهري فقال: أخبرني يزيد بـن الأصم أنه نكحهـا وهو حلال[1].

ب. عن يزيد بن الأصم أنه قال: ﴿ حدثتني ميمونة بنت الحارث أن رسول الله **صلى الله عليه وسلم** تزوجها وهو حلال، قال: وكانت خالتي وخالة ابن عباس ﴾[2].

ج. عن أبي رافع قال: ﴿ تزوج رسول الله **صلى الله عليه وسلم** ميمونة وهو حلال، وبنى بها وهو حلال، وكنت أنا الرسول فيما بينهما ﴾[3].

د. عن ميمونة: ﴿أن رسول الله **صلى الله عليه وسلم** تزوجها وهو حلال، وبنى بها حلالا، وماتت بسرف[4]، ودفناها في الظلة التي بنى بها فيها﴾[5].

هـ. عن سليمان بن يسار: ﴿ أن رسول الله **صلى الله عليه وسلم** بعث أبا رافع ورجلاً مـن الأنصار فزوجاه ميمونة بنت الحارث، ورسول الله بالمدينة قبل أن يخرج﴾[6].

وجه الدلالة: تدل هذه الروايات للحديث الشريف أن الرسول **صلى الله عليه وسلم** عقد نكاحه على ميمونة بنت الحارث ـ رضي الله عنها ـ حلالاً، وبنى بها حلالاً. فقد جاء في المغني والشرـح الكبير: " وميمونة أعلم بنفسها، وأبو رافع صاحب القصة، وهو السفير فيها، فهما أعلم بذلك من ابن عباس، وأولى بالتقديم لو كان ابن عباس كبيراً، فكيف وقد كان صغيراً لا يعرف حقائق الأمور ولا يقف عليها؟ وقد أنكر عليه هذا القول، وقال سعيد بـن المسيب: وهم ابن عباس، ما تزوجها النبي **صلى الله عليه وسلم** إلا حلالاً "[7].

2. يمكن حمل حديث ابن عباس على أنه تزوجها في الشهر الحرام، أو في البلد الحرام، وهو حلال لأنه يقال لمن في الحرم: محرم وإن كان حلالاً[8].

---

[1] صحيح مسلم: مسلم 210/5.

[2] صحيح مسلم: مسلم 210/5.

[3] سنن الترمذي: الترمذي 233/2 قال أبو عيسى: هذا حديث حسن.

[4] السرف: مكان دون وادي فاطمة على ستة أميال من مكة، أنظر: التاج: ناصف 117/2.

[5] سنن الترمذي: الترمذي 334/2، قال أبو عيسى: هذا حديث غريب، وروى غير واحد هذا الحديث. عن يزيد بن الأصم مرسلاً، أن النبي **صلى الله عليه وسلم** تزوج ميمونة وهو حلال.

[6] الموطأ: مالك 282/1.

[7] الشرح الكبير: ابن قدامه المقدسي 312/3، المغني: ابن قدامه 312/3.

[8] الشرح الكبير: ابن قدامه المقدسي 312/3، المغني: ابن قدامه 312/3، شرح النووي: النووي 21/5.

3. قيل بأن الرسول صلى الله عليه وسلم تزوج ميمونة حلالاً، وأظهر أمر تزويجها وهو محرم، ثم بنى بها وهو حلال بسرف في طريق مكة[1].

4. إن كان الحديثان صحيحين، فعند تعارض القول والفعل يقدم القول على الفعل، لأنه يتعدى إلى الغير، والفعل قد يكون مقصوراً عليه[2]

5. هناك رأي عند بعض الفقهاء بأن للنبي صلى الله عليه وسلم أن يتزوج في حال الإحرام، و هو مما خص به دون الأمة، والرأي الثاني: أنه حرام في حقه وليس من الخصائص[3].

ثانياً: إن عقد النكاح عقد يملك بها الاستمتاع، فلا يحرمه الإحرام كشراء الأمة[4].

وقد أجيب عن الاستدلال بأن: عقد النكاح يخالف شراء الأمة، فإنه يحرم بالعدة والردة واختلاف الدين، وكون المنكوحة أختاً له من الرضاع، ويعتبر له شروطاً غير معتبرة في الشراء[5].

الترجيح:

أميل إلى ترجيح مذهب الجمهور القائل بأنه لا يصح عقد النكاح في حالة الإحرام، وذلك جمعاً وتوفيقاً بين الأحاديث النبوية الشريفة، حيث نص الحديث الذي رواه عثمان بن عفان رضي الله عنه صراحة على أنه يحرم للمحرم بالحج أو العمرة أن يعقد لنفسه أو لغيره، أما حديث زواج النبي صلى الله عليه وسلم من ميمونة بنت الحارث ـ رضي الله عنها فقد تعددت رواياته، ولم يرو غير ابن عباس أن النبي صلى الله عليه وسلم تزوجها محرماً، بينما روى الكثير كميمونة ويزيد بن الأصم وأبي رافع وسليمان بن يسار أنه ـ عليه الصلاة والسلام ـ تزوجها حلالاً، وأخذاً بهذه الروايات جميعها، أرى بأن الرسول صلى الله عليه وسلم عقد نكاحه على ميمونة بنت الحارث ـ رضي الله عنها ـ في المدينة المنورة وهو حلال، ثم ظهر زواجه منها وهو محرم، وبنى بها أثناء عودته من مكة بسرف وهو حلال، ومما يؤيد ذلك فعل الصحابة ـ رضوان الله عليهم ـ بعد رسول الله صلى الله عليه وسلم حيث روي عن عمر بن الخطاب ويزيد بن ثابت ـ رضي الله عنهما ـ أنهما كانا يردان نكاح المحرم ولا مخالف لهما من الصحابة فكان ذلك إجماعاً على تحريم عقد النكاح حالة الإحرام وعدم صحته،

---

[1] الشرح الكبير: ابن قدامه المقدسي 312/3، المغني: ابن قدامه 312/3، سنن الترمذي: الترمذي 234/2.
[2] الشرح الكبير: ابن قدامه المقدسي 312/3، المغني: ابن قدامه 312،313/3، شرح النووي: النووي 211/5.
[3] الشرح الكبير: ابن قدامه المقدسي 312/3، المغني: ابن قدامه 312/3.
[4] الشرح الكبير: ابن قدامه المقدسي 313/3، المغني: ابن قدامه 313/3.
[5] الشرح الكبير: ابن قدامه المقدسي 313/3، المغني: ابن قدامه 313/3.

فقد جاء في مختصر المزني: " أن عمر بن الخطاب ويزيد بن ثابت ـ رضي الله عنهما ـ يردان نكاح المحرم، وقال ابن عمر: لا يَنْكِح المحرم ولا يُنْكَح ولا أعلم لهما مخالفاً "[1].

المطلب الثاني

شرائط الانعقاد

شرائط الانعقاد أربعة هي[2]:

أولاً: أن يتفق الإيجاب والقبول من كل وجه

كأن يقول: تزوجتك على مهر قدره ألف دينار، فتقول: قبلت الزواج، أو يقول ولي أمر الزوجة: زوجتك ابنتي فاطمة على مهر قدره ألف دينار، فيقول: الزوج قبلت زواج ابنتك فاطمة على ما ذكرت، فهذا يصح.

أما إذا كانت المخالفة من كل وجه، فإنه لا ينعقد الزواج: كأن يقول ولي الزوج: زوج ابنتك فاطمة لابني محمد على مهر قدره ألف دينار، فيقول ولي الزوجة: قبلت زواج ابنتي عائشة لابنك خالد على مهر قدره ألف وخمسمائة دينار، فهذا لا يصح، ولا ينعقد الزواج، لأن المخالفة حصلت بين جميع أجزاء الإيجاب والقبول.

وأما إذا كانت المخالفة في بعض أجزاء الإيجاب وبعض أجزاء القبول، فإنه لا ينعقد: كأن يقول ولي الزوجة: زوجتك ابنتي خديجة على مهر قدره ألف دينار، فيقول الزوج: قبلت زواج ابنتك على مهر قدره خمسمائة دينار، فإنه لا يصح ولا ينعقد الزواج لاختلاف المهر أو يقول الزوج: زوجني ابنتك آمنة على مهر قدره ألف دينار، فيقول الولي: قبلت زواج ابنتي حليمة على ما ذكرت، فإنه لا ينعقد الزواج لاختلاف محل العقد.

وأما إذا كانت المخالفة إلى خير، فإنه ينعقد الزواج: كأن تقول الزوجة: زوجتك نفسي على مهر قدره خمسمائة دينار، فيقول: قبلت زواجك على مهر قدره ألف دينار، فإن العقد ينعقد حينئذ لأن المخالفة إلى خير، فهي تتضمن الموافقة على ما أوجبته الزوجة مع الزيادة مع أنها لا تضر، إلا أنه لا يلزم الزوج إلا الأقل منهما وهو خمسمائة، إلا إذا قبلت الزوجة هذه الزيادة في مجلس العقد، فإن الزيادة في هذه الحالة تلزمه وتصبح جزءاً من المهر المسمى.

---

[1] مختصر المزني: المزني 4/4.

[2] البحر الرائق: ابن نجيم 89،90/3، مغني المحتاج: 140/139/3، الشرح الصغير: الدردير.

ثانياً: اتحاد مجلس الإيجاب والقبول

أي أن يكون الإيجاب والقبول في مجلس واحد إذا كان العاقدان حاضرين، ولا يضر طول المجلس إلا إذا فصل بـما يعتبر قطعاً للحديث وانصرافاً عنه: كأن يقوم أحد العاقدين عـن المجلـس قبـل القبـول، أو يشـتغل العاقـدان أو أحدهما بعمل يعتبره العرف انصرافاً عن الإيجاب لم ينعقد الزواج، فالفورية في القبول ليست شرطاً إلا عند الشافعية حيث قالوا بأنه لو فصل بين الإيجاب والقبول فاصل غير الخطبة لم يصح العقد، وإن كان الفاصل بينهما الخطبة ففيه وجهان أحدهما يصح والآخر لا يصح. مثال ذلك: إذا قال الزوج: تزوجتك على مهر قدره ألف دينار، ثم طال الحـديث بينـهما حـول المهـر لعدة ساعات ثم قبلت الزوجة بما كان من المهر، كان هذا مجلساً واحداً عند الحنفية ولو طال، وذلك لأن الاشتغال بما هو متعلق بالعقد هو في الحقيقة اشتغال بالعقد نفسه، لأنه من تمامه، فلا يكون قاطعاً له، ولا ينعقد عنـد الشـافعية حيـث يشترط أن يأتي القبول بعد الإيجاب فوراً.

أما إذا تعدد المجلس بأن وقع الإيجاب في مجلس ولم يتفقا، ثم وقع الإيجاب في مجلس آخر، فإن الزواج لا ينعقد إجماعاً، هذا كله عند حضور العاقدين، أما إذا كان أحد العاقدين غائباً عن المجلس كما لو أرسل الزوج رسـالة إلى الزوجـة في مكان آخر يقول فيها تزوجتك على مهر قدره ألف دينار، وفور وصول الرسالة إلى الزوجة وقراءتها قالت: قبلت الـزواج، فإن هذا الزواج ينعقد ما دام مستكملاً شروط الإيجاب والقبول.

ثالثاً: أن يسمع كل من المتعاقدين كلام الآخر ويفهمه

فلا ينعقد الزواج إذا كان أحدهما أصم، ولا إذا كان أحدهما لا يفهم المراد من العبارة، فالمراد بـالفهم أن يفهـم كل من المتعاقدين أن المراد من كلام الآخر انعقاد الـزواج، ولـو لم يفهـم معنـى المفـردات ولا معنـى التراكيـب حيـث أن المقصود هو فهم العبارة، وأن أحدهما يطلب الزواج، والآخر يقبل.

رابعاً: أن لا يوجد من أحد العاقدين قبل القبول ما يبطل الإيجاب

وذلك بأن يرجع الموجب عن ايجابه قبل قبول الآخر، حيث يجـوز للموجـب أن يرجـع عـن ايجابـه قبـل صـدور القبول لأن الالتزام لا يتم إلا بصدور الإيجاب والقبول، فإن صدر القبول بعد رجوع الموجب عن إيجابه لم ينعقد الـزواج، وكذلك إذا بطلت أهلية الموجب قبل القبول بأن كان عاقلاً عند الإيجاب ثم جن قبل أن يقع القبول.

رأي القانون:

لقد نصت القوانين العربية على هذه الشروط* حيث جاء في المادة (11) من القانون السوري[1] ما نصه:

" 1. يشترط في الإيجاب والقبول أن يكونا متفقين من كل وجه وفي مجلس واحد، وأن يكون كـل مـن المتعاقـدين سامعاً كلام الآخر وفاهماً أن المقصود الزواج، وأن لا يصدر من أحد الطرفين قبل القبول ما يبطل الإيجاب.

2. ويبطل الإيجاب قبل القبول بزوال أهلية الموجب، وبكل ما يفيد الإعراض من أحد الطرفين ".

ونص القانون السوداني[2] في المادة (14) على ما يلي:

" ب. يوافق القبول الإيجاب صراحة أو ضمناً.

ج. يكونا في مجلس واحد.

د. يبقى الإيجاب صحيحاً إلى حين صدور القبول.

هـ. يكون كل من العاقدين الحاضرين سامعاً كلام الآخر، فاهماً أن المقصود به الـزواج. ويكونـا بالكتابـة في حالـة الغيب، أو العجز عن النطق، فإن تعذرت فالإشارة المفهمة ".

كما نص القانون الكويتي[3] في المادة (10) على ما يلي:

" ب. موافقة القبول للإيجاب صراحة أو ضمناً.

ج. اتحاد مجلس العقد للعاقدين الحاضرين، ويبدأ المجلس بين الغائبين منـذ إطلاع المخاطب بالإيجاب علـى مضمون الكتاب، أو سماعه بلاغ الرسول، ويعتبر المجلس في هذه الحال مستمراً ثلاثة أيام يصح خلالها القبول مـا لم يحـدد في الإيجاب مهلة أخرى كافية، أو يصدر من المرسل إليه ما يفيد الرفض.

د. بقاء الإيجاب صحيحاً إلى حين صدور القبول.

---

* أضافت معظم القوانين شرطاً وهو: أن يكون الإيجاب والقبول منجزين غير دالين على التأقيت، وقد تم بحث ذلك في موقعه المناسب.
[1] قانون الأحوال الشخصية المعدل عام 1976: وزارة العدل 11
[2] قانون الأحوال الشخصية السوداني لسنة 1991 ص 7،8.
[3] مشروع قانون الأحوال الشخصية الكويتي.

هـ أن يكون كل من العاقدين الحاضرين سامعاً كلام الآخر، فاهماً أن المقصود به الزواج ".

بينما نص القانون الإماراتي[1] على ما يلي:

" 2. موافقة القبول للإيجاب صراحة أو ضمناً.

3. اتحاد مجلس العقد بين الحاضرين بالمشافهة وحصول القبول فور الإيجاب، وبين الغائبين بحصول تلاوة الكتاب أمام الشهود أو أسماعهم مضمونة أو تبليغ الرسول، ولا يعتبر القبول متراخياً عن الإيجاب إذا لم يفصل بينهما ما يدل على الإعراض.

4. بقاء الإيجاب صحيحاً إلى حين صدور القبول، ويكون للموجب حق الرجوع قبل صدوره 5. سماع كل من العاقدين الحاضرين كلام الآخر ومعرفته أن المقصود به الزواج وإن لم يفهم معاني الألفاظ ".

أما مشروع القانون العربي الموحد[2] في المادة (24) ومشروع مجلس التعاون الخليجي[3] في المادة (22) على أنه:
"يشترط في القبول:

1. أن يكون موافقاً للإيجاب صراحة أو ضمناً.

2. أن يكون مقترناً بالإيجاب في مجلس واحد ".

واقتصر القانون الأردني[4] في المادة (14) على ما يلي: " ينعقد الزواج بإيجاب وقبول من الخاطبين أو وكيليهما في مجلس العقد " مع أنه قد أخذ بهذه الشروط جميعها حسب الراجح من المذهب الحنفي.

[1] مشروع قانون الأحوال الشخصية الإماراتي: وزارة العدل ص4.
[2] المجلة العربية للفقه والقضاء، الأمانة العامة ص21.
[3] جريدة الخليج: العدد 6378 ص 11.
[4] مجموعة التشريعات: الظاهر ص 103.

الفصل الثالث

الشرائط المتممة لعقد الزواج

المبحث الأول: شرائط اللزوم

المبحث الثاني: شرائط النفاذ

الفصل الثالث

الشرائط المتممة لعقد الزواج

يشترط لنفاذ العقد أن يكون كل من العاقدين أهلاً لمباشرة عقد الزواج أو أن يكون كل مـن العاقدين ذا صـفة تخول له إجراء عقد الزواج بأن يكون أحد الزوجين أو ولياً أو وكيلاً، أما إذا كـان فضولياً توقـف نفـاذ العقـد عـلى إجـازة صاحب الشأن فإن أجازه نفذ وإلا فلا. ولبيان ذلك لا بد من بحث المواضيع التالية:

المطلب الأول: إنشاء عقد الزواج أصالة

المطلب الثاني: إنشاء عقد الزواج وكالة

المبحث الأول

شرائط اللزوم

العقد اللازم:

هو العقد الذي لا يملك فيه أحد طرفيه أو كلاهما حق فسخه بعد تمامه، والزواج من العقود اللازمة لا ينتهي إلا بالوفاة أو الطلاق إلا أن يرتفع في حالات خاصة ترجع إلى سبب في إنشاء العقد حين تكوينه، فيجوز لأحد الطرفين أن يطلب فسخه.

ولا بد لفسخ عقد الزواج غير اللازم من قضاء القاضي، حيث لا يصح فسخه بالإرادة المنفردة، لأن الأصل فيه اللزوم، ولأنه فسخ مختلف فيه، فلا بد من عرضه على القضاء. هذا وقد اختلف الفقهاء في شرائط اللزوم على النحو التالي:

المطلب الأول

شرط الكفاءة

الفرع الأول

تعريف الكفاءة

أولاً: الكفاءة في اللغة:

هي المساواة والمماثلة والمناظرة، يقال فلان كفء لفلان إذا ساواه وعادله وكان نظيراً له ومماثلاً، ومنه قول اللـه تعالى: ﴿ ولم يكن له كُفُواً أحد ﴾[1]، أي مماثلاً.

ثانياً: الكفاءة في الاصطلاح:

عرف الفقهاء الكفاءة بتعريفات عدة فقالوا: المماثلة بين الزوجين في خصوص أمور أو كون المرأة أدنى[2]

---

[1] سورة الإخلاص: آية 4.

[2] البحر الرائق: ابن نجيم 137/3، رد المحتار: ابن عابدين 84/3.

ويمكننا أن نعرف الكفاءة تعريفاً يحقق الغاية من اشتراط الكفاءة فنقول: مماثلة الرجل للمرأة في أمور مخصوصة بحيث لا تعير الزوجة ولا أولياؤها به، ويعتبر وجودها عاملاً من عوامل الاستقرار في الزواج، والإخلال بها مفسداً للحياة الزوجية.

الفرع الثاني

الاختلاف الفقهي في شرط الكفاءة

اختلف الفقهاء في اعتبار شرط الكفاءة على النحو التالي:

المذهب الأول: ذهب الظاهرية [1] إلى عدم اشتراط الكفاءة، فالمسلمون والمسلمات أكفاء بعضهم لبعض. قال ابن حزم: " وأهل الإسلام كلهم أخوة لا يحرم على ابن زنجية لغية نكاح ابنة الخليفة الهاشمي، والفاسق الذي بلغ الغاية من الفسق، المسلم ـ ما لم يكن زانياً ـ كفؤ للمسلمة الفاضلة، وكذلك الفاضل المسلم كفؤ للمسلمة الفاسقة ما لم تكن زانية "[2].

وقد استدلوا على ذلك بما يلي:

أولاً: القرآن الكريم:

قال الله تعالى: ﴿ إنما المؤمنون أخوة ﴾[3]، وقال الله تعالى مخاطباً جميع المسلمين: ﴿ فانكحوا ما طاب لكم من النساء﴾[4]، وذكر الله عز وجل ما حرم علينا من النساء، ثم قال سبحانه وتعالى:﴿ وأحل لكم ما وراء ذلكم ﴾[5].

ثانياً: السنة النبوية:

أنكح رسول الله صلى الله عليه وسلم زينب أم المؤمنين زيداً مولاه، وأنكح المقداد ضباعه بنت الزبير بن عبد المطلب، كما أنكح أبا هند وهو حجام فتاة من بني بياضة، وأنكح بلالاً فتاة من الأنصار، فلو كانت الكفاءة شرطاً في الزواج لما تم ذلك للفوارق بين الزوجين.

---

[1] المحلى: ابن حزم 151/9.
[2] المحلى: ابن حزم 151/9.
[3] سورة الحجرات: آية 10.
[4] سورة النساء: آية 3.
[5] سورة النساء: آية 24.

المذهب الثاني: ذهب أكثر الفقهاء ــ الحنفية[1] والشافعية[2] والحنابلة[3] والمالكية[4] ــ إلى اشتراط الكفاءة

وقد استدلوا بعدة أدلة منها:

1. عن جابر بن عبد الله **رضي الله عنه** قال: قال رسول الله **صلى الله عليه وسلم** : ﴿ لا تنكحوا النساء إلا الأكفاء ولا تزوجهن إلا الأولياء ﴾[5]*.

2. إن المساواة بين الزوج والزوجة من أهم أسباب دوام العشرة والألفة والاستقرار بين الزوجين وتحقيق مصالحهما، فإذا وجد التفاوت بينهما كان سبباً للشقاق والنزاع والاختلاف وسوء التفاهم، مما يجدر تلافي الأمر قبل وقوعه، وذلك بأن يكون الزوج كفؤاً للزوجة

هذا وقد اختلف الفقهاء في اعتبار الكفاءة شرطاً من شروط الصحة أو من شروط اللزوم على النحو التالي:

المذهب الأول: ذهب الإمام أحمد في رواية وبعض الحنفية[6] إلى أن الكفاءة من شروط الصحة.

وقد استدلوا على ذلك بما يلي:

1. عن جابر بن عبد الله ــ رضي الله عنهما ــ أن رسول الله **صلى الله عليه وسلم** قال: ﴿ لا تنكحوا النساء إلا الأكفاء ولا تزوجهن إلا الأولياء ﴾[7].

2. عن عمر بن الخطاب **رضي الله عنه** قال: " لأمنعن فروج ذوات الأحساب إلا من الأكفاء "[8].

---

[1] الاختيار: الموصلي 98/3، البحر الرائق: ابن نجيم 137/3، رد المحتار: ابن عابدين 84/3، الهداية: المرغيناني 200/1.

[2] مغني المحتاج: الشربيني 164/3، الحاوي: الماوردي 139/11، نهاية المحتاج: الرملي 253/6،

[3] زاد المعاد: ابن قيم الجوزية 117/5ـ119، المغني: ابن قدامه 372/7.

[4] شرح الخرشي: الخرشي 205/3.

* قال عنه البيهقي هذا حديث ضعيف، وقال ابن عبد البر: هذا ضعيف لا أصل له ولا يحتج بمثله.

[5] السنن الكبرى: البيهقي 133/7.

[6] المغني: ابن قدامه 372/7، رد المحتار: ابن عابدين 84/3.

[7] السنن الكبرى: البيهقي 133/7.

[8] نيل الأوطار: الشوكاني 261/6، المغني: ابن قدامه 372/7.

3. لأن التزويج مع فقد الكفاءة تصرف في حق من يحدث من الأولياء بغير إذنه، فلم يصح كما لـو زوجهـا بغيـر إذنها.

المذهب الثاني: ذهب جمهور الفقهاء[1] إلى أن الكفاءة من شروط اللزوم لا الصحة.
وقد استدلوا على ذلك بما يلي:

1. عن أبي هريرة **رضي اللـه عنه** أن رسول اللـه **صلى اللـه عليه وسلم** قال:﴿ يا بني بياضة، أنكحوا أبا هند وأنكحوا إليه ﴾[2]، وكان حجاماً.

2. زوج الرسول **صلى اللـه عليه وسلم** زيد بن حارثة مـن ابنة عمتـه زينب بنـت جحـش، كمـا أمـر فاطمة بنت قيس أن تنكح مولاه أسامة بن زيد.

3. عن عائشة ـ رضي اللـه عنها ـ " أن أبا حذيفة بن عتبة تبنى سالماً وأنكحـه ابنة أخيـه الوليـد بـن عتبـة ابـن ربيعة وهو مولى من الأنصار "[3].

4. عن حنظلة بن أبي سفيان الجمحي عن أمه: " رأيت أخت عبد الرحمن بن عوف تحت بلال "[4].

5. لأن الكفاءة لا تخرج عن كونها حقاً للمرأة أو الأولياء أو لهما فلم يشترط وجودها كالسلامة من العيوب.

والحق أن الكفاءة شرط لزوم، فلو كان شرط صحة لما صح الزواج في الحالات السابقة والتي احتج بها القائلون بأن الكفاءة شرط لزوم.

رأي القانون:

نصت قوانين الأحوال الشخصية على أن الكفاءة شرط لزوم، فقد جاء في المادة (20) من القانون الأردني[5]، والمادة (26) من القانون السوري[6]، والمادة (34) من مشروع القانون

---

[1] رد المحتار: ابن عابدين 84/3، مغني المحتاج: الشربيني 164/3، نهاية المحتاج: الرملي 253/6، شرح الخرشي: الخرشي 205/3، المغني: ابن قدامه 372/7
[2] سنن أبي داود: أبي داود 233/2، التاج: ناصف 286/2، نيل الأوطار الشوكاني 162/6.
[3] نيل الأوطار: الشوكاني 261/6.
[4] نيل الأوطار: الشوكاني 261/6.
[5] مجموعة التشريعات: الظاهر 106.
[6] قانون الأحوال الشخصية السوري: وزارة العدل ص26، قانون الأحوال الشخصية ومذكرته الإيضاحية: الكويفي 29.

الكويتي[1]، والمادة (29) من مشروع القانون الإماراتي[2] على أنه: " يشترط في لزوم الزواج أن يكون الرجل كفؤاً للمرأة ".

وجاء في الفقرة أ من الفصل (14) من مدونة الأحوال الشخصية المغربية[3] ما نصه: " الكفاءة المشترطة في لزوم الزواج حق خاص بالمرأة والولي ".

الفرع الثالث

الأوصاف المعتبرة في الكفاءة

اختلف الفقهاء في الأوصاف المعتبرة في الكفاءة على النحو التالي:

أولاً: الدين

المقصود به التقوى والصلاح، وهذه الصفة من أعلى الصفات التي تنعكس آثارها على أفراد الأسرة.

وقد اختلف الفقهاء في اعتبار هذا الشرط على النحو التالي:

القول الأول: ذهب جمهور الفقهاء[4] إلى اعتبار الدين شرطاً من شروط الكفاءة، فالفاسق ليس كفؤاً للمرأة الصالحة العفيفة التقية.

وقد استدلوا على ذلك بما يلي:

1. قال الله تعالى: ﴿ أفمن كان مؤمناً كمن كان فاسقاً لا يستوون ﴾[5].
2. لأن الفاسق مردود الشهادة والرواية غير مأمون على النفس والمال، مسلوب الولاية، فلا يجوز أن يكون كفؤاً للعفيفة، وإنما يكون كفؤاً لمثله.

القول الثاني: ذهب محمد بن الحسن[6] إلى عدم اعتبار الكفاءة في التقوى والصلاح إلا إذا كان الفاسق مستهتراً بحيث يصفع ويسخر منه، أو يخرج إلى الأسواق سكران ويلعب به

---

[1] مشروع قانون الأحوال الشخصية الكويتي.

[2] مشروع قانون الأحوال الشخصية الإماراتي: وزارة العدل ص 11.

[3] مدونة الأحوال الشخصية المغربية: ص 10، الوثائق العدلية: العراقي 125.

[4] الاختيار الموصلي 99/3، البحر الرائق: ابن نجيم 141/3، الهداية المرغيناني 201/1، بداية المجتهد: ابن رشد 16/3، شرح الخرشي: الخرشي 205/3، مجموعة الفتاوى: ابن تيميه 40/32، مغني المحتاج: الشربيني 166/3، نهاية المحتاج: الرملي 258/6، المغني: ابن قدامه 374/7

[5] سورة السجدة: آية 18.

[6] الاختيار الموصلي 99/3، الهداية المرغيناني 201/1.

الصبيان، فإذا لم يكن على هذه الحال، فالعقد جائز لازم، لأن التقوى والتدين من أمور الآخرة فلا تبنى عليها

أحكام الدنيا.

ثانياً: الإسلام:

المقصود به إسلام الآباء والأجداد، فمن أسلم بنفسه ليس كفؤاً لمن لها أب أو أكثر في الإسلام، ومن له أب في الإسلام ليس كفؤاً لمن لها آباء في الإسلام، ومن له أبوان في الإسلام ليس كفؤاً لمن لها آباء في الإسلام عند الشافعية في رواية[1]، وذهب الحنفية إلى اعتبار إسلام الآباء بين الموالي والأعاجم لا العرب، لأن العرب يتفاخرون بأنسابهم، أما غير العرب من الموالي والأعاجم فيتفاخرون بإسلام أصولهم، وقد خالفوا الشافعية فقالوا: بأن من له أبوان في الإسلام كفؤ لمن لها أباء في الإسلام، أما الإمام أبو يوسف فقال بأن من لها أب في الإسلام كفؤ لمن لها آباء في الإسلام،لأن كمال التعريف عنده بالأب[2].

ثالثاً: النسب:

اختلف الفقهاء في هذه الصفة على النحو التالي:

القول الأول: ذهب جمهور الفقهاء[3] إلى اشتراط النسب في الكفاءة، وقد اتفقوا على أن الأعجمي ليس كفؤاً للعربية مستدلين بقول عمر بن الخطاب: " لأمنعن فروج ذوات الأحساب إلا من الأكفاء، قيل له وما الأكفاء؟ قال: في الأحساب "[4]. واختلفوا فيما بينهم على النحو التالي:

أولاً: ذهب الإمام أحمد في رواية[5] إلى أن العرب بعضهم لبعض أكفاء، والعجم بعضهم لبعض أكفاء.

وقد استدلوا على ذلك بما يلي:

---

[1] مغني المحتاج: الشربيني 166/3، نهاية المحتاج: الرملي 257/6.

[2] الهداية: المرغيناني 201/1.

[3] الاختيار الموصلي 99/3، البحر الرائق: ابن نجيم 139/3، رد المحتار: ابن عابدين 86/3، الهداية: المرغيناني 201/1، مغني المحتاج: الشربيني 166/3، نهاية المحتاج: الرملي 157/6، الحاوي: الماوردي 142/11، زاد المعاد: ابن قيم الجوزية 118/5، العدة: المقدسي ص 359، المغني: ابن قدامه 375/7.

[4] رواه محمد في (الآثار) وأبو بكر الخلال أنظر المغني: ابن قدامه 375/7.

[5] زاد المعاد: ابن قيم الجوزية 118/5، المغني: ابن قدامه 375/7.

1. عن ابن عمر -رضي الله عنهما- قال: قال رسول الله صلى الله عليه وسلم : ﴿ العرب أكفاء بعضها بعضاً قبيل بقبيل ورجل برجل والموالي أكفاء بعضها بعضاً قبيل بقبيل ورجل برجل إلا حائك أو حجام﴾، وعن عائشة ـ رضي الله عنها ـ قالت: قال رسول الله صلى الله عليه وسلم : ﴿ العرب للعرب أكفاء والموالي أكفاء للموالي إلا حائك أو حجام﴾[1].
2. زوج النبي صلى الله عليه وسلم ابنتيه عثمان بن عفان، وزوج أبا العاصي بن الربيع زينب وهما من بني عبد شمس.
3. زوج علي عمر ابنته أم كلثوم، وتزوج عبد الله بن عمر بن عثمان فاطمة بنت الحسين بن علي، وتزوج المصعب بن عمير أختها سكينة، وتزوجها أيضاً عبد الله بن حكيم بن حزام.
4. تزوج المقداد بن الأسود ضباعة بنت الزبير بن عبد المطلب ابنة عم الرسول عليه الصلاة والسلام.
5. تزوج أسامة بن زيد فاطمة بنت قيس وهي من قريش.

ثانياً: ذهب الحنفية والشافعية في قول[2] إلى أن قريشاً بعضهم أكفاء بعض لا يكافئهم غيرهم من العرب، والعرب بعضهم أكفاء لبعض لا يكافئهم الموالي والعجم. وبنو باهلة ليسوا بأكفاء لعامة العرب لأنهم معروفون بالخساسة.

وقد استدلوا على ذلك بما يلي:

1. عن الرسول صلى الله عليه وسلم قال:﴿ قريش بعضهم أكفاء لبعض بطن ببطن، والعرب بعضهم أكفاء لبعض قبيلة بقبيلة، والموالي بعضهم أكفاء لبعض رجل برجل﴾[3].
2. فعل الرسول عليه الصلاة والسلام، حيث زوج الرسول عليه السلام ابنتيه عثمان بن عفان.
3. قال ابن عباس: " قريش بعضهم أكفاء بعض "[4].

---

[1] السنن الكبرى: البيهقي 135/7، روي الحديث من عدة طرق كلها واهية، انظر سبل السلام: الصنعاني 128/3، نيل الأوطار: الشوكاني 263/6.
[2] الاختيار الموصلي 99/3، رد المحتار: ابن عابدين 86/3، الهداية المرغيناني 201/1، الحاوي: الماوردي 142/11.
[3] انظر الهداية: المرغيناني 201/1.
[4] المغني: ابن قدامه 375/7.

ثالثاً: ذهب الشافعية في قول والإمام أحمد في رواية ثانية[1] إلى أن قريشاً بعضهم أكفاء بعض، وغير قريش من العرب بعضهم أكفاء بعض، وأن غير الهاشمي والمطلبي من قريش لا يكون كفؤاً لهما.

وقد استدلوا على ذلك بما يلي:

1. عن واثلة بن الأسقع أن رسول الله صلى الله عليه وسلم قال:﴿ إن الله اصطفى كنانة من بني إسماعيل، واصطفى من كنانة قريشاً، واصطفى من قريش بني هاشم، واصطفاني من بني هاشم، فأنا خيار، من خيار، من خيار﴾[2].
2. أن العرب فضلت على الأمم برسول الله صلى الله عليه وسلم ، وقريش أخص به من سائر العرب، وبنو هاشم أخص به من قريش.
3. قال عثمان وجبير بن مطعم إن إخواننا من بني هاشم لا ننكر فضلهم علينا لمكانك الذي وضعك الله به منهم.

القول الثاني: ذهب المالكية[3] إلى عدم اشتراط الكفاءة في النسب، وأن العجمي كفء للعربية ـ حيث اقتصروا على اعتبار الدين شرطاً وحيداً للكفاءة ـ

وقد استدلوا على ذلك بما يلي:

1. قال الله تعالى: ﴿ إن أكرمكم عند الله أتقاكم﴾[4].
2. قال عليه الصلاة والسلام: ﴿ ألا لا فضل لعربي على أعجمي ولا لأحمر على أسود ولا لأسود على أحمر إلا بالتقوى، إن أكرمكم عند الله اتقاكم﴾.

تجدر الإشارة هنا إلى أن شرف العلم فوق كل شرف، فالعالم كفء لكل امرأة، مهما كان نسبه فإن شرف العلم يفوق شرف النسب. لقول الله تعالى:﴿ يرفع الله الذين آمنوا منكم والذين أوتوا العلم درجات﴾[5]. وقول الله عز وجل: ﴿ قل هل يستوي الذين يعلمون والذين لا يعلمون﴾[6].

---

[1] الحاوي: الماوردي 143/11، مغني المحتاج: الشربيني 165،166/3، نهاية المحتاج: الرملي 257/6، زاد المعاد: ابن قيم الجوزية 118/5، المغني: ابن قدامه 375/7.

[2] صحيح مسلم: مسلم، السنن الكبرى: البيهقي 134/7.

[3] بداية المجتهد: ابن رشد 16/2، شرح الخرشي: الخرشي 205/3، المغني: ابن قدامه 375/7.

[4] سورة الحجرات: آية 13.

[5] سورة المجادلة: آية 11.

[6] سورة الزمر: آية 10.

هذا بالنسبة للعرب أما بالنسبة لغير العرب من الموالي والأعاجم فقد ذهب الجمهور[1] إلى عدم اشتراط الكفاءة في النسب، وذهب الشافعية في الأصح[2] إلى اعتبار النسب في العجم كالعرب.

رابعاً: الحرية:

اختلف الفقهاء في اعتبار الحرية على النحو التالي:

ذهب جمهور الفقهاء[3] -الحنفية والشافعية والحنابلة والمالكية في رواية - إلى اشتراط الحرية في الكفاءة، فلا يكون العبد كفؤاً لحرة، ولم تشترطها بقية المذاهب الإسلامية.

هذا وقد راعى الفقهاء حرية الأصل، فالمعتق ليس كفؤا لمن لها أب في الحرية، ومن له أب في الحرية ليس كفؤا لمن لها أبوان في الحرية، ومن له أبوان كفؤ لمن لها آباء، ويقول أبو يوسف: من له أب في الحرية كفؤ لمن لها آباء، لأن كمال التعريف عنده بالأب[4].

وقد استدلوا على ذلك بما يلي:

1. عن عائشة ـ رضي الله عنها ـ قالت: ﴿كان في بريرة ثلاث سنن عتقت فخيرت، وقال: الولاء لمن أعتق﴾[5]، يدل يدل تخيير الرسول عليه السلام لبريرة بين البقاء مع زوجها العبد أو الطلاق على اشتراط الحرية في الكفاءة.
2. لأن الحرة تعير بزوجها العبد، كما أنها تتضرر حيث يكون مشغولاً عن امرأته بحقوق سيده ولا ينفق نفقة الموسرين ولا ينفق على ولده فهو كالمعدوم بالنسبة إلى نفسه.

واختلفوا في تأثير رق الأمهات على قولين:

---

[1] رد المحتار: ابن عابدين 87/3، شرح الخرشي: الخرشي 205/3، مغني المحتاج: الشربيني 166/3، نهاية المحتاج: الرملي 257/6، المغني: ابن قدامه 375/7

[2] مغني المحتاج: الشربيني 166/3، نهاية المحتاج: الرملي 257/6.

[3] الاختيار: الموصلي 99/3، البحر الرائق 141/3، رد المحتار: ابن عابدين 87/3، مغني المحتاج: الشربيني 165/3،نهاية المحتاج 256/6، زاد المعاد: ابن قيم الجوزية 118/5، العدة: المقدسي 360، المغني: ابن قدامه 376/7، شرح الخرشي: الخرشي 207/3.

[4] رد المحتار: ابن عابدين 87/3ـ88، مغني المحتاج: الشربيني 165/3، زاد المعاد: ابن قيم الجوزية 118/5.

[5] صحيح البخاري: البخاري 14/7.

القول الأول: ذهب الحنفية وبعض الشافعية كالرافعي وابن الرفعة والحنابلة في قول[1] إلى أن رق الأمهات يؤثر في الكفاءة، فمن أعتق غير كفؤ لمن أبوها حر أو معتق، وأمها حرة الأصل، ومن أبوه حر غير كفؤ لذات أبوين حرين لأن الزوج المعتق فيه أثر الرق وهو الولاء، والمرأة لما كانت أمها حرة الأصل كانت هي حرة الأصل، أما لو كانت أمها رقيقة فهي تبع لأمها في الرق فيكون المعتق كفؤاً لها بخلاف ما لو كانت أمها معتقة لأن لها أباً في الحرية.

القول الثاني: ذهب الشافعية والحنابلة في قول[2] إلى أن رق الأمهات لا يؤثر على الكفاءة.

خامساً: الحرفة:

المقصود بالحرفة أن تكون حرفة الزوج مقاربة لحرفة أبي الزوجة.

وقد اختلف الفقهاء في اعتبارها على قولين:

القول الأول: ذهب أبو حنيفة في رواية وصاحباه والشافعية والحنابلة في قول[3] إلى اعتبار الحرفة، وأن المهن تتفاوت شرفاً ودناءة فأشرفها العالم والقاضي، ومن الحرف الأكثر دناءة ـ الحائك والحجام والحارس والدباغ والزبال ـ فمن كان من أصحاب هذه الحرف الدنيئة وأمثالها، ليس بكفؤ لبنات ذوي المروءات وأصحاب الحرف الجليلة.

وقد استدلوا على ذلك بما يلي:

1. عن ابن عمر ـ رضي الله عنهما ـ قال: قال رسول الله صلى الله عليه وسلم: ﴿العرب أكفاء بعضها بعضاً قبيل بقبيل ورجل برجل والموالي أكفاء بعضها بعضاً قبيل بقبيل ورجل برجل إلا حائك أو حجام﴾، وعن عائشة ـ رضي الله عنها ـ قالت: قال رسول الله صلى الله عليه وسلم: ﴿ العرب للعرب أكفاء والموالي أكفاء للموالي إلا حائك أو حجام﴾[4]. وقد قيل لأحمد بن حنبل: وكيف تأخذ به وأنت تضعفه؟ قال: العمل على هذا، يعني أنه ورد موافقاً لأهل العرف.

---

[1] رد المحتار: ابن عابدين 87/3، مغني المحتاج: الشربيني 165/3، زاد المعاد: ابن قيم الجوزية 118/5.

[2] مغني المحتاج: الشربيني 165/3، نهاية المحتاج: الرملي 257/6، زاد المعاد: ابن قيم الجوزية 118/5.

[3] الاختيار: الموصلي 99/3، الهداية: المرغيناني 202/1، الحاوي: الماوردي 146/11، مغني المحتاج: الشربيني 166/3، نهاية المحتاج: الرملي 158/6، زاد المعاد: ابن قيم الجوزية 118/5، المغني: ابن قدامه 377/7.

[4] السنن الكبرى: البيهقي 135/7، روي الحديث من عدة طرق كلها واهية، انظر سبل السلام: الصنعاني 128/3، نيل الأوطار: الشوكاني 263/6.

2. لأن ذلك نقص يلحق أصحاب الحرف الجليلة، وقد جرى عرف الناس التعيير بذلك، فأشبه نقص النسب.

القول الثاني: ذهب الإمام أبو حنيفة والحنابلة في قول [1] إلى عدم اعتبار الحرفة، وفي رواية عن أبي يوسف[2] أنها لا تعتبر إلا أن تفحش، ودليلهم أن الحرفة ليست بلازمة ويمكن التحول من الخسيسة إلى النفيسة.

ومما ينبغي ذكره هنا أن الفقهاء اعتبروا أتباع الظلمة من أخس أصحاب المهن، وإن كانوا ذوي جاه ومال لأنهم من آكلي دماء الناس وأموالهم[3].

ومما تجدر ملاحظته والتنبيه إليه أن المعتبر في شرف الحرفة ودناءتها العرف، فقد تكون الحرفة شريفة في زمان ما أو مكان ما، بينما هي دنيئة في زمان آخر أو مكان آخر، وأن الفقهاء الذين اشترطوا الكفاءة في الحرفة تعرضوا لذكر الحرف الدنيئة والشريفة في زمانهم بناءً على ما كان متعارفاً في زمانهم، فما كان يعتبر دنيئاً في زمانهم، قد يعتبر من الحرف الشريفة في زماننا وهذا ما ذهب إليه المحققون[4].

سادساً: اليسار:

المقصود باليسار: القدرة على المهر والنفقة، لا الغنى والثراء.

وقد اختلف الفقهاء في شرط المال على قولين:

القول الأول: ذهب الحنفية والشافعية في قول والحنابلة في رواية والإمام مالك[5] إلى اعتبار شرط اليسار في الكفاءة.

وقد استدلوا على ذلك بما يلي:

1. عن أبي بريدة قال سمعت رسول الله صلى الله عليه وسلم يقول:﴿إن أحساب أهل الدنيا هذا المال ﴾[6].

---

[1] الاختيار: الموصلي 99/3، الهداية: المرغيناني 202/1، المغني: ابن قدامه 377/7.

[2] الهداية: المرغيناني 202/1.

[3] رد المحتار: ابن عابدين 91/3.

[4] رد المحتار: ابن عابدين 90/3، نهاية المحتاج: الرملي 258/6.

[5] الاختيار: الموصلي 99/3، البحر الرائق: ابن نجيم 142/3، الهداية: المرغيناني 201/1، مغني المحتاج: الشربيني 167/3، المغني: ابن قدامه 376/7، بداية المجتهد: ابن رشد 16/2.

[6] السنن الكبرى: البيهقي 135/7.

2. عن سمرة رضي الله عنه قال: قال رسول الله صلى الله عليه وسلم: ﴿ الحسب المال ﴾[1].

3. لأن المرأة تتضرر بإعسار زوجها لإخلاله بنفقتها ومؤنة أولادها.

4. لأن الإخلال بالمهر والنفقة يعد نقصاً في عرف الناس.

القول الثاني: ذهب الشافعية في الصحيح والحنابلة في رواية والمالكية في قول[2] إلى عدم اعتبار اليسار في الكفاءة، ودليلهم أن الفقر شرف في الدين، وأن المال ظل زائل لا يفتخر به أهل المروءات.

أما الكفاءة في الغنى فمعتبرة عند أبي حنيفة ومحمد حتى أن الفائقة في الغنى لا يكافئها القادر على المهر والنفقة، وغير معتبرة عند أبي يوسف، لأن المال لا ثبات له، إذ المال غاد ورائح[3].

سابعاً: السلامة من العيوب:

اختلف الفقهاء في اعتبار السلامة من العيوب من شروط الكفاءة على قولين:

القول الأول: ذهب الشافعية والمالكية[4] إلى اعتبار السلامة من العيوب من شروط الكفاءة، والعيوب المعتبرة هي المثبتة للخيار كالجنون والجذام والبرص فمن كان به شيء من هذه الأمراض ليس كفؤاً للسليمة منها، لأن النفس تعاف صحبة من به بعضها ويختل بها مقصود النكاح، كما أنه ليس كفؤا للمصابة بها وإن كان ما بها أفحش وأقبح، لأن الإنسان يعاف من غيره ما لا يعافه من نفسه. ومن كان به جب أو عنة على المعتمد لا يكافئ رتقاء أو قرناء.

أما العيوب التي لا تثبت الخيار كالعمى وقطع الأطراف وتشوه الصورة، فلا تؤثر في الكفاءة على المعتمد عندهم. وقال القاضي يؤثر كل ما يؤدي إلى فتور العاطفة الجنسية، وقال الروياني ليس الشيخ كفؤاً للشابة، وليس هذا بمعتمد في الفقه الشافعي، وإن كان من المستحسن مراعاة ذلك.

---

[1] السنن الكبرى: البيهقي 136/7.

[2] مغني المحتاج: الشربيني 167/3، نهاية المحتاج: الرملي 260/6، المغني: ابن قدامه 377/7، شرح الخرشي: الخرشي 206/3.

[3] الهداية: المرغيناني 201/1.

[4] الحاوي: الماوردي 148/11، مغني المحتاج: الشربيني 166/3، نهاية المحتاج: الرملي 256/6، بداية المجتهد: ابن رشد 16/2، شرح الخرشي: الخرشي 206/3.

القول الثاني: ذهب الحنفية والحنابلة[1] إلى عدم اعتبار السلامة من العيوب، لأن النكاح لا يبطل بعدمها، ولكنها تثبت الخيار للمرأة دون أوليائها، لأنه ضرر مختص بها وحدها، ولكننا نلاحظ أن الحنابلة قالوا بعد التعليل السابق: " ولوليها منعها من نكاح المجذوم والأبرص والمجنون "[2].

أما بالنسبة للكفاءة في العقل، فلم يتعرض له فقهاء الحنفية القدامى، وتطرق إليه المتأخرون منهم، فقد قيل بأن المجنون كفؤ للعاقلة، وقيل بأنه ليس كفؤاً لها، ولكن المعتمد عندهم القول الثاني وذلك لأن الناس يعيرون بتزويج المجنون أكثر من ذي الحرفة الدنيئة، كما أن الجنون يفوت مقاصد النكاح، فكان أشد من الفقر ودناءة الحرفة[3].

رأي القانون:

اختلفت قوانين الأحوال الشخصية في شروط وأوصاف اعتبار الكفاءة على النحو التالي:

أولاً: ذهب قانون الأحوال الشخصية الأردني[4] في المادة (20) إلى اعتبار المال فقط حيث نصت على أنه: " يشترط في لزوم الزواج أن يكون الرجل كفؤاً للمرأة في المال، وهي أن يكون الزوج قادراً على المهر المعجل ونفقة الزوجة ".

ثانياً: وذهب قانون الأحوال الشخصية السوداني[5] في المادة (21) إلى اشتراط الدين والخلق فقط حيث نصت على أن: " العبرة في الكفاءة بالدين والخلق ".

ثالثاً: أما مشروع قانون الأحوال الشخصية الإماراتي[6] فقد ذهب في المادة (30) إلى اشتراط التقوى، والمعرفة، والقدرة على النفقة، والحرفة في اعتبار الكفاءة حيث نصت على أن: " العبرة في الكفاءة بصلاح الزوج ديناً وبتقاربه في المعرفة مكانة وبقدرته على الإنفاق ولو بالتكسب، والمرجع في تقارب الحرفة لعرف البلد ".

---

[1] البحر الرائق: ابن نجيم 143/3، رد المحتار ابن عابدين 93/3، المغني: ابن قدامه 377/7.

[2] المغني: ابن قدامه 377/7.

[3] الاختيار: الموصلي 3/ 100، منحة الخالق على البحر الرائق: ابن عابدين 143/3، رد المحتار: ابن عابدين 93/3.

[4] مجموعة التشريعات: الظاهر ص 106.

[5] قانون الأحوال الشخصية السوداني لسنة 1991: ص 11.

[6] مشروع القانون الإماراتي: وزارة العدل ص 11.

رابعاً: كما ذهب مشروع قانون الأحوال الشخصية الكويتي[1] في المادة (32) إلى اشتراط التقوى حيث نصت على أن: " العبرة في الكفاءة بالصلاح في الدين ".

خامساً: ذهب كل من قانون الأحوال الشخصية السوري[2] في المادة (28) ومدونة الأحوال الشخصية المغربية[3] في الفصل (14) ومشروع القانون العربي الموحد[4] (في الفقرة ب من المادة 21) إلى أن تحديد الشروط المعتبرة في الكفاءة يعود يعود إلى العرف حيث نصت على أن: " العبرة في الكفاءة لعرف البلد ".

الفرع الرابع

فيمن تعتبر الكفاءة؟

اختلف الفقهاء فيمن تعتبر الكفاءة على النحو التالي:

المذهب الأول: ذهب جمهور الفقهاء[5] إلى أن الكفاءة معتبرة في جانب الرجل لا المرأة، فلا يشترط أن تكون المرأة المرأة كفؤاً للرجل.

وقد استدلوا على ذلك بما يلي:

1. عن النبي صلى الله عليه وسلم قال: ﴿ من كانت عنده جارية، فعلمها وأحسن تعليمها، ثم أعتقها وتزوجها، فله أجران ﴾[6].

2. أن النبي صلى الله عليه وسلم لا مكافئ له، وقد تزوج من أحياء العرب، وتزوج من صفية بنت حيي وكانت يهودية وأسلمت.

3. لأن الشريفة تأبى أن تكون مستفرشة للخسيس، والزوج لا يغيضه دناءة الفراش.

4. لأن الولد يشرف بشرف أبيه لا بأمه، فلم يعتبر ذلك في الأم.

---

[1] مشروع قانون الأحوال الشخصية الكويتي.

[2] قانون الأحوال الشخصية السوري: وزارة العدل ص 26، قانون الأحوال الشخصية المعدل: الكويفي ص 29.

[3] الوثائق العدلية: العراقي 125، أحكام الأسرة: ابن معجوز 352.

[4] المجلة العربية للفقه والقضاء: الأمانة العامة ص 20.

[5] الاختيار: الموصلي 98/3، البحر الرائق: ابن عابدين 137/3، رد المحتار: ابن عابدين 84/3، الحاوي: الماوردي 139/11، زاد المعاد: ابن قيم الجوزية 118، المغني: ابن قدامه 379/7.

[6] رواه البخاري ومسلم أنظر المغني: ابن قدامه 379/7.

المذهب الثاني: ذهب صاحبا أبي حنيفة[1]* إلى أن الكفاءة معتبرة في الجانبين ـ الرجل والمرأة ـ حيث يشترط أن يكون الرجل كفؤاً للمرأة، وأن تكون المرأة كفؤاً للرجل.

رأي القانون:

أخذت قوانين الأحوال الشخصية برأي الجمهور القائل بأن الكفاءة معتبرة في جانب الرجل لا المرأة، فقد نص القانون الأردني[2] في المادة (20) والقانون السوري[3] في المادة (26) ومشروع القانون الكويتي[4] في المادة (34) ومشروع القانون الإماراتي[5] في المادة (29) على أنه: " يشترط أن يكون الرجل كفؤاً للمرأة " كما يفهم ذلك من نصوص القوانين الأخرى*.

الفرع الخامس

من له حق الكفاءة؟

اختلف الفقهاء فيمن له حق الكفاءة على مذهبين:

المذهب الأول: ذهب الحنابلة في رواية والإمام مالك وعبد الملك بن الماجشون[6] إلى أن الكفاءة حق لله تعالى، فلا يصح رضاهم بإسقاطه، ولكن الكفاءة المعتبرة على هذه الرواية هي الكفاءة في الدين فقط.

---

[1] البحر الرائق: ابن نجيم 137/3، رد المحتار: ابن عابدين 85/6، منحة الخالق على البحر الرائق: ابن عابدين 137/3.

- الكفاءة معتبرة من جانب بالنسبة للرجل عندهم في صورتين هما: 1. إذا زوج فاقد الأهلية أو ناقصها غير الأب والجد والابن، أو كان أحدهم، وعرف بسوء الاختيار والتدبير،فإنه يشترط لصحة الزواج الكفاءة، ولا يصح العقد إذا كانت الزوجة غير كفؤ. 2. إذا وكل رجل شخصا بتزويجه امرأة وكالة مطلقة، فإنه يشترط عند الصاحبين أن يزوجه من امرأة كفؤ.

[2] مجموعة التشريعات: الظاهر ص 106، القرارات القضائية: عمرو 361.

[3] قانون الأحوال الشخصية السوري: وزارة العدل ص 26، قانون الأحوال الشخصية السوري: الكويفي ص29.

[4] مشروع قانون الأحوال الشخصية الكويتي.

* أنظر المادة (22) من القانون السوداني، والفصل (14) من مدونة الأحوال الشخصية المغربية، والمادة (21) من مشروع القانون العربي الموحد، والمادة (19) من مشروع القانون الموحد للأحوال الشخصية الخليجي.

[5] مشروع قانون الأحوال الشخصية الإماراتي: وزارة العدل ص 12.

[6] زاد المعاد: ابن قيم الجوزية 118/5، الحاوي: الماوردي 149/11.

المذهب الثاني: ذهب الحنفية[1] إلى أن الكفاءة حق الولي لا حق المرأة، فلو نكحت رجلاً ولم تعلم حاله، فإذا هو عبد لا خيار لها بل للأولياء

المذهب الثالث: ذهب جمهور الفقهاء ـ الشافعية والمالكية والحنابلة في رواية ومتأخري الحنفية[2] ـ إلى أن الكفاءة حق للمرأة والأولياء.

رأي القانون:

اختلفت قوانين الأحوال الشخصية فيمن له حق الكفاءة على النحو التالي:

أولاً: ذهبت معظم القوانين برأي الجمهور القائل بأن حق الكفاءة لكل من المرأة والولي فقد نص القانون السوري[3] في المادة (29) ومشروع القانون الكويتي[4] في المادة (34) ومشروع القانون الإماراتي[5] في (الفقرة أ من المادة 19) والقانون المغربي[6] في الفصل (14) ومشروع القانون العربي[7] في المادة (21) ومشروع القانون الخليجي[8] في المادة (19) على أن: " الكفاءة حق خاص للمرأة والولي ".

ثانياً: أخذت بعض القوانين برأي الحنفية القائل بأن حق الكفاءة خاص بالولي لا المرأة حيث نص القانون السوداني[9] في المادة (22) على أن: " الكفاءة حق لكل واحد من الأولياء ".

---

[1] البحر الرائق: ابن نجيم 137/3، رد المحتار: ابن عابدين 85/6.

[2] مغني المحتاج: الشربيني 164/3، رد المحتار: ابن عابدين 85/6، شرح الخرشي: الخرشي 205/3، رد المحتار: ابن عابدين 85/6، المغني: ابن قدامه 373/7

[3] قانون الأحوال الشخصية السوري: وزارة العدل ص 26، قانون الأحوال الشخصية السوري: الكويفي ص29.

[4] مشروع قانون الأحوال الشخصية الكويتي.

[5] مشروع قانون الأحوال الشخصية الإماراتي: وزارة العدل ص 12.

[6] أحكام الأسرة: ابن معجوز ص352، الوثائق العدلية: العراقي ص 152.

[7] المجلة العربية للفقه والقضاء: الأمانة العامة ص 20.

[8] جريدة الخليج: العدد 6378 ص 11.

[9] قانون الأحوال الشخصية السوداني لسنة 1991: ص 11.

الفرع السادس

لمن يكون حق الكفاءة عند تعدد الأولياء؟

اختلف الفقهاء في حق الكفاءة عند تعدد الأولياء على النحو التالي:

الحالة الأولى: تفاوت الأولياء في الدرجة:

ذهب الحنفية والمالكية والشافعية[1] إلى أنه إذا تفاوت الأولياء في الدرجة، كانت الكفاءة حق الولي الأقرب، كالأب مع الأخ، فإذا زوج الأب بغير كفؤ، فليس لك حق الاعتراض حيث أن رضاه مع وجود الأب لا يعتبر.

وذهب الحنابلة إلى أنه يعتبر رضا كل واحد من الأولياء، فلا يسقط حق الأخ برضا الأب حيث يلحقه العار بفقد الكفاءة.

الحالة الثانية: تساوي الأولياء في الدرجة واختلافهم في قوة القرابة:

ذهب الحنفية والمالكية والشافعية[2] إلى أنه إذا تساوى الأولياء في الدرجة واختلفوا في قوة القرابة كانت الكفاءة للولي الأقرب كالأخوة، فإذا زوج الأخ الشقيق أخته من غير كفؤ، فليس للأخ لأب حق الاعتراض حيث أن رضاه مع وجود الأخ الشقيق لا يعتبر.

وذهب الحنابلة إلى أنه يعتبر رضا كل واحد من الأولياء، فلا يسقط حق الأخ لأب برضا الأخ الشقيق، حيث يلحقه العار بفقد الكفاءة.

الحالة الثالثة: تساوي الأولياء في الدرجة وقوة القرابة:

فقد ذهب الحنفية والمالكية والشافعية في قول والحنابلة في رأي[3] إلى أن رضا الواحد من الأولياء مسقط لحق الآخرين في الاعتراض، واعتبر رضاه رضى منهم جميعاً. لأن حق الاعتراض ـ والذي سببه القرابة ـ حق واحد لا يتجزأ، فإذا أسقطه أحدهم، فكأنما أسقطه الجميع وذلك مثل حق القصاص إذا أسقطه أحد أولياء القتيل لم يكن للآخرين حق المطالبة به.

---

[1] البحر الرائق: ابن نجيم 138/3، مغني المحتاج: الشربيني 164/3، نهاية المحتاج: الرملي 6/ 254، المغني: ابن قدامه 373/7.

[2] البحر الرائق: ابن نجيم 138/3، مغني المحتاج: الشربيني 164/3، نهاية المحتاج: الرملي 6/ 254، المغني: ابن قدامه 373/7.

[3] البحر الرائق: ابن نجيم 138/3، مغني المحتاج: الشربيني 164/3، نهاية المحتاج: الرملي 6/ 254، المغني: ابن قدامه 373/7.

وذهب الإمام أبو يوسف من الحنفية والشافعية في قول والحنابلة في رواية[1] إلى أنه إذا رضي البعض، فإنه لا يسقط حق الباقي في الاعتراض، لأنه حق مشترك لهم جميعاً وذلك قياساً على الدين المشترك، فلو كان هناك عدد من الدائنين لشخص واحد، فأسقط بعضهم حقه في الدين، فالباقي لا تسقط حقوقهم بل تبقى ثابتة.

وقد أجيب عن هذا الاستدلال بأن حق الدين يتجزأ بينما حق الاعتراض على عدم الكفاءة الذي سببه القرابة حق واحد ثابت لا يتجزأ.

رأي القانون:

ذهبت بعض قوانين الأحوال الشخصية إلى أن حق الكفاءة للولي الأقرب في الدرجة فإن تساوت فللأقرب في قوة القرابة، فإن تساوت فرضى أحدهم يسقط حق الباقي، فقد نص القانون الأردني في المادة (9) على أن: " الولي في الزواج هو العصبة بنفسه على الترتيب المنصوص عليه في القول الراجح من مذهب أبي حنيفة ".

وفي المادة (11): على أن " رضاء أحد الأولياء بالخاطب يسقط اعتراض الآخرين إذا كانوا متساوين في الدرجة ورضاء الولي الأبعد عند غياب الولي الأقرب يسقط حق اعتراض الولي الغائب ورضاء الولي دلالة كرضائه صراحة ".

ونص القانون السوداني[2] في المادة (22) على أن: " الكفاءة حق لكل واحد من الأولياء، فإن استوى الأولياء في الدرجة فيكون رضا أحدهم كرضاء الكل ".

والمادة (23) على أن: " يثبت حق الكفاءة للأقرب، إن اختلف الأولياء في الدرجة ".

كما نص مشروع القانون الكويتي[3] في المادة (37) على أن: " الولي في الكفاءة من العصبة هو الأب، فالابن، فالجد العاصب، فالأخ الشقيق، ثم لأب، فالعم الشقيق، ثم لأب ".

ونص مشروع القانون الإماراتي[4] في المادة (31):

" 1. الولي في الكفاءة هو الأب، ثم الجد الصحيح، ثم الأخ الشقيق دون سواهم.

---

[1] البحر الرائق: ابن نجيم 138/3، مغني المحتاج: الشربيني 164/3، نهاية المحتاج: الرملي 6/ 254، المغني: ابن قدامه 373/7.

[2] قانون الأحوال الشخصية السوداني لسنة 1991: ص 10.

[3] قانون الأحوال الشخصية الكويتي.

[4] مشروع قانون الأحوال الشخصية الإماراتي: وزارة العدل ص 12.

2. وليس للأبعد من هؤلاء الأولياء حق الاعتراض على الكفاءة إلا عند عدم الأقرب أو نقص أهليته ".

كما نص القانون السوري في (المادة 21 والفقرة 2 من المادة 22) ومشروع القانون العربي في المادة (14) على أن: " الولي في الزواج هو العاصب بنفسه على ترتيب الإرث،، فإذا استوى وليان في القرب فأيهما تولى الزواج بشروطه جاز ".

الفرع السابع

وقت اعتبار الكفاءة

تعتبر الكفاءة عند إنشاء عقد الزواج، لأنها شرط إنشاء لا شرط بقاء، فإذا كان الزوج كفؤاً للزوجة ثم زالت هـذه الكفاءة، فإن ذلك لا يضر، ولا يؤثر على عقد الزواج لأنه نشأ صحيحاً، فمثلاً لو كان غنياً عند إنشاء العقد، وبعد مرور زمن أصبح فقيراً، فليس لأحد حق الاعتراض، لأن الزوج كان كفؤاً للزوجة عند إنشاء العقد، والإنسان لا يدوم على حال واحـدة، ولا يلحق المرأة عار ببقائها مع زوجها إن تغيرت حاله، بل عليها الصبر والرضا بما قدر اللـه، فإن ذلك من عزم الأمور[1].

رأي القانون:

أخذت قوانين الأحوال الشخصية بما ذهب إليه الفقهاء فقد نص القانون الأردني[2] في المادة (20)، والقانون السوري[3] في المادة (31)، ومشروع القانون الإماراتي[4] في المادة (29) على أن: " الكفاءة تراعى عند العقد، فإذا زالـت بعـده فلا يؤثر ذلك في الزواج ".

ونص القانون السوداني[5] في المادة (20)، ومشروع القانون الكويتي[6] في المـادة (34)، والقـانون المغربي[7] في الفصل (14) ومشروع القانون العربي[8] في (الفقرة ب من المادة 21) على أن: " الكفاءة تعتبر عند ابتداء العقد ".

---

[1] رد المحتار: ابن عابدين 84/3، المغني: ابن قدامه 373/7.

[2] مجموعة التشريعات: الظاهر ص 106 ن القرارات القضائية: عمرو ص 361.

[3] قانون الأحوال الشخصية السوري: وزارة العدل ص 26، قانون الأحوال الشخصية السوري: الكويفي ص29.

[4] مشروع قانون الأحوال الشخصية الإماراتي: وزارة العدل ص 12.

[5] قانون الأحوال الشخصية السوداني لسنة 1991: ص 10.

[6] مشروع القانون الكويتي.

[7] أحكام الأسرة: ابن معجوز ص352، الوثائق العدلية: العراقي ص 152.

[8] المجلة العربية للفقه والقضاء: الأمانة العامة ص 20.

الفرع الثامن

إلى متى يستمر حق الكفاءة؟

ذهب جمهور الفقهاء إلى أن حق الكفاءة لا يسقط بحال من الأحوال، وذهب بعض الحنفية إلى أن حق الكفاءة يسقط بعد الولادة، فلا يحق لأحد من الأولياء طلب فسخ النكاح بسبب عدم كفاءة الزوج رعاية لحق الولد وحرصاً على نسبه، وأقام بعضهم الحبل الظاهر مقام الولادة.

رأي القانون:

أخذ قانون الأحوال الشخصية الأردني[1] في المادة (32)، وقانون الأحوال الشخصية السوري[2] في المادة (30) بالرأي الثاني حيث نص على أن: " للقاضي عند الطلب فسخ الزواج بسبب عدم كفاءة الزوج ما لم تحمل الزوجة من فراشه أما بعد الحمل فلا يفسخ الزواج "

كما أخذ بهذا الرأي قانون الأحوال الشخصية السوداني[3] في المادة (24) حيث نص على أنه: " يجوز للولي الأقرب طلب الفسخ إذا زوجت البالغة العاقلة بغير رضائه من غير كفؤ فإن ظهر بها حمل أو ولدت فيسقط حقه ".

أما مشروع قانون الأحوال الشخصية الكويتي[4]، ومشروع قانون الأحوال الشخصية الإماراتي[5] فقد نص في المادة (39) والمادة (33) على أنه: " يسقط حق الفسخ بحمل الزوجة، أو بسبق الرضا، أو بانقضاء سنة على العلم بالزواج ".

الفرع التاسع

حكم عدم العلم بالكفاءة أو التغرير بها

إذا زوجت المرأة نفسها من رجل، ولم تشترط الكفاءة، ولم تعلم أنه كفؤ أم لا، ثم تبين لها أنه غير كفؤ، فليس لها حق الاعتراض ولا خيار لها، لأنها قصرت في البحث عن كفاءته،

---

[1] مجموعة التشريعات: الظاهر ص 106.

[2] قانون الأحوال الشخصية السوري: وزارة العدل ص 26، قانون الأحوال الشخصية السوري: الكويفي ص29.

[3] قانون الأحوال الشخصية السوداني لسنة 1991: ص 11.

[4] مشروع قانون الأحوال الشخصية الكويتي.

[5] مشروع قانون الأحوال الشخصية الإماراتي: وزارة العدل ص 12.

فاعتبرت راضية ويبقى حق الاعتراض في هذه الحالة للأولياء. أما إذا زوجوها برضاها لرجل دون أن يبحثوا عن كفاءته أو يشترطوها، ثم تبين لهم أنه غير كفؤ، فليس لأحد منهم حق الاعتراض، لأنهم قصروا في البحث عن كفاءته فاعتبروا راضين.

أما إذا اشترطت المرأة أن يكون الرجل كفؤاً أو أخبر الرجل أنه كفؤ، ثم تبين أنه غير كفؤ كان للمرأة أو الولي حق الاعتراض وفسخ الزواج، لأنه يشترط للزوم عقد الزواج أن يكون العقد خالياً من التغرير[1]، ومن صور التغرير إذا تزوج الرجل على أنه ينتسب إلى قوم أو ادعى مكانة اجتماعية، ثم تبين أنه ليس كما ادعى، بل دون ذلك، فلهم حق فسخ العقد، ولم يتطرق الفقهاء إلى التغرير إذا كان من جهة الزوجة وأوليائها. وكذلك إذا تزوج رجل امرأة متدينة على أنه رجل صاحب دين وتقوى وورع لا يشرب الخمر، ثم تبين أنه مدمن خمر كان للزوجة وولي أمرها حق طلب فسخ العقد لما فيه من تغرير نفى عن هذا العقد صفة الرضائية التامة.

أما إذا كان التغرير من جهة الزوجة فقد ذهب متأخروا الحنفية[2] إلى أنه ليس للزوج حق فسخ العقد، وإني أرى بأن للزوج حق الفسخ لما فيه من تغرير نفى أن يكون بين العاقدين رضاً حقيقي، ومن صور تغرير المرأة بالرجل أن يتزوج الرجل المرأة على أنها خالية من أية أمراض، ثم يتبين أنها مصابة بمرض معين لا شفاء له، فللزوج في هذه الحالة حق فسخ العقد. وكذلك أن يتزوج الرجل المرأة على أنها صاحبة دين وتقوى، ثم يتبين له أنها لا تصلي أبداً، فله الحق في فسخ عقد الزواج.

رأي القانون:

أخذت قوانين الأحوال الشخصية بما ذهب إليه الفقهاء في حالة ما إذا كان التغرير من جهة الزوج، ولم يتطرقوا لحالة ما إذا كان التغرير من جهة الزوجة وأوليائها، ومن ذلك:

أولاً: القانون الأردني[3] حيث نص في المادة (21) على أنه: " إذا زوج الولي البكر أو الثيب برضاها لرجل لا يعلمان كلاهما كفاءته ثم تبين أنه غير كفؤ فلا يبقى لأحد منهما حق الاعتراض، أما إذا اشترطت الكفاءة حين العقد أو أخبر الزوج أنه كفؤ ثم تبين أنه غير كفؤ

---

[1] الاختيار: الموصلي 100/3، البحر الرائق: ابن نجيم 138/3، رد المحتار: ابن عابدين 85/3ـ86.

[2] رد المحتار: ابن عابدين 85/3ـ86.

[3] مجموعة التشريعات: الظاهر ص 106.

فلكل من الزوجة والولي مراجعة القاضي لفسخ الزواج، أما إذا كان كفؤا حين الخصومة فلا يحق لأحد طلب الفسخ ".

ثانياً: القانون السوري[1] حيث نص في المادة (32) على أنه: "إذ اشترطت الكفاءة حين العقد أو أخبر الزوج أنه كفؤ ثم تبين أنه غير كفؤ كان لكل من الولي والزوجة طلب فسخ العقد".

ثالثاً: مشروع القانون الإماراتي[2] حيث نص في المادة (32) على أنه: " إذا ادعى الرجل الكفاءة أو اصطنع ما يوهم بها أو اشترطت الكفاءة في العقد ثم ظهر بعد ذلك أنه غير كفؤ فلكل من الزوجة ووليها حق طلب الفسخ ".

أما بقية القوانين، فلم تنص على ذلك في موادها، والذي أراه أنها أخذت برأي الفقهاء أثناء التطبيق في المحاكم.

المطلب الثاني

مهر المثل

اختلف الفقهاء في اعتبار مهر المثل من شرائط اللزوم، ومن له حق الاعتراض في حالتين هما:

الحالة الأولى: حق الزوجة في الاعتراض إذا زوجها الأولياء بأقل من مهر المثل، فقد اختلف الفقهاء في هذه الحالة على النحو التالي:

المذهب الأول: ذهب الشافعية وصاحبا أبي حنيفة[3] إلى أن أنه ليس للولي وإن كان أباً أن يزوجها بأقل من مهر المثل، فإن زوجها بأقل من مهر المثل كان لها حق الاعتراض، لأن ذلك تفريط في حقها.

المذهب الثاني: ذهب جمهور الفقهاء[4] ـ الإمام أبو حنيفة والمالكية والحنابلة ـ إلى أن للأب دون سائر الأولياء أن يزوجها بأقل من مهر المثل، وزاد أبو حنيفة الجد أيضاً، فقد روى

---

[1] قانون الأحوال الشخصية السوري: وزارة العدل ص 26، قانون الأحوال الشخصية السوري: الكويفي ص29.

[2] مشروع القانون الإماراتي: وزارة العدل ص 12.

[3] الاختيار: الموصلي 97/3، الهداية: المرغيناني 202/1، البحر الرائق: ابن نجيم 144/3.

[4] الاختيار: الموصلي 97/3، البحر الرائق: ابن نجيم 144/3، الهداية: المرغيناني 202/1، بداية المجتهد: ابن رشد 16/2.

أبو الجعفاء عن عمر بن الخطاب أنه قال: " ألا لا تغالوا صَدُقَة النساء، فإنها لو كانت مَكْرُمة في الدنيا أو تقوى عند الله، لكان أولاكم بها نبي الله صلى الله عليه وسلم ، ما علمت رسول الله صلى الله عليه وسلم نكح شيئاً من نسائه، ولا أنكح شيئاً من بناته على أكثر من ثنتي عشرة أوقية "[1]. ولأن شفقة الأب تمنعه من أن ينقصها صداقها إلا لمقصود أفضل، فلا ينبغي أن يمنع من ذلك.

الحالة الثانية: حق الأولياء في الاعتراض إذا زوجت نفسها من كفؤ بأقل من مهر المثل، فقد اختلف الفقهاء هذه الحالة على النحو التالي:

المذهب الأول: ذهب الشافعية والحنابلة وصاحبا أبي حنيفة[2] إلى أنه ليس للولي حق الاعتراض إذا زوجت نفسها بأقل من مهر المثل وذلك لأن المهر خالص حقها، فلم يكن لهم حق الاعتراض عليها كأجرة بيتها، ولأن لها إسقاط المهر كله بعد وجوبه فإسقاط بعضه أولى.

المذهب الثاني: ذهب الإمام أبو حنيفة[3] إلى أن للولي منع المرأة من الزواج إذا زوجت نفسها بأقل من مهر مثلها، لأنه يلحقهم العار في ذلك، كما أن فيه ضرر على نساء قومها لنقصان مهر مثلهن.

رأي القانون:

أخذ القانون الأردني والإماراتي[4] بما ذهب إليه الجمهور، فلم يعتبرا مهر المثل من شرائط اللزوم حيث نصت المادة (22) من القانون الأردني على أنه: " إذا نفت البكر أو الثيب التي بلغت الثامنة عشرة من عمرها وجود ولي وزوجت نفسها من آخر ثم ظهر لها ولي ينظر: فإذا زوجت نفسها من كفؤ لزم العقد ولو كان المهر دون مهر المثل، وإن زوجت نفسها من غير كفؤ فللولي مراجعة القاضي بطلب فسخ النكاح ".

كما نص مشروع القانون الإماراتي في المادة (34) على أنه: " ليس للولي طلب الفسخ لنقصان المهر عن مهر المثل ".

---

[1] سنن الترمذي: الترمذي: 361/2، سنن أبي داود: أبي داود 325/2 واللفظ للترمذي. قال الترمذي هذا حديث حسن صحيح.

[2] الاختيار: الموصلي 97/3، البحر الرائق: ابن نجيم 144/3، الهداية: المرغيناني 202/1، بداية المجتهد: ابن رشد 16/2.

[3] الاختيار: الموصلي 97/3، البحر الرائق: ابن نجيم 144/3، منحة الخالق: ابن عابدين 144/3،137، الهداية: المرغيناني 202/1.

[4] مجموعة التشريعات: الظاهر ص 106، مشروع القانون الإماراتي: وزارة العدل ص 12.

المطلب الثالث

تزويج فاقد الأهلية أو ناقصها[1]

لا خلاف بين عامة الفقهاء[2] ـ باستثناء ما روي عن ابن شبرمة وأبي بكر الأصم بأنه لا يجوز تزويج الصغير والصغيرة مطلقاً ـ في أنه لا يزوج الصغير أو الصغيرة إلا الأب أو الجد أو وصي الأب في التزويج، وولايتهم ولاية إجبار، فلا يثبت للصغيرين خيار البلوغ. وقد اختلفوا في تزويج غير الأب والجد للصغير أو الصغيرة، فذهب جمهورهم إلى أنه لا يجوز لغيرهم تزويج الصغير والصغيرة، وذهب الحنفية إلى أنه يجوز لغير الأب أو الجد تزويج الصغير أو الصغيرة، وقد اختلف الحنفية في حالة تزويج غير الأب والجد الصغير أو الصغيرة بأن لهما خيار الفسخ أم لا ـ والذي يسمى بخيار البلوغ ـ على النحو التالي:

المذهب الأول: ذهب الإمام أبو حنيفة ومحمد بن الحسن[3] إلى أنه إذا زوج الصغير أو الصغيرة غير الأب أو الجد، كأن يزوجه أخاه أو عمه لا يلزم النكاح، بل يثبت لهما الخيار بعد البلوغ. فإذا بلغ الصغير والصغيرة سن البلوغ ولم يظهر أحدهما أي اعتراض على الزواج أو صدر منه ما يفيد الرضا بما تم يعتبر العقد لازماً، ولا يجوز فيما بعد.

المذهب الثاني: ذهب الإمام أبو يوسف[4] إلى أنه ليس للصغير أو الصغيرة خيار البلوغ ولو كان المزوج لهما غير الأب أو الجد من الأولياء، وعلى ذلك يكون عقد النكاح لازماً عنده.

رأي القانون:

أخذت قوانين الأحوال الشخصية ومنها ـ القانون الأردني[5] والقانون التونسي[6] والقانون السوري[7] والقانون المغربي[8] المغربي[8] ومشروع القانون العربي[1] ومشروع القانون الإماراتي[2] ومشروع

---

[1] سيتم بحث المسألة في الولاية.

[2] البحر الرائق: ابن نجيم 126/3 الهداية: المرغيناني 198/3، بداية المجتهد: القرطبي 6/2ـ7، شرح الخرشي: الخرشي 177ـ178، مغني المحتاج: الشربيني 160/3، المغني: ابن قدامه 379/7 وما بعدها.

[3] الهداية: المرغيناني 198/2.

[4] الهداية: المرغيناني 198/2.

[5] أنظر المادة (5) من القانون الأردني.

[6] أنظر الفصل (5،6) من مجلة الأحوال الشخصية التونسية.

[7] أنظر المادة (15،16) من القانون السوري.

[8] أنظر الفصل (6،8) من مدونة الأحوال الشخصية المغربية.

القانون الخليجي[3] - برأي ابن شبرمة وأبي بكر الأصم في عدم زواج الصغير والصغيرة مطلقاً، لذلك لم تتعرض لذكر هذا الشرط مطلقاً لعدم الحاجة إليه.

المطلب الرابع

خلو الزوجين من العيوب

ذكر بعض الفقهاء أن من شرائط اللزوم أن يكون الزوجان خاليين من العيوب التي لا يمكن أن يتحقق الغرض من عقد الزواج مع وجودها، ففي هذه الحالة يجوز للزوج السليم طلب فسخ الزواج وفق الضوابط والقواعد التي وضعها الفقهاء.

وقد بينا أن بعض الفقهاء اعتبرها من صفات الكفاءة، والبعض الآخر اعتبرها من العلل الموجبة لفسخ عقد الزواج، وسوف يتم بحثها بالتفصيل عند الحديث عن العلل الموجبة لفسخ عقد الزواج.

---

[1] أنظر المادة (12) منم مشروع القانون العربي.
[2] أنظر المادة (20) من مشروع القانون الإماراتي.
[3] أنظر المادة (9،10) من مشروع القانون الخليجي.

المبحث الثاني

شرائط النفاذ

عقد الزواج كغيره من العقود إذا توافرت فيه شرائط الانعقاد والصحة، فإنه يشترط لنفاذه الأهلية الكاملة فيمن يتولى إنشاءه، فإذا كان الذي تولى عقد الزواج كامل الأهلية وعقد لنفسه فعقده صحيح نافذ، وكذلك إذا عقد لمـن هـو في ولايته، أو من وكله في إنشاء العقد، ففي هذه الأحوال له ولاية الإنشاء، بالأصالة عـن نفسـه في الحالة الأولى، وبالولاية الشرعية في الحالة الثانية، وبالوكالة في الحالة الثالثة.

وإذا لم يكن للعاقد ولاية الإنشاء، إما لأنه ليس كامل الأهلية، أو لأنه كامل الأهلية، ولكن عقد لغيره من غير إنابة بحكم الشرع أو توكيل صاحب العلاقة، فإن العقد لا يكون نافذاً، بل يبقى موقوفاً على إجازة صاحب الشأن، ولذلك يشترط لنفاذ عقد الزواج أن يكون العاقد بالغاً عاقلاً، يعقد لنفسه، أو لمن هو في ولايته، أو لمن وكله، فإذا كان العاقد ناقص الأهلية فعقده موقوف، وكذلك إذا عقد كامل الأهلية عن غيره بغير إنابة يكون فضولياً، ويكون عقده موقوفاً على إجازة غيره، وهذا ما سنبحثه فيما يلي:

المطلب الأول

إنشاء عقد الزواج أصالة

يشترط فيمن يتولى عقد الزواج أن يكون متمتعاً بالصفات التي تسوغ له شرعاً مباشرة العقد، حيث لا خلاف بين الفقهاء في أن عقد عديم الأهلية كالصغير والصغيرة وكذلك المجنون والمجنونة لا أثر له لبطلان جميع تصرفاته، أما إذا عقد الصغير المميز والصغيرة المميزة نكاحه بنفسه، فإنه يبقى موقوفاً على إجازة الولي.

كما أن للرجل العاقل البالغ أن يزوج نفسه بمن أراد من النساء ممن تحل له شرعاً دون اعتراض مـن أحـد، ودون تقييد بمهر المثل والكفاءة، فيصح زواجه بأكثر من مهر المثل، كما يصح زواجه من امرأة دونه كفاءة.

أما المرأة البالغة العاقلة، فهل النكاح يصح بعبارتها أم لا؟ هذه المسألة مبنية على مسألة أخرى وهي: هل الـولي شرط في صحة عقد النكاح أم لا؟.

اختلف الفقهاء في حكم عقد النكاح دون ولي على ثلاثة مذاهب:

المذهب الأول: ذهب جمهور الفقهاء[1] ـ الشافعية والمالكية والحنابلة والظاهرية ـ إلى أن النكاح لا يصح إلا بولي، فإن زوجت المرأة نفسها دون إذن وليها كان زواجها باطلاً، وفي نقض عقد النكاح إن حكم به حاكم وجهان عند الشافعية والحنابلة: الأول: لا ينقض حكمه وهو الصحيح، لأنه مختلف في اشتراط الولي، والثاني: ينقض لأنه مخالف للنص ولا يجب عليه الحد إن وطئها قبل نقضه، ولها مهر المثل لشبهة الخلاف في صحة النكاح[2].

وقد استدلوا على ذلك بما يلي:

أولاً: القرآن الكريم:

1. قال الله تعالى: ﴿ فلا تعضلوهن أن ينكحن أزواجهن﴾[3] هذا خطاب للأولياء، فلو لم يكن لهم حق في الولاية لما نهوا عن العضل، قال الشافعي: هي أصرح آية في اعتبار الولي، وإلا لما كان لعضله معنى[4].

2. قال الله تعالى: ﴿ ولا تنكحوا المشركين حتى يؤمنوا ﴾[5]، وهذا خطاب للأولياء أيضاً.

3. قال الله تعالى: ﴿ وأنكحوا الآيامى منكم والصالحين من عبادكم وإمائكم﴾[6]، أسند الله تعالى في هذه الآية النكاح للأولياء فدل على أن الذي يتولى عقد النكاح إنما هو الولي.

ثانياً: السنة النبوية:

1. عن عائشة ـ رضي الله عنها ـ أن رسول الله صلى الله عليه وسلم قال:﴿ أيما امرأة نُكِحَت بغير إذن وليها، فنكاحها باطل، فنكاحها باطل، فنكاحها باطل، فإن دخل بها فلها المهر بما استحل من

---

[1] بداية المجتهد: ابن رشد 8/2، إتحاف السادة المتقين: الزبيدي 324/5، الإقناع: الشربيني 122/2، مغني المحتاج: الشربيني 147/3، العدة: المقدسي 354، زاد المعاد: ابن قيم الجوزية 75/5، المغني: ابن قدامه337/7، الهداية: المرغيناني 196/1، المحلى: ابن حزم 25/9.

[2] مغني المحتاج: الشربيني 147/3، نهاية المحتاج: الرملي 225/6، المغني: ابن قدامه 366/7ـ367.

[3] سورة البقرة: آية 232.

[4] مغني المحتاج: الشربيني 147/3.

[5] سورة البقرة: آية 221.

[6] سورة النور: آية 32.

فرجها، فإن اشتجروا فالسلطان ولي من لا ولي له ﴾[1]، فدل على أن الذي يتولى النكاح هو الولي.

2. عن أبي هريرة رضي الله عنه عن النبي صلى الله عليه وسلم أنه قال:﴿ لا تزوج المرأة المرأة ولا تزوج المرأة نفسها، فإن الزانية هي التي تزوج نفسها﴾[2]، يدل الحديث على أن المرأة ليس لها ولاية في الإنكاح لنفسها ولا لغيرها، فلا عبارة لها في النكاح إيجاباً وقبولاً، فلا تزوج نفسها بإذن الولي ولا غيره، ولا تزوج غيرها بولاية ولا بوكالة، ولا تقبل النكاح بولاية ولا وكالة.

ثالثاً: المأثور:

1. عن عكرمة بن خالد قال: " جمعت الطريق ركبا فجعلت امرأة أمرها بيد رجل غير ولي فأنكحها، فبلغ ذلك عمر فجلد الناكح والمنكح ورد نكاحها "[3].

2. عن الشعبي قال: " ما كان أحد من أصحاب النبي صلى الله عليه وسلم أشد في النكاح بغير ولي من علي كان يضرب فيه "[4].

رابعاً: المعقول:

لأن المرأة سريعة الاغترار، تخدع بالمظاهر، وتغلب عليها العاطفة، فإذا أساءت الاختيار تعدت الإساءة إلى الأهل والأقارب بخلاف تصرفها في الأموال، فإن النفوس تضن به وتحرص عليه، والضرر في فقد الأموال محتمل لا عار فيه، بخلاف الضرر في إساءة اختيار الزوج، فإن فيه الفضيحة والشقاء والعناء لأهل الزوجة وأوليائها[5].

وقد أجيب عن هذه الأدلة بما يلي[6]:

---

[1] سنن أبي داود: أبي داود 229/2، سنن الترمذي: الترمذي 352/2 واللفظ له، وقال هذا حديث حسن، نيل الأوطار: الشوكاني 249/6.
[2] السنن الكبرى: البيهقي 110/7، سبل السلام: الصنعاني 120/3.
[3] نيل الأوطار: الشوكاني 150/6.
[4] نيل الأوطار: الشوكاني 150/6.
[5] شرح قانون الأحوال الشخصية الأردني: السرطاوي ص 51.
[6] بداية المجتهد: ابن رشد 9/2، الحاوي: الماوردي 59/11.

أولاً: القرآن الكريم:

1. إن الاستدلال بقول الله تعالى: ﴿ فلا تعضلوهن أن ينكحن أزواجهن ﴾[1]، فليس فيه أكثر من نهي قرابة المرأة وعصبتها من أن يمنعوها النكاح، وليس نهيهم عن العضل مما يفهم منه اشتراط إذنهم في صحة العقد لا حقيقة ولا مجازاً.

2. أما الاستدلال بقول الله تعالى: ﴿ ولا تنكحوا المشركين حتى يؤمنوا ﴾[2]، فهو خطاب لأولي الأمر من المسلمين أو لجميع المسلمين، وليس خطاباً للأولياء في الزواج، فإن قيل إن هذا عام فيشمل ذوي الأمر والأولياء: أجيب بأن هذا الخطاب بالمنع من التزويج فيستوي فيه الأولياء وغيرهم فكما أن غير الأولياء لا يعتبر إذنهم شرطاً في صحة الزواج، فكذلك الأولياء لأن المنع متوجه إلى الأولياء، ولو سلمنا أن الخطاب في الآية متوجه للأولياء، ويفيد اشتراط إذنهم في صحة النكاح لكان مجملاً لا يصح به عمل لأنه ليس فيه ذكر أصناف الأولياء ولا مراتبهم، والبيان لا يجوز تأخيره عن وقت الحاجة، ولو كان في هذا شرع معروف لنقل تواتراً، أو قريباً من التواتر، لأن هذا مما تعم به البلوى.

ثانيا: السنة النبوية:

إن الاستدلال بحديث عائشة يجاب عليه بأنه حديث ضعيف، وذلك لأنه رواه جماعة عن أبي جريج عن الزهري، وحكى ابن علية عن ابن جريج أنه سأل الزهري عنه فلم يعرفه، ولو سلمنا صحة الحديث، فليس فيه إلا اشتراط إذن الولي لمن لها ولي، ولو سلمنا أنه عام في كل امرأة فيه دليل على ما يدعيه أصحاب المذهب الأول، بل الحديث يدل على جواز عقدها على نفسها إن أذن وليها.

ثالثاً: المعقول:

يجاب عن الاستدلال بأن المرأة قد تنخدع بالمظاهر، وتغلب عليها العاطفة فتسيء الاختيار، وينعكس ذلك على الأولياء، بأن من النساء قد تكون بحكم ثقافتها وعلمها وتجاربها ما يجعلها أكثر يقظة من وليها في مثل هذا الأمر الخطير. بل إن بعض الأولياء قد ينخدع بمعسول الكلام والمظهر العام ولا يحسن الاختيار لقلة خبرته وتجاربه، مما يسيء للمرأة وللأسرة.

---

[1] سورة البقرة: آية 232.

[2] سورة البقرة: آية 221.

المذهب الثاني: ذهب أبو حنيفة وزفر والحسن وأبو يوسف في ظاهر الرواية[1] إلى أن للمرأة البالغة العاقلة أن تزوج نفسها وغيرها، وفي رواية عن أبي يوسف أنه لا ينعقد إلا بولي.

وقد استدلوا على ذلك بما يلي:

أولاً: القرآن الكريم:

1. قال الله تعالى: ﴿ وإذا طلقتم النساء فبلغن أجلهن فلا تعضلوهن أن ينكحن أزواجهن ﴾[2] أضيف النكاح في هذه الآية إلى النساء، ونهى عن منعهن منه.

2. قال الله تعالى: ﴿ فإن طلقها فلا تحل له من بعد حتى تنكح زوجاً غيره﴾[3]، أسند الله تعالى النكاح في هذه الآية إلى المرأة، فدل على أن لها إنشاء عقد النكاح من غير موافقة الولي.

3. قال الله تعالى: ﴿ فلا جناح عليكم فيما فعلن في أنفسهن بالمعروف﴾[4]، أضاف الله تعالى الفعل في هذه الآية إلى النساء، فدل على صحة عبارتهن ونفاذها، فإذا زوجت نفسها من كفؤ وبمهر المثل فقد فعلت في نفسها بالمعروف، فلا جناح على الأولياء في ذلك.

ثانياً: السنة النبوية:

عن ابن عباس ﴿ أن فتاة جاءت إلى النبي صلى الله عليه وسلم فقالت يا نبي الله: إن أبي زوجني من ابن أخيه ليرفع بي خسيسته، وأنا له كارهة، فقال: أجيزي ما صنع أبوك، فقالت: لا رغبة لي فيما صنع أبي، قال اذهبي فانكحي من شئت، فقالت لا رغبة لي بما صنع أبي يا رسول الله، ولكني أردت أن أعلم النساء أن ليس للآباء من أمور بناتهم شيء﴾[5].

ثالثاً: المعقول:

لأن النكاح خالص حقها، وهي من أهل المباشرة، فصح منها كبيع مالها[6].

---

[1] البحر الرائق: ابن نجيم 117/3، الهداية: المرغيناني 196/1.
[2] سورة البقرة: آية 232.
[3] سورة البقرة: آية 230.
[4] سورة البقرة: آية 234.
[5] السنن الكبرى: البيهقي 117/7.
[6] الاختيار: الموصلي 91/3.

وقد أجيب عن هذه الأدلة بما يلي:

أولاً: القرآن الكريم:

1. إن الاستدلال بقول الله تعالى: ﴿ وإذا طلقتم النساء فبلغن أجلهن فلا تعضلوهن أن ينكحن أزواجهن ﴾[1]، يجاب عنه بأنه لو جاز لهن التفرد بالعقد، لما أثر عقد الأولياء، ولما توجه إليهم نهيه.

2. أما الاستدلال بقول الله تعالى: ﴿ فلا جناح عليكم فيما فعلن في أنفسهن بالمعروف ﴾[2]، فيجاب عنه بأن المفهوم منه النهي عن التثريب عليهن فيما استبددن بفعله دون أوليائهن، وليس هاهنا شيء يمكن أن تستبد به المرأة دون الولي إلا عقد النكاح.

وللولي في هذه الحالة حق فسخ النكاح. كما أن إضافة النكاح إليهن ليس فيه دليل على اختصاصهن بالعقد.

ثانياً: المعقول:

إن الاستدلال بأن المرأة تتصرف بكامل حقها، أمر غير مسلم به تماماً، لأن عقد النكاح لا يقاس على بقية العقود المالية نظراً لأهميته وقدسيته وآثاره البعيدة، إذ لا يقتصر أثره على العاقدين فقط بل يتعداهما ليشمل جميع أفراد أسرتيهما، لذلك لا بد من أن يكون الولي والذي يمثل الأسرة موافقاً على هذا العقد.. بالإضافة إلى أن انفراد المرأة دون إذن وليها لا يتناسب مع أعرافنا وتقاليدنا فهو أمر غير مقبول.

المذهب الثالث: ذهب محمد بن الحسن[3] إلى أن لها أن تزوج نفسها من غير إذن وليها، ويكون النكاح موقوفاً على إجازة الولي، فإن أجازه وإلا فلا، لأن الخلل يرتفع بإجازة الولي.

المذهب الرابع: ذهب داود الظاهري[4] إلى التفريق بين البكر والثيب، فقال باشتراط الولي في البكر، وعدم اشتراطه اشتراطه في الثيب.

وقد استدل على ذلك بما يلي:

---

[1] سورة البقرة: آية 232.
[2] سورة البقرة: آية 234.
[3] الاختيار: الموصلي، 90/3، الهداية: المرغيناني 196/1.
[4] بداية المجتهد: 9/2، الحاوي: الماوردي 66/11.

1. عن ابن عباس عن الرسول **صلى الله عليه وسلم** أنه قال:﴿ الأيم أحق بنفسها من وليها، والبكر تستأذن في نفسها وإذنها صماتها﴾[1].

2. إن الثيب خبرت الرجال، فاكتفت بخبرتها عن اختيار وليها، والبكر لم تختبر فافتقرت إلى اختيار وليها.

وقد أجيب عن الاستدلال بأنه فرق فاسد، وذلك لأن خبرة الثيب بالرجال تبعثها على فرط الشهوة في وضع نفسها فيمن قويت شهوتها، والبكر لعدم الخبرة أقل شهوة، فكانت لنفسها أحفظ، على أن الشهوة مركوزة في طباع النساء قال النبي (**صلى الله عليه وسلم**)خلقت المرأة من الرجل فهمها في الرجل ﴾، فغلب حكم الشهوة فيهن جميعهن ثيباً وأبكاراً حتى منعهن من العقد إلا بولي يحتاط، لئلا تغلبها فرط الشهوة على وضع نفسها في غير كفؤ، فتدخل به العار على أهلها[2].

المذهب الخامس: ذهب الإمام مالك في رواية[3] إلى التفريق بين الشريفة والدنيئة، بأنه يجوز للدنيئة أن تزوج نفسها دون ولي، وأن تستخلف رجلاً من الناس على تزويجها، أما الشريفة فيشترط لها إذن الولي، وإن زوجت نفسها دون إذنه بقي العقد موقوفاً على إجازته ودليله إن الولي يراد لحفظ المرأة أن تضع نفسها في غير كفؤ، والدنيئة مكافئة لكل الأدنياء، فلم يبق لوليها نظر، واحتياط في طلب الأكفاء، فجاز عقدها بغير ولي، ولم يجز عقد الشريفة إلا بولي.

وقد أجيب عن الاستدلال بأنه قول غير صحيح، لأنه ليس من دنية إلا وقد يجوز أن يكون في الرجال من هو أدنى منها، فاحتيج إلى احتياط الولي فيها، ثم لو قلب عليه فرقه فقيل: الشريفة يمنعها أصلها من وضع نفسها في غير كفؤ، فلم تحتج إلى احتياط الولي، والدنية يدفعها لؤم أصلها على وضع نفسها في غير كفؤ، لكان مساويا لقوله، فوجب إسقاط الفرق بينهما.

كما أن هذا الفرق بينهما لم يكن مانعاً من استوائهما في الشهادة، فكذلك ليس مانعاً من استوائهما في الولي، خاصة وأن النصوص التي جاءت في الولي عامة لا تخص بمثل هذا الفرق[4].

[1] صحيح مسلم: مسلم 220/5.

[2] الحاوي: الماوردي، 66/11.

[3] بداية المجتهد: ابن رشد 9/2، الحاوي: الماوردي 66/11، المحلى: ابن حزم 33/9.

[4] الحاوي: الماوردي 66/11.

الترجيح:

الرأي الذي نميل إليه هو أن الولي ليس شرطاً لصحة عقد الزواج، ولكن لا بد من استئذانه وموافقته دفعاً للضرر، وجمعاً بين النصوص التي تصحح العقد من غير ولي، وبين النصوص التي تطلب موافقته، خاصة وأنه ليس هناك نصاً صريحاً يرجح أحد الآراء على غيره فقد جاء في بداية المجتهد قوله: " وسبب اختلافهم أنه لم تأت آية ولا سنة هي ظاهرة في اشتراط الولاية في النكاح فضلاً عن أن يكون في ذلك نص، بل الآيات والسنن التي جرت العادة بالاحتجاج بها عند من يشترطها هي كلها محتملة، وكذلك الآيات والسنن التي يحتج بها من يشترط إسقاطها هي أيضاً محتملة في ذلك "[1].

مسألة: ما حكم عقد النكاح بعبارة النساء؟

بناء على ما تقدم من خلاف الفقهاء في اشتراط الولي ينبني الحكم في صحة عقد النكاح بعبارة النساء، لذلك اختلف الفقهاء في هذه المسألة

المذهب الأول: ذهب جمهور الفقهاء[2] إلى أنه لا يصح عقد النكاح بعبارة النساء، لأن إنشاء العقد من حق الأولياء، كما أن النكاح يراد لمقاصده، والتفويض إليهن مخل بها، بالإضافة إلى ذلك فإن في منعها صيانة لها عن مباشرة ما يشعر بوقاحتها ورعونتها وميلها إلى الرجال، وذلك ينافي حال أهل الصيانة والمروءة[3].

المذهب الثاني: ذهب أبو حنيفة[4] إلى أنه يصح عقد النكاح بعبارة النساء ما دامت تملكه من غير موافقة الولي.

المذهب الثالث: ذهب الحنابلة في رواية محمد بن الحسن وأبو ثور[5] إلى أنه يصح عقد النكاح بعبارة النساء، ولكنه يكون موقوفاً على إجازة الولي.

الترجيح:

الرأي الذي نميل إليه ونرجحه هو أن للمرأة الحق في إنشاء عقد الزواج على أن يكون ذلك بموافقة الولي، لما لها من أهلية التصرف فإذا باشرت عقد الزواج بنفسها، فإن هذا العقد

---

[1] بداية المجتهد: ابن رشد 9/2.

[2] بداية المجتهد: 10/2، إتحاف السادة المتقين: الزبيدي 324/5، الهداية: المرغيناني 196/2.

[3] المغني: ابن قدامه 339/7.

[4] الهداية: المرغيناني 196/2.

[5] الهداية: المرغيناني 196/2، المغني: ابن قدامه 338/7، الحاوي: الماوردي 58/11.

يبقى موقوفاً على إجازة الولي، لما يلحقه من ضرر وعار إن أساءت الاختيار، فإن زوجت نفسها من كفؤ وبمهر المثل، وامتنع الزوج عن الموافقة، فإن الأمر يرفع للقاضي ليقوم برفع الظلم.

رأي القانون:

أخذت بعض قوانين الأحوال الشخصية برأي الإمام أبي حنيفة ومنها القانون الأردني حيث نص في المادة (13) على أنه: " لا تشترط موافقة الولي في زواج المرأة الثيب العاقلة المتجاوزة من العمر ثمانية عشر عاماً ".

كما نص في المادة (22) على أنه: " إذا نفت البكر أو الثيب التي بلغت الثامنة عشرة من عمرها وجود ولي لها وزوجت نفسها من آخر ثم ظهر لها ولي ينظر، فإذا زوجت نفسها من كفؤ لزم العقد ولو كان المهر دون مهر المثل، وإن زوجت نفسها من غير كفؤ، فللولي مراجعة القاضي بطلب فسخ النكاح "[1].

والقانون السوري في المادة (20) على أن: " الكبيرة التي أتمت السابعة عشرة إذا أرادت الزواج بطلب القاضي من وليها بيان رأيه خلال مدة يحددها له، فإذا لم يعترض أو كان اعتراضه غير جدير بالاعتبار يأذن القاضي بزواجها بشرط الكفاءة "[2].

كما يفهم من القانون التونسي[3] أنه يصح عقد النكاح بعبارة النساء حيث نص في الفصل (5) على أن: " كل من الزوجين لم يبلغ عشرين سنة كاملة من الرجال وسبع عشرة سنة كاملة سن النساء لا يمكنه أن يبرم عقد زواج ".

أما القانون السوداني[4] فقد أخذ برأي الجمهور القائل بأنه لا يصح للمرأة أن تباشر عقد الزواج بنفسها، ولكن يشترط قبولها ورضاءها حيث نص في المادة (34) على أنه:

"1. يزوج البالغ وليها بإذنها ورضاءها...

2. يلزم قبول البكر البالغ صراحة أو دلالة إذا عقد عليها وليها بغير إذنها ثم أخبرها بالعقد ".

---

[1] مجموعة التشريعات: الظاهر 104،106.

[2] قانون الأحوال الشخصية السوري المعدل: وزارة العدل 25، قانون الأحوال الشخصية السوري: الكويفي 28.

[3] مجلة الأحوال الشخصية التونسية.

[4] قانون الأحوال الشخصية السوداني لسنة 1991: ص 15.

وكذلك فإن القانون المغربي[1] أخذ برأي الجمهور حيث نص في الفقرة 2 من الفصل(12) على أنه: " لا تباشر المرأة العقد بنفسها، ولكن تفوض لوليها أن يعقد عليها ".

كما أخذ بهذا الرأي القانون الكويتي[2] كما يظهر من نص المادة (30) حيث جاء فيها: "الثيب أو من بلغت الخامسة والعشرين من عمرها، الرأي لها في زواجها، ولكن لا تباشر العقد بنفسها، بل ذلك لوليها ". ويفهم من نص المادة أن البكر البالغة والتي هي دون الخامسة والعشرين من العمر لا تباشر العقد بنفسها أيضاً.

بينما أخذ مشروع القانون الإماراتي[3] برأي محمد بن الحسن ومن معه حيت نص في المادة (24) على أنه:

"1. يشترط اجتماع رأي الولي والمولى عليها.

2. وإذا باشرت الفتاة العقد بعد رضا الولي صح العقد، وإذا انفرد أحدهما بالعقد قبل رضا الآخر كان موقوفاً على إجازته ".

المطلب الثاني

إنشاء عقد الزواج وكالة

الفرع الأول

تعريف الوكالة في الزواج

أولاً: الوكالة لغة: التفويض.

ثانياً: الوكالة شرعاً: تفويض التصرف في أمره إلى غيره وإقامته مقامه[4].

الوكالة في الزواج: تفويض شخص آخر في التصرف في عقد الزواج.

---

[1] الوثائق العدلية: العراقي ص 125، أحكام الأسرة ص 352.

[2] قانون الأحوال الشخصية الكويتي.

[3] مشروع قانون الأحوال الشخصية الإماراتي: وزارة العدل ص 9.

[4] الأحوال الشخصية الأردني "عقد الزواج وآثاره ": السرطاوي ص 54

الفرع الثاني

حكم الوكالة في الزواج

من القواعد العامة المقررة أن من ملك تصرفاً أو إجراء عقد ما ملك التوكيل فيه إن كان في ذاته يقبل التفويض، وعقد الزواج من العقود التي تقبل الإنابة، لذلك لم يختلف أحد من الفقهاء في أن الوكالة في الزواج جائزة إلا ما روي عن أبي ثور[1]، فكل من يجوز له أن يعقد النكاح بنفسه يجوز أن يوكل فيه، فالمرأة المجبرة لا يجوز توكيلها في الزواج على رأي الجمهور، ويجوز توكيل المرأة البالغة العاقلة بكراً كانت أو ثيباً عند الحنفية، لأنه ليس عليها ولاية إجبار.

وقد استدلوا على ذلك بما يلي[2]:

1. وكل الرسول صلى الله عليه وسلم عمرو بن أمية الضمري في تزويجه أم حبيبة بنت أبي سفيان بأرض الحبشة، فأصدقها النجاشي أربعمائة دينار.
2. وكل الرسول صلى الله عليه وسلم أبا رافع في تزويج ميمونة بنت الحارث الهلالية بمكة سنة سبع، فردت أمرها إلى العباس بن عبد المطلب فزوجها به، وكان العباس زوج أختها أم الفضل.
3. عقد النكاح عقد يقصد به المعاوضة، فصحت فيه الوكالة كالبيوع.

أما أبو ثور فقد استدل على عدم جواز الوكالة في النكاح[3] بأن الولي لما لم يكن له أن يوصي بالولاية، لم يكن له أن يوكل فيها، ولأن الولي نائب، فلم يكن له أن يوكل من ينوب عنه كالوكيل الذي لا يجوز أن يوكل غيره.

وقد أجيب عن هذا الاستدلال بأنه خطأ لقول الرسول صلى الله عليه وسلم أنه قال: ﴿أيما امرأة نكحت بغير إذن وليها فنكاحها باطل﴾[4]، وإذن الولاية إنما صح في الوكالة لا للمنكوحة.

وقد شرعت الوكالة في عقد الزواج لحكم عديدة منها: عدم مباشرة الرجل والمرأة لعقد النكاح بنفسيهما لغلبة الحياء على الناس في مثل هذه الحالة، بالإضافة لما في الوكالة من

---

[1] الاختيار: الموصلي 90/3، الهداية: المرغيناني 202/1،بداية المجتهد: ابن رشد 13/2، الكافي: 520/2، الحاوي: الماوردي 156/11، المحلى: ابن حزم 168/9، العدة: المقدسي 356، المغني: ابن قدامه 352/7.

[2] الحاوي: الماوردي 156/11، المحلى: ابن حزم 168/9، العدة: المقدسي 356، المغني: ابن قدامه 352/7.

[3] الحاوي: الماوردي 157/11.

[4] سبق تخريجه.

التيسير على الناس وتحقيق مصالحهم، فربما كان أحدهم بعيداً عن موطن المرأة المخطوبة، أو لم يكن بإمكانه اختيار زوجة له، فله أن يوكل غيره في هذا الأمر.

والوكيل في عقد الزواج سفير ومعبر لا يرجع إليه شيء من حقوق العقد، فلا يطالب بالمهر ولا بالنفقة ولا بأي حق من حقوق الزوجية بصفته وكيلاً.

ولا يحتاج التوكيل بالنكاح إلى شهود ـ إلا ما روي عن الحسن بن صالح أنه لا بد من شاهدين ـ لأن التوكيل ليس جزءاً من عقد الزواج، إلا أنه يحسن الإشهاد للحاجة إلى ذلك عند الجحود[1].

وليس للوكيل أن يوكل غيره إلا بإذن صريح في ذلك، بأن يقول له مثلاً: وكلتك بأن تزوجني من فلانة، ولك أن توكل غيرك في مباشرة العقد.

ويشترط أن يضيف الوكيل العقد إلى موكله عند تلفظه بصيغة العقد، فإن أضاف الصيغة لنفسه انعقد العقد له لا للموكل ولو نوى أن يكون الزواج لموكله، إذ لا عبرة بالنية واللفظ على خلافها[2].

ويثبت للوكيل ما يثبت للموكل، فإن كان الموكل ولياً مجبراً، كان الوكيل مجبراً، ويشترط في وكيل الولي ما يشترط في الولي عند جماعة من العلماء.

ويشترط أن يعين الوكيل أو الولي في الزواج الزوج أو الزوجة بالاسم أو الإشارة أو الصفة فلو قال الولي: زوجتك إحدى ابنتي، أو قال الوكيل: زوجتك إحدى موكلتي لم يصح العقد أما إذا كان للولي بنتاً واحدة فقال: زوجتك ابنتي دون ذكر اسمها صح العقد، وإذا قال زوجتك ابنتي عائشة، وكان يقصد فاطمة وغلط في الاسم، وكان الزوج أو وكيله يقصد الزواج من فاطمة أيضاً صح العقد على فاطمة ولغت التسمية اعتباراً بالنية[3].

وتنتهي الوكالة بعزل الوكيل، فكل تصرف بعد عزله يعتبر فيه فضولياً.

[1] المغني: ابن قدامه 352/7.
[2] مغني المحتاج: الشربيني 159/3، نهاية المحتاج: الرملي 245/6.
[3] البحر الرائق: ابن نجيم 95/3.

الفرع الثالث

أنواع الوكالة

الوكالة في الزواج نوعان هما: الوكالة المطلقة والوكالة المقيدة.

1. الوكالة المقيدة: أن يوكل شخص آخر في التزويج، ويقيده بامرأة معينة، أو من أسرة معينة، أو بقدر معين من المهر أو بالقيود السابقة، فلا تجوز للوكيل مخالفة ذلك إلا إذا كانت المخالفة إلى ما هو أفضل وأحسن، كأن يوكله بأن يزوجه من فتاة بمهر ألف وخمسمائة دينار، فزوجه الفتاة نفسها بمهر قدره ألف دينار فقط، كانت المخالفة لمصلحة الموكل، والعقد صحيح. أما إن وكله بأن يزوجه من خديجة فزوجه من عائشة كان زواجه موقوفاً على إجازة الموكل، فإن شاء أجازه، وإن شاء رده.

2. الوكالة المطلقة: أن يوكل شخص آخر في تزويجه دون أن يقيده بامرأة معينة أو وصف معين أو بمهر معين، فهذا التوكيل جائز عند جمهور الفقهاء، ويرى بعضهم بأنه غير جائز لما فيه من الجهالة المؤدية إلى النزاع والضرر[1].

وقد اختلف الفقهاء في اشتراط الكفاءة ومهر المثل لنفاذ زواج الوكيل وذلك في حالتين:

الحالة الأولى

إذا كان الموكل الزوج، فقد ذهب جمهور الفقهاء[2] إلى أنه يشترط لصحة العقد أن يزوجه من الكفؤ وبمهر المثل والسلامة، وذلك لأن التوكيل عند الإطلاق يتقيد بالعرف الجاري، والوكالة إنما هي للاستعانة بخبرة الوكيل ورأيه في اختيار الأصلح، فإذا زوجه بمن لا تصلح عادة للزواج، فقد أساء التصرف وخرج بالوكالة عن أغراضها المشروعة، وكذلك بالنسبة للمهر فيجب ألا يزيد عن مهر المثل إلا بزيادة يتسامح فيها عادة، فإذا خالف الوكيل العرف في حسن الاختيار كان العقد موقوفاً على إجازة الموكل الزوج فإن أجازه نفذ وإلا بطل العقد.

---

[1] الكافي: القرطبي 520/2، نهاية المحتاج: الرملي 242/6، المغني: ابن قدامه 353/7.

[2] البحر الرائق: ابن نجيم 3/ 151، رد المحتار: ابن عابدين 95/3، الكافي: القرطبي 520/2، مغني المحتاج: الشربيني 158/3، نهاية المحتاج: الرملي 243/6، المغني: ابن قدامه 353/7.

وذهب الإمام أبو حنيفة[1] إلى أن الوكيل عند الإطلاق لا يتقيد بأي قيد فلو زوج الوكيل موكلته بامرأة معيبة كأن تكون عمياء أو شلاء أو عوراء أو غير ذلك من العيوب أو غير كفء، أو بمهر زاد عن مهر المثل جاز ذلك، وكان العقد صحيحاً نافذاً، حيث لو كان له غرض خاص لبينه للوكيل.

الحالة الثانية

إذا كان الموكل الزوجة، فإن زوجها من كفؤ وبمهر المثل فالعقد صحيح نافذ، وإن زوجها بغير كفؤ أو بأقل من مهر المثل،، يبقى العقد موقوفاً على إجازتها ولوليها حق الفسخ عند أبي حنيفة والصاحبين، ونقل عن أبي حنيفة القول بصحته، والراجح الرواية الأولى، لأن المرأة تتعير بالزواج من غير الكفؤ[2].

الرأي الراجح:

الرأي الذي نرجحه ويجب الأخذ به رأي الجمهور المبني على الاستحسان، خلافاً لرأي أبي حنيفة المبني على القياس، وإذا تعارض القياس مع الاستحسان قدم الاستحسان.

الفرع الرابع

حكم تولي شخص واحد طرفي عقد الزواج

الأصل في العقود كلها أن يتولى إنشاءها عاقدان أحدهما موجب والآخر قابل، وذلك لتباين الالتزامات المالية بين المتعاقدين، فما حكم تولي الشخص الواحد طرفي عقد الزواج؟

اختلف الفقها في حكم تولي شخص واحد طرفي عقد الزواج على ثلاثة مذاهب:

المذهب الأول: ذهب الشافعي وزفر[3] إلى أنه لا يجوز أن يتولى الإيجاب والقبول في عقد الزواج شخص واحد، سواء كان ولياً أو وكيلاً أو فضولياً، وذلك قياساً على سائر العقود حيث

---

[1] البحر الرائق: ابن نجيم 151/3، رد المحتار: ابن عابدين 95/3، انظر شرح قانون الأحوال الشخصية السوري: السباعي 92/1، شرح قانون الأحوال الشخصية السوري: الصابوني 186/1، فقه السنة: سابق 140/2، 141.

[2] المراجع السابقة.

[3] الاختيار: الموصلي98/3، الهداية203/1، مغني المحتاج: الشربيني 163/3، نهاية المحتاج: الرملي252/6، المغني: ابن قدامه362/7، نيل الأوطار: الشوكاني /267.

لا يجوز فيها أن يكون الإيجاب والقبول من طرف واحد، ولأنه لا يصح أن يكون الشخص الواحد ملزماً لغيره وملتزما لنفسه في آن واحد.

وللشافعية[1] وجهان في تولي الجد تزويج بنت ابنه بابن ابنه الآخر، والصحيح عندهم الجواز لقوة ولايته وشفقته دون سائر الأولياء.

المذهب الثاني: ذهب جمهور الفقهاء[2] -الإمام أبو حنيفة ومحمد بن الحسن والمالكية والحنابلة- إلى أنه يجوز أن يتولى الوكيل أو الولي طرفي العقد ولا يجوز ذلك بالنسبة إلى الفضولي، ويتحقق ذلك في الصور التالية:

1.أن يكون وكيلاً عن الطرفين، كأن يوكله كل من الخاطب والخطيبة بالزواج -وكان كل منهما متمتعاً بالأهلية الكاملة- فإن الزواج ينعقد بعبارة الوكيل كأن يقول: زوجت موكلتي فلانة من موكلي فلان على مهر قدره كذا، صح العقد إن توفرت بقية شروطه.

2.أن يكون وكيلاً عن غيره أصيلاً بالنسبة إلى نفسه، كأن تقول امرأة لرجل وكلتك أن تزوجني من نفسك، فهو ينشئ العقد وكالة عنها أصالة عن نفسه فيقول: زوجت موكلتي من نفسي صح العقد مع بقية شروطه.

3.أن يكون ولياً للطرفين، كأن يزوج الجد ابنة ابنه من ابن ابنه الآخر أي من ابن عمها، فالعقد صحيح بعبارة الولي بحكم ولايته عليهما.

4. أن يكون ولياً عن غيره بالنسبة إلى نفسه، كأن يزوج نفسه من ابنة عمه التي تحت ولايته.

5.أن يكون ولياً من طرف وكيلاً عن طرف آخر، كأن يوكل رجل آخر بتزويجه من ابنته، فهو ينشئ العقد وكالة عن الرجل ولاية عن ابنته.

وقد استدلوا على ذلك بما يلي:

1. عن عقبة بن عامر: ﴿أن النبي **صلى الله عليه وسلم** قال لرجل: أترضى أن أزوجك فلانة؟ قال نعم، وقال للمرأة أترضين أن أزوجك فلاناً؟ قالت: نعم فزوج أحدهما صاحبه ﴾[3].

[1]، مغني المحتاج: الشربيني 163/3، نهاية المحتاج: الرملي 252/6.

[2] الاختيار: الموصلي 98/3، البحر الرائق: ابن نجيم 146/3، الهداية: المرغيناني 203/1، بداية المجتهد: ابن رشد 17/2، المغني: ابن قدامه 361/7، نيل الأوطار الشوكاني 267/6.

[3] سنن أبي داود: أبي داود 238/2، السنن الكبرى: البيهقي 232/7، نيل الأوطار الشوكاني 267/6.

2. " روي عن عبد الرحمن بن عوف أنه قال لأم حكيم بنت قارظ: أتجعلين أمرك إلي؟ قالت: نعم: قال: فقد تزوجتك "[1]

3. إن الوكيل أو الولي في النكاح سفير ومعبر فلا يكون ـ كما قال الشافعي وزفر ـ ملزماً وملتزماً في آن واحد، بدليل أنه لا بد من إضافة العقد إلى موكله أو المولى عليه، ولا يطالب بالمهر، وتسليم الزوجة، وهذا بخلاف البيع والشراء، فإن العاقد فيه يضيفه إلى نفسه ويطالب هو بالحقوق الناشئة عن العقد من تسليم المبيع أو دفع الثمن، فافترق الأمر بين النكاح والبيع.

المذهب الثالث: ذهب الإمام أبو يوسف[2] إلى أنه يجوز أن يتولى طرفي العقد شخص واحد سواء كان ولياً أو وكيلاً أو فضولياً، وذلك لأن عبارة الفضولي تتضمن الإيجاب والقبول، فيجوز كما في الوكيل والولي.

وخالفه في جواز زواج الفضولي أبو حنيفة ومحمد بن الحسن سواء كان فضولياً من الطرفين أو فضولياً من طرف ولياً أو وكيلاً أو أصيلاً من الطرف الآخر، لأن عبارة الفضولي تتضمن شطر العقد ولا يمكن أن يوجد الشطر الآخر إلا بولاية أو وكالة. ويجوز عندهما زواج الفضولي إذا لم يتولى طرفي العقد بأن صدر منه الإيجاب مثلاً وصدر من الوكيل أو الولي أو الأصيل أو فضولي آخر القبول.

مثال الفضولي من الطرفين: أن يقول رجل: زوجت فلاناً من فلانة بغير علمهما، ففي هذه الحالة يبقى العقد موقوفاً فإن أجازه الطرفان نفذ، وإن لم يجزه أحدهما لم ينفذ.

ومثال كونه فضولياً من طرف أصيلاً من طرف آخر أن يقول: زوجت نفسي ـ من فلانة، فإن هذا العقد يبقى موقوفاً على قبولها، فإن قبلت به نفذ وإن ردته لم ينفذ.

ومثال كونه فضولياً من طرف وكيلاً من طرف آخر، أن يقول الوكيل: زوجت موكلتي من فلان دون علمه، فإنه يبقى موقوفاً على إجازته.

أما مثال كونه فضولياً من جانب ولياً من جانب آخر: أن يقول الولي زوجت ابنتي من فلان دون علمه، فإنه يبقى موقوفاً على إجازته.

[1] صحيح البخاري: البخاري: 28/7.
[2] الاختيار: الموصلي 98/3، البحر الرائق: ابن نجيم 146/3، الهداية: المرغيناني 202/1.

الفرع الخامس

هل للوكيل أن يزوج موكلته من نفسه أو من أحد أصوله أو فروعه؟

لا خلاف بين جمهور الفقهاء[1] في أن الوكيل بالزواج وكالة مطلقة ليس له أن يزوج موكلته من نفسه إلا إذا نصت على ذلك صراحة، لأنها لو أرادت زواجها منه لذكرت ذلك، وكذلك لو وكل رجل امرأة بأن تزوجه فتاة غير معينة فزوجته نفسها، فإن العقد يبقى موقوفاً على إجازة الموكل. أما الشافعية وزفر[2] فلم يجيزوا تزويج الوكيل موكلته من نفسه.

واختلف الفقه الحنفي في جواز تزويج الوكيل موكلته ممن لا تقبل شهادته كأصوله وفروعه، حيث قال أبو حنيفة بأنه لا يجوز أن يزوج الوكيل موكلته لأحد أصوله أو فروعه، وذلك خشية المحاباة، فقد لا يكون كفئا لها وقد يزوجها بأقل من مهر المثل. وقال أبو يوسف ومحمد بن الحسن والحنابلة: للوكيل أن يزوج موكلته من أحد أصوله أو فروعه إذا توافر فيهما عنصر الكفاءة ومهر المثل.

رأي القانون:

أباحت قوانين الأحوال الشخصية الوكالة في عقد الزواج، ولكنها اختلفت في جزئياتها، فقد أخذ قانون الأحوال الشخصية الأردني[3] برأي الشافعي وزفر حيث لم يجز أن يتولى طرفي عقد الزواج شخص واحد، ولم يجز للوكيل أن يزوج موكلته من نفسه أو من أحد أصوله أو فروعه عندما نص في المادة (14) على أنه: " ينعقد الزواج بإيجاب وقبول من الخاطبين أو وكيليهما في مجلس العقد ".

أما القانون السوري[4] ومشروع القانون الكويتي[5] ومشروع القانون الإماراتي[6] فقد أخذت برأي الجمهور في تولي شخص واحد طرفي عقد الزواج حيث نص القانون السوري في المادة

---

[1] الاختيار: الموصلي 98/3، البحر الرائق: ابن نجيم 146/3، الهداية: المرغيناني 203/1، المغني: ابن قدامه 362/7.

[2] الاختيار: الموصلي98/3، الهداية203/1، مغني المحتاج: الشربيني 163/3، نهاية المحتاج: الرملي252/6، المغني: ابن قدامه362/7، نيل الأوطار: الشوكاني /267

[3] مجموعة التشريعات: الظاهر ص 103.

[4] قانون الأحوال الشخصبة السوري: وزارة العدل ص 23. قانون الأحوال الشخصية السوري: الكويفي ص25.

[5] مشروع قانون الأحوال الشخصية الكويتي.

[6] مشروع قانون الأحوال الشخصية الإماراتي: وزارة العدل ص 8.

(8) ومشروع القانون الكويتي في المادة (27) ومشروع القانون الإماراتي في المادة(22) على أنه:

" أ. يجوز التوكيل في عقد الزواج.

ب. ليس للوكيل أن يزوج من وكله من نفسه إلا إذا نص على ذلك في الوكالة ".

وأضاف القانون السوري في المادة (9) ما نصه: " إذا جاوز الوكيل حدود وكالته كان كالفضولي موقوفاً على الإجازة ".

ونص القانون المغربي[1] في الفصل (10) على أنه:

" 1. يجوز للولي أن يوكل من يعقد نكاح موليته كما للزوج أن يوكل من يعقد عنه.

2. ليس للقاضي أن يتولى بنفسه تزويج من له الولاية عليه من نفسه ولا من أصوله ولا من فروعه ".

يتبين من هذه القوانين أنها أخذت برأي الجمهور في جواز أن يتولى طرفي العقد شخص واحد، حيث منعت زواج الوكيل من موكلته إلا إذا نص على ذلك في عقد الزواج. كما أنها لم تجعل ذلك إلا للوكيل دون الولي، لأنه لم يجعل الصغار ـ دون البلوغ ـ أهلاً للزواج، فلم يبق للأولياء من أب أو جد أو غيرهما ولاية تزويجهم.

كما ينبغي أن يلاحظ أن هذه القوانين أخذت بمذهب الصاحبين في جواز أن يزوج الوكيل موكلته من ابنه أو أبيه، أو من لا تقبل شهادته له، لأنها منعت ذلك بالنسبة إلى الوكيل فقط، ولم تنص على من عداه من قرابته.

كما نص القانون السوداني[2] في المادة (38)، ومشروع القانون العربي[3] في المادة (17)، ومشروع القانون الخليجي[4] في المادة (15) على أن: " القاضي ولي من لا ولي له " وفي المواد (39) و(18) و(16) على أنه " ليس للقاضي أن يزوج من له الولاية عليه من نفسه ولا من أصله، ولا من فرعه ".

---

[1] مدونة الأحوال الشخصية المغربية: ص9، الوثائق العدلية: العراقي 124، أحكام الأسرة: ابن معجوز ص351.

[2] قانون الأحوال الشخصية السوداني لسنة 1991 ص 16.

[3] المجلة العربية للفقه والقضاء: الأمانة العامة ص 20.

[4] جريدة الخليج العدد 6378: ص 11.

ونص القانون التونسي[1] في الفصل (9) على ما يلي: " للزوج والزوجة أن يتوليا زواجهما بأنفسهما وأن يوكلا به من شاء أو للولي حق التوكيل أيضاً ".

وفي الفصل (10) على أنه: " لا يشترط في وكيل الزواج المشار إليه في الفصل السابق شرط خاص، ولكن ليس له أن يوكل غيره بدون إذن موكله أو موكلته، ويجب أن يحرر التوكيل في حجة رسمية، ويتضمن صراحة تعيين الزوجين وإلا عد باطلاً ".

المطلب الثالث

إنشاء عقد الزواج ولاية

الفرع لأول

تعريف الولاية

أولاً: تعريف الولاية في اللغة:

الولاية لغة المحبة والنصر، ومنه قول اللـه تعالى: ﴿ ومن يتول اللـه ورسوله فإن حزب اللـه هم الغالبون ﴾[2].

ثانياً: تعريف الولاية اصطلاحاً

هي تنفيذ القول على الغير شاء أم أبى[3].

وقد شرعت الولاية حفظاً لحقوق العاجزين بسبب من أسباب فقد الأهلية أو نقصها، ورعاية لمصالحهم من أن تضيع وتهضم، فمن عجز عن الحفاظ على حقوقه ورعاية مصالحه أقام له الشارع من يتول أمره، ويحقق له النفع ويدفع عنه الضرر.

وقبل أن نبدأ ببيان أقسام الولاية، لا بد من معرفة حكم زواج الصغير والصغيرة وحكم زواج المجنون والمجنونة، وشروط الولي:

---

[1] موسوعة التشريعات العربية: تونس.

[2] سورة المائدة: آية 56.

[3] الاختيار: الموصلي 94/3، البحر الرائق: ابن نجيم 117/3، رد المحتار: ابن عابدين 56/3.

الفرع الثاني

حكم زواج الصغير أو الصغيرة

اختلف الفقهاء في حكم زواج الصغير أو الصغيرة على ثلاثة مذاهب:

المذهب الأول: ذهب جمهور الفقهاء[1] إلى أنه يجوز زواج الصغير والصغيرة*.

وقد استدلوا على ذلك بما يلي:

1. قال اللـه تعالى: ﴿ واللائى يئسن من المحيض من نسائكم إن ارتبتم فعدتهن ثلاثة أشهر واللائى لم يحضن ﴾[2].

وجه الدلالة: جعل اللـه سبحانه وتعالى في الآية الكريمة للصغيرة التي لم تحض عدة هي ثلاثة أشهر، ولا توجد عدة للمرأة من غير زواج، فدل ذلك على صحة العقد عليها من غير أن تستأذن، لأنها في سن لا يعتبر فيه إذنها.

2. قال اللـه تعالى: ﴿ وأنكحوا الآيامى منكم﴾[3].

وجه الدلالة: الأيم: اسم للأنثى التي لا زوج لها صغيرة كانت أو كبيرة، فدل على صحة تزويج الصغيرة.

3. عن عائشة رضي اللـه عنها قالت: ﴿ تزوجني رسول اللـه صلى اللـه عليه وسلم لست سنين وبنى بي وأنا بنت تسع سنين ﴾[4].

وجه الدلالة: يدل الخبر على أن أبا بكر زوج عائشة دون الرجوع إليها لعدم اعتبار إذنها بسبب صغر سنها.

---

[1] الاختيار: الموصلي 94/3، البحر الرائق: ابن نجيم 126/3، الهداية: المرغيناني 198/1، بداية المجتهد: ابن رشد 2/6ـ7، الكافي: القرطبي 522،529/2، شرح الخرشي: الخرشي 177ـ178، مغني المحتاج: الشربيني 160/3، المغني: ابن قدامه 379/7 وما بعدها، شرح النووي: النووي 222/5ـ223.

* لا يعني جواز زواج الصغيرة جواز الدخول بها، فإن كان الدخول يلحق بها ضرراً، فإنه لا يحل للزوج الدخول بها ولو كانت كبيرة السن.

[2] سورة الطلاق: آية 4.

[3] سورة النور: آية 31.

[4] صحيح البخاري: البخاري 29/7، صحيح مسلم: مسلم 222/5 واللفظ له.

فعل الصحابة، فقد زوج علي بن أبي طالب ابنته أم كلثوم وهي صغيرة من عروة بن الزبير، وزوج عروة بن الزبير ابنة أخيه من ابن أخيه وهما صغيران وغيرها من الآثار التي تدل على جواز زواج الصغير.

واختلف أصحاب هذا المذهب فيمن يحق له إجراء هذا العقد؟ وهل يكون ملزماً للصغير أم لا؟

أولاً: ذهب الحنابلة في المشهور[1] إلى أن ذلك حق الأب فقط. وقد استدلوا على ذلك بما روي عن أبي هريرة رضي الله عنه قال: قال رسول الله صلى الله عليه وسلم: ﴿ تستأمر اليتيمة في نفسها، فإن سكتت فهو إذنها، وإن أبت فلا جواز عليها﴾[2].

ولأن غير الأب قاصر الشفقة، فلا يلي نكاح الصغير كالأجنبي، أما الأب فإن له تزويج القاصر لفرط شفقته وصدق رغبته في تحقيق مصلحة الصغير.

ثانياً: ذهب الشافعية[3] إلى أن ذلك حق للأب والجد، وذلك لوفرة شفقتهما وصدق رغبتهما في مصلحة الصغير، وقد أجيب بأن الأب يدلي للصغير دون واسطة، أما الجد فيدلي للصغير بواسطة فافترقا.

ثالثاً: ذهب المالكية[4] إلى أن تزويج الصغير حق للأب أو وصيه فقط، وقد استدلوا على ذلك بما روي عن ابن عمر أن قدامه بن مظعون زوج بنت أخيه عثمان من عبد الله بن عمر فرفع ذلك إلى النبي صلى الله عليه وسلم فقال: ﴿ هي يتيمة ولا تنكح إلا بإذنها﴾[5].

واليتيمة الصغيرة التي مات أبوها لقوله صلى الله عليه وسلم ﴿ لا يتم بعد حلم ﴾، فدل ذلك على أن الأب أو وصيه له الحق في تزويج الصغير أو الصغيرة.

رابعاً: ذهب الحنفية وبعض الفقهاء[6] -منهم الحسن وعمر بن عبد العزيز وعطاء وطاووس وقتادة وابن شبرمة والأوزاعي- إلى أن لجميع الأولياء حق تزويج الصغير أو

---

[1] المغني: ابن قدامه 382/7.

[2] سنن أبي داود: أبي داود 231/2: السنن الكبرى: البيهقي 120/7.

[3] الهداية 198/1، البحر الرائق: ابن نجيم 126/3، بداية المجتهد: ابن رشد 6/2ـ7، المغني: ابن قدامه 382/7

[4] بداية المجتهد: ابن رشد 6/2، شرح الخرشي: الخرشي: 178/3.

[5] السنن الكبرى: البيهقي 120/7.

[6] الاختيار: الموصلي 94/3، البحر الرائق: ابن نجيم 128/3،123، بداية المجتهد: ابن رشد 6/2ـ7، المغني: ابن قدامه 382/7.

الصغيرة من الكفء وبمهر المثل، وللصغير حق فسخ العقد بعد البلوغ إذا زوجه غير الأب وعند أبي حنيفة ومحمد للصغير الخيار إذا زوجه غير الأب أو الجد، وقال أبو يوسف لا خيار له اعتباراً بالأب والجد.

المذهب الثاني: ذهب ابن شبرمة وعثمان البتي وأبو بكر الأصم[1] إلى أنه لا يجوز تزويج الصغير أو الصغيرة مطلقاً، وأن زواج الصغار باطل لا يترتب عليه أي أثر.

وقد استدلوا على ذلك بما يلي:

1. قال الله تعالى: ﴿ وابتلوا اليتامى حتى إذا بلغوا النكاح فإن آنستم منهم رشداً فادفعوا إليهم أموالهم ﴾[2].

وجه الدلالة: دلت الآية الكريمة على أن بلوغ سن الرشد هو علامة انتهاء الصغر، فلو كان زواج الصغير صحيحاً لما كان لهذه الغاية معنى

2. لا فائدة من زواج الصغير، إذ الزواج للمعاشرة والسكن النفسي والتناسل، ولا يتحقق شيء من ذلك في هذا الزواج، بل قد يكون فيه ضرر بإجبارهما على حياة مشتركة دائمة دون التأكد من الانسجام بينهما.

3. أجيب عن زواج الرسول عليه السلام بعائشة وهي صغيرة بان ذلك من خصوصياته عليه الصلاة والسلام.

المذهب الثالث: ذهب ابن حزم[3] إلى التفرقة بين زواج الصغير وزواج الصغيرة، فأجاز تزويج الأب للصغيرة ولم يجزه للصغير بل اعتبره باطلاً. وذلك عملاً بالآثار المروية.

سن البلوغ:

يقسم الفقهاء المراحل التي يمر بها الإنسان منذ ولادته حتى سن البلوغ إلى ثلاثة مراحل هي:

المرحلة الأولى: مرحلة الطفولة: وهي منذ الولادة حتى سن السابعة، ويكون الإنسان فيها صبياً غير مميز.

---

[1] البدائع: الكاساني، المبسوط: السرخسي 212/4.

[2] سورة النساء: آية 6.

[3] المحلى: ابن حزم 38/9، 44.

المرحلة الثانية: وهي منذ سن السابعة غالباً حتى سن البلوغ، ويكون الإنسان فيها صبياً مميزاً.

المرحلة الثالثة: تبدأ هذه المرحلة منذ البلوغ، وللبلوغ علامات طبيعية توجد في الذكر والأنثى، كالاحتلام مع الإنزال بالنسبة للذكر، والحيض بالنسبة للأنثى، فإذا ظهر شيء من علامات البلوغ حكم ببلوغ الشخص، وإلا يحكم ببلوغه سناً معيناً.

وقد اختلف الفقهاء في تقدير سن البلوغ: فقد ذهب جمهور الفقهاء إلى أن أقل سن البلوغ للذكر اثنتا عشرة سنة، وللأنثى تسع سنوات، وأكثره خمس عشرة سنة للذكر والأنثى.

وذهب أبو حنيفة إلى أن نهايته ثماني عشرة سنة للذكر وسبع عشرة سنة للأنثى.

رأي القانون:

أخذت قوانين الأحوال الشخصية برأي ابن شبرمة وأبي بكر الأصم القائل بعدم صحة زواج الصغير والصغيرة، ومنها القانون الأردني[1]، فقد جعل اكتمال الأهلية بتمام الثامنة عشرة للفتى والفتاة، وأجاز للقاضي أن يأذن بزواج من أكمل الخامسة عشرة من العمر إذا كان في هذا الزواج مصلحة تحدد أسسها من قبل قاضي القضاة، حيث نص القانون المعدل في المادة (5) على أنه: " يشترط في أهلية الزواج أن يكون الخاطب والمخطوبة عاقلين وأن يكون كل منهما قد أتم الثامنة عشرة سنة شمسية إلا أنه يجوز للقاضي أن يأذن بزواج من لم يتم منهما هذا السن إذا كان قد أكمل الخامسة عشرة من عمره وكان في مثل هذا الزواج مصلحة تحدد أسسها بمقتضى تعليمات يصدرها قاضي القضاة لهذه الغاية ".

والقانون التونسي[2]، وقد شدد في اعتبار الأهلية حيث جعل اكتمال الأهلية بالنسبة للفتى عشرون سنة، وبالنسبة للفتاة سبع عشرة سنة، وأجاز زواج من لم يبلغ هذا السن موافقة الولي، فإن امتنع رفع الأمر إلى القاضي حيث نص في الفصل (5) على أنه: " يجب أن يكون كل من الزوجين خلواً من الموانع الشرعية، وزيادة على ذلك فإن كل منهما لم يبلغ عشرين سنة كاملة من الرجال وسبع عشرة سنة كاملة من النساء لا يمكنه أن يبرم عقد الزواج، وإبرام الزواج

[1] قانون معدل لقانون الأحوال الشخصية الأردني رقم 82 لسنة 2001، المنشور في الجريدة الرسمية تاريخ 2002/1/1 صفحة 5998. أما نص المادة السابق فقد كان: " يشترط في أهلية الزواج أن يكون الخاطب والمخطوبة عاقلين، وأن يتم الخاطب السنة السادسة عشرة، وأن تتم المخطوبة الخامسة عشرة من العمر ".

[2] موسوعة التشريعات العربية: مجلة الأحوال الشخصية التونسية، تونس.

دون السن المقرر يتوقف على إذن خاص من المحاكم، ولا يعطى الإذن المذكور إلا لأسباب خطيرة وللمصلحة الواضحة للزوجين ".

وفي الفصل (6): "زواج الرجل أو المرأة اللذين لم يبلغا سن الرشد القانوني يتوقف على موافقة الولي فإن امتنع الولي من هذه الموافقة وتمسك كل برغبته لزم رفع الأمر للحاكم ".

والقانون السوري[1] ولكنه جعل ابتداء الأهلية في الفتى والفتاة بالبلوغ، واكتمال الأهلية بإكمال الفتى ثمانية عشر عاماً، والفتاة سبعة عشر عاماً، وجعل المدة الواقعة بين بدء الأهلية واكتمالها مرحلة صالحة للزواج بإذن القاضي وموافقة الأب والجد، إذا ادعى الفتى بلوغه في الخامسة عشرة والفتاة في الثالثة عشرة. حيث نص في المادة (15): " يشترط في أهلية الزواج العقل والبلوغ ".

وفي المادة (16): " تكمل أهلية الزواج في الفتى بتمام الثامنة عشرة وفي الفتاة بتمام السابعة عشر من العمر ".

وفي المادة (18): " 1. إذا ادعى المراهق البلوغ بعد إكماله الخامسة عشرة أو المراهقة بعد إكمالها الثالثة عشرة وطلبا الزواج يأذن به القاضي إذا تبين له صدق دعواهما واحتمال جسميهما.

2. إذا كان الولي هو الأب أو الجد اشترطت موافقته ".

ومشروع القانون الكويتي[2] كما منع إجراء عقد الزواج قبل تمام الفتى السابعة عشرة والفتاة الخامسة عشرة من العمر حيث نص في المادة (24) على أنه: " يشترط في أهلية الزواج العقل والبلوغ ".

وفي المادة (26) على أنه: " يمنع توثيق عقد الزواج، أو المصادقة عليه ما لم تتم الفتاة الخامسة عشرة، ويتم الفتى السابعة عشرة من العمر وقت التوثيق ".

والقانون العراقي[3]، فقد اشترط البلوغ وجعل ابتداء الأهلية بتمام السادسة عشر واكتمالها للفتى والفتاة بتمام الثامنة عشرة حيث نص في المادة (7): " يشترط في أهلية الزواج العقل والبلوغ ".

[1] قانون الأحوال الشخصية المعدل: وزارة العدل ص24-25، قانون الأحوال الشخصية السوري: الكويفي ص27.

[2] مشروع قانون الأحوال الشخصية الكويتي.

[3] الأحوال الشخصية: الكبيسي 402/2.

وفي المادة (8) على أنه: " تكمل أهلية الزواج بتمام الثامنة عشرة ".

وفي المادة (9) على أنه: " إذا ادعى المراهق أو المراهقة البلوغ بعد إكمالهما السادسة عشرة وطلبا الزواج، فللقاضي أن يأذن به إذا تبين صدق دعواهما وقابليتهما البدنية بعد موافقة الولي الشرعي، فإذا امتنع الولي طلب منه القاضي موافقته خلال مدة يحددها له، فإن لم يعترض أو كان اعتراضه غير جدير بالاعتبار أذن القاضي بالزواج ".

والقانون المغربي[1] فقد اشترط البلوغ وجعل اكتمال الأهلية بالنسبة للفتى بتمام الثامنة عشرة، وفي الفتاة بتمام الخامسة عشرة، وجعل الزواج دون سن الرشد القانوني متوقف على موافقة الولي، فإن امتنع رفع الأمر إلى القاضي حيث نص في الفصل (6) على أنه: " يجب أن يكون كل من الزوجين عاقلاً بالغاً خلواً من الموانع الشرعية ".

وفي الفصل (8) على أنه: " تكمل أهلية النكاح في الفتى بتمام الثامنة عشرة، فإن خيف العنت رفع الأمر إلى القاضي، وفي الفتاة بتمام الخامسة عشرة من العمر ".

وفي الفصل (9) على أن: " الزواج دون سن الرشد القانوني متوقف على موافقة الولي، فإن امتنع من الموافقة وتمسك كل برغبته رفع الأمر إلى القاضي ".

ومشروع القانون الإماراتي فقد جعل اكتمال الأهلية بالنسبة للفتى بتمام الثامنة عشرة، وفي الفتاة بتمام السادسة عشرة، وأجاز القانون للمحكمة أن تأذن بإجراء الزواج قبل هذا السن إذا رأت مبرراً لذلك، وأوجد عقوبة على من يخالف هذه الأحكام حيث نص في المادة (19) على أنه: " يشترط في أهلية الزواج العقل والبلوغ ".

وفي المادة (20) على أنه: " 1. لا يجوز توثيق عقد الزواج إذا لم يكن الزوج قد أتم ثماني عشرة سنة والزوجة ست عشرة سنة وقد العقد ما لم تأذن المحكمة بتوثيقه قبل تمام هذه السن إذا رأت مبرراً لذلك.

2. وكل زواج يعقد بالمخالفة لأحكام الفقرة السابقة يعاقب كل من عاقده وموثقه وممثلي الزوجين وشهوده بغرامة لا تقل عن ألف درهم ولا تجاوز خمسة آلاف درهم ما لم تنص على عقوبة أشد في قانون آخر ".

---

[1] الوثائق العدلية: العراقي ص 124، أحكام الأسرة: ابن معجوز ص 350ـ351.

وقد أخذ القانون السوداني[1] برأي الجمهور عندما أجاز زواج الصغير المميز على أن يزوجه وليه إذا وجدت مصلحة راجحة، وكذلك بالنسبة للصغيرة المميزة على أن يأذن القاضي بزواجها مع تحقق شرط الكفاءة ومهر المثل حيث نص في المادة (40) على انه:

"1. لا يعقد زواج المجنون، أو المعتوه، أو المميز إلا من وليه، بعد ظهور مصلحة راجحة.

2. يكون التمييز بعد سن العاشرة.

3. لا يعقد ولي المميزة عقد زواجها، إلا بإذن القاضي، لمصلحة راجحة، بشرط كفاءة الزوج ومهر المثل ".

أما مشروع القانون العربي[2] ومشروع القانون الخليجي[3] فقد اشترطا البلوغ، ومع ذلك فقد نصا على جواز زواج الصغير بإذن القاضي إذا وجد سبباً خطيراً أو اقتضت المصلحة ذلك حيث جاء في المادة (8) من القانون العربي: " تكمل أهلية الزواج بالعقل، وبلوغ الفتى سن الرشد القانوني، وإتمام الفتاة الثامنة عشرة من العمر ".

وفي المادة (11) من القانون العربي، والمادة (9) من القانون الخليجي: " إذا طلب من أكمل الخامسة عشرة من العمر الزواج، فللقاضي أن يأذن له به إذا ثبت له قابليته البدنية بعد موافقة الولي، فإذا امتنع الولي، طلب القاضي موافقته خلال مدة يحددها له، فإن لم يعترض أو كان اعتراضه غير جدير بالاعتبار زوجه القاضي ".

وفي المادة (12) من القانون العربي والمادة (10) من القانون الخليجي: " يمنع تزويج الصغير ذكراً كان أو أنثى قبل إكماله الخامسة عشرة من العمر إلا بإذن القاضي، كلما وجد سبب خطير أو اقتضت المصلحة ذلك ".

---

[1] قانون الأحوال الشخصية لسنة 1991: ص 16.

[2] المجلة العربية للفقه والقضاء: الأمانة العامة ص 19ـ20.

[3] جريدة الخليج: ص 11.

الفرع الثالث

حكم زواج المجنون والمجنونة؟

اختلف الفقهاء في حكم زواج المجنون والمجنونة على النحو التالي:

المذهب الأول: ذهب الحنفية والحنابلة[1] إلى عدم اشتراط العقل لصحة الزواج، فيجوز للولي أن يزوج المجنون والمجنونة والمعتوه والمعتوهة صغيرة كانت أو كبيرة بكراً أو ثيباً، وكذلك إذا كان الولي الحاكم، فله تزويج الثيب عند الحنفية والحنابلة في رواية إذا ظهرت منها شهوة الرجال، وذلك لأن بها حاجة إليه لدفع ضرر الشهوة عنها، وصيانتها عن الفجور وتحصيل المهر والنفقة والعفاف وصيانة العرض ولا سبيل إلى إذنها فأبيح تزويجها كالثيب مع أبيها، وكذلك ينبغي أن يملك تزويجها.

المذهب الثاني: ذهب الشافعية[2] إلى أنه يلزم الأب أو الجد ومثلهما الحاكم عند عدمهما بتزويج مجنون أو مجنونة بالغة ظهرت حاجتهما لذلك، أو يتوقع شفاؤهما بالزواج لظهور المصلحة المترتبة على ذلك.

المذهب الثالث: ذهب المالكية[3] إلى أن للأب أو وصيه وكذلك الحاكم أن يجبر المجنون والمجنونة على الزواج إن تعين الزواج طريقاً لصيانته من الزنا والضياع.

المذهب الرابع: ذهب زفر[4] إلى أنه إذا بلغ عاقلاً ثم طرأ عليه الجنون، فلا يملك أحد تزويجه.

رأي القانون:

الأصل في قوانين الأحوال الشخصية اشتراط العقل لأهلية الزواج فقد نص القانون الأردني في المادة (5)، والقانون السوري في المادة (15)، والقانون الكويتي في المادة (24)، والقانون العراقي في المادة (7)، والقانون المغربي في المادة (6)، ومشروع القانون الإماراتي في المادة (19)، والقانون العربي الموحد في المادة (8)، على أنه: " يشترط في أهلية الزواج العقل والبلوغ ". ولكنها خالفت الجمهور فأجازت للقاضي بأن يأذن بزواج من به جنون إذا ثبت

---

[1] البحر الرائق: ابن نجيم 127/3، رد المحتار: ابن عابدين 55،66/3، المغني: ابن قدامه 389/7.

[2] مغني المحتاج: الشربيني 159/3، نهاية المحتاج: الرملي 246/6، المغني: ابن قدامه 389/7-390.

[3] جواهر الإكليل: الأزهري 286/1، شرح الخرشي: الخرشي 176/3، الشرح الصغير: الدردير 355/2.

[4] حاشية رد المحتار: ابن عابدين.

بتقرير طبي أن في زواجه مصلحة له فقد نص القانون الأردني[1] في المادة (8) على أن: "للقاضي أن يأذن بزواج من به جنون أو عته إذا ثبت بتقرير طبي أن في زواجه مصلحة له ".

والقانون السوري[2] في المادة (15) والقانون المغربي[3] في الفصل (7): " 2. للقاضي الإذن بزواج المجنون والمعتوه إذا ثبت بتقرير هيئة من أطباء الأمراض العقلية أن زواجه يفيد في شفائه "، وأضاف القانون المغربي " واطلع الطرف الآخر على ذلك ورضي به ".

والقانون السوداني[4] في المادة (40): " لا يعقد زواج المجنون أو المعتوه أو المميز إلا من وليه، بعد ظهور مصلحة راجحة "

ومشروع القانون الكويتي[5] في المادة (24): " 2. للقاضي أن يأذن بزواج المجنون والمعتوه ذكراً كان أو أنثى إذا ثبت بتقرير طبي أن زواجه يفيد في شفائه، ورضي الطرف الآخر بذلك ".

والقانون العراقي[6] في المادة (7): " 2. للقاضي أن يأذن بزواج أحد الزوجين المريض عقلياً إذا ثبت بتقرير طبي أن زواجه لا يضر بالمجتمع وأنه في مصلحته الشخصية إذا قبل الزوج الآخر بالزواج قبولاً صريحاً ".

ومشروع القانون الإماراتي[7] في المادة (19): " 2. للمحكمة أن تأذن بزواج المجنون والمعتوه إذا ثبت لها رجحان المصلحة في ذلك الزواج على الضرر بعد الرجوع إلى تقرير من لجنة من الأطباء الأخصائيين تندبهم لذلك ".

أما مشروع القانون العربي[8] ومشروع مجلس التعاون الخليجي[9] فقد أجازا زواج المجنون والمعتوه ضمن شروط حيث جاء في

---

[1] مجموعة التشريعات: الظاهر ص 102.

[2] قانون الأحوال الشخصية المعدل: وزارة التعدل ص24ـ25، قانون الأحوال الشخصية السوري: الكويفي ص27.

[3] الوثائق العدلية: العراقي ص 124، أحكام الأسرة: ابن معجوز ص 350ـ351.

[4] قانون الأحوال الشخصية السوداني لسنة1991: ص 16.

[5] قانون الأحوال الشخصية الكويتي.

[6] الأحوال الشخصية: الكبيسي 402/2.

[7] مشروع قانون الأحوال الشخصية: وزارة العدل ص 8.

[8] المجلة العربية: الأمانة العامة ص 19.

[9] جريدة الخليج: ص 11.

المادة (9) من القانون العربي ما نصه: " أ. لا يعقد زواج المجنون أو المعتوه إلا من وليه بعد صدور إذن من القاضي بذلك "، واشترك في الفقرة ب مع المادة (7) من القانون الخليجي بالشروط حيث لا يعقد زواج المجنون أو المعتوه إلا بعد توفر الشروط التالية:

1. قبول الطرف الآخر التزوج منه بعد اطلاعه على حالته.

2. كون مرضه لا ينتقل منه إلى نسله.

3. كون زواجه فيه مصلحة له ".

مما سبق يتبين لنا أن جميع القوانين أجازت زواج المجنون أو المعتوه بشروط هي:

1. إذن القاضي بالزواج.

2. وجود تقرير طبي من أهل الاختصاص يثبت أن في هذا الزواج تحقيق مصلحة له.

3. رضا الطرف الآخر بهذا الزواج، وإن لم تنص عليه جميع القوانين إلا أنه يفهم ضمناً.

4. أضاف القانون العربي والقانون الخليجي شرطاً وهو كون مرضه لا ينتقل إلى نسله، وأعتقد أن هذا الشرط يدخل ضمن الشرط الثاني حيث يعمل بالمصلحة الراجحة، فإن كانت المصلحة الراجحة بعدم الزواج خشية انتقال المرض إلى النسل لا يزوج، وإن كانت المصلحة الراجحة في زواجه، فإن القاضي يزوجه.

الفرع الرابع

شروط الولي

اشترط الفقهاء في الولي عدة شروط أهمها[1]:

1. **العقل:** لا ولاية لمجنون أو معتوه في الزواج، لأنه ليس له ولاية على نفسه، فلا ولاية له على غيره من باب أولى.

2. **البلوغ:** لا ولاية للصغير على غيره، لأنه لا ولاية له على نفسه، فلا ولاية له على غيره من باب أولى.

---

[1] الاختيار: الموصلي 96/3، الهداية: المرغيناني 199/1، بداية المجتهد: ابن رشد 12/2، شرح الخرشي: الخرشي 186/3-189، الشرح الصغير: الدردير 369/2-371، الإقناع: الشربيني 123/2، مغني المحتاج: الشربيني 154/3-156، المغني: ابن قدامه 355/7-357.

3. **الإسلام:** لا ولاية لكافر على المسلم، ولا لمسلم على كافر، وذلك لأن الولاية في الزواج مبنية على التعصيب في الإرث ولا توارث مع اختلاف الدينين. ويؤيد ذلك قول الله تعالى:﴿ ولن يجعل الله للكافرين على المؤمنين سبيلاً﴾[1]، وقول الله تعالى:﴿ والذين كفروا بعضهم أولياء بعض ﴾[2].

4. **الحرية:** فلا ولاية لعبد، لأنه لا ولاية له على نفسه، فلا ولاية له على غيره من باب أولى.

5. **العدالة:** اختلف الفقهاء في اشتراط ا العدالة في الولي على النحو التالي:

أولاً: ذهب جمهور الفقهاء[3] إلى أن ولاية الفاسق في النكاح صحيحة، لأن سبب الولاية القرابة وشرطها النظر وغير العدل قريب ناظر فيلي كالعدل.

ثانياً: ذهب الشافعية في قول والحنابلة في رواية[4] إلى أن العدالة شرط في الولي.

6. **الذكورية:** لأنه يعتبر في الولاية الكمال، والمرأة ناقصة، فلا ولاية لها على غيرها.

7. **عدم اختلال النظر:** ذهب الشافعية والحنابلة والمالكية في رواية[5] إلى اشتراط عدم اختلال النظر لهرم أو خبل جبلي أو عارض وسلامته من الأسقام والآلام الشاغلة عن النظر ومعرفة المصلحة، فإن وجد شيء من ذلك انتقلت الولاية إلى الأبعد، ولم يشترط ذلك الحنفية والمالكية في المشهور[6].

رأي القانون:

اقتصرت بعض القوانين على ذكر أهم الشروط بينما توسعت القوانين الأخرى بذكر الشروط، فقد نص القانون الأردني[7] في المادة (10) على أنه: " يشترط في الولي أن يكون عاقلاً بالغاً، وأن يكون مسلماً إذا كانت المخطوبة مسلمة ".

---

[1] سورة النساء: آية 141.

[2] سورة الأنفال: آية 73.

[3] الاختيار: الموصلي 96/3، البحر الرائق: ابن نجيم 132/3، الهداية: ابن رشد 12/2، الإقناع: الشربيني 123/2، مغني المحتاج: الشربيني 154/3، المغني 357/7،356.

[4] الإقناع: الشربيني 123/2، مغني المحتاج: الشربيني 154/3، المغني: ابن قدامه 357/7.

[5] مغني المحتاج: الشربيني 154/3، المغني: ابن قدامه 355/7، بداية المجتهد: ابن رشد 12/2.

[6] بداية المجتهد: ابن رشد 12/2.

[7] مجموعة التشريعات: الظاهر ص 103.

وأضاف القانون السوداني[1] في المادة (33) والقانون المغربي[2] في الفصل (11) ومشروع القانون العربي[3] في المادة (20) ومشروع القانون الخليجي[4] في المادة (13) الذكورة، حيث نص على أنه: " يشترط في الولي أن يكون ذكراً، عاقلاً، بالغاً، بالغاً، مسلماً، إذا كانت الولاية على مسلم ".

وأضاف القانون العربي والقانون الخليجي: " غير محرم بحج أو عمرة " ـ وهذا الشرط يبحث في مسألة هل يجوز للمحرم أن يعقد عقد الزواج ـ.

أما القانون السوري[5]، فقد اقتصر على العقل والبلوغ حيث نص في (الفقرة 1 من المادة 22) على أنه: " يشترط أن يكون الولي عاقلاً بالغاً ".

بينما نص القانون التونسي[6] في الفصل (8) على أنه: " يجب أن يكون ـ الولي ـ عاقلاً ذكراً رشيداً ".

يتبين لنا من هذه القوانين أنها اتفقت في شرطين هما البلوغ والعقل، وبعضها لم يذكر الإسلام على اعتبار أنها من الأحكام الخاصة بالمسلمين، وقد كان من الأولى ذكر هذا الشرط بصراحة. ولم تذكر شرط الحرية لعدم وجود الرقيق في أيامنا.

أما بالنسبة لشرط العدالة، فيلاحظ أن هذه القوانين أخذت برأي جمهور الفقهاء الذين لم يشترطوا العدالة في الولي، لذلك فإن ولاية الفاسق جائزة في هذه القوانين.

الفرع الخامس

أقسام الولاية

تقسم الولاية إلى قسمين:

القسم الأول: ولاية قاصرة: وهي قدرة العاقد على إنشاء العقد بنفسه وتنفيذ أحكامه.

---

[1] قانون الأحوال الشخصية لسنة 1991: ص 15.

[2] الوثائق العدلية: العراقي ص 124، أحكام الأسرة: ابن معجوز ص 350ـ351.

[3] المجلة العربية: الأمانة العامة ص 20.

[4] جريدة الخليج: ص11.

[5] قانون الأحوال الشخصية: وزارة العدل ص 24، قانون الأحوال الشخصية: الكويفي 27.

[6] موسوعة التشريعات العربية: مجلة الأحوال الشخصية التونسية.

القسم الثاني: ولاية متعدية: وهي قدرة العاقد على إنشاء العقد الخاص بغيره بحكم الشرع.

وتقسم الولاية المتعدية إلى ثلاثة أقسام:

القسم الأول: ولاية على النفس: وهي تختص بشؤون القاصر الخاصة غير المالية ومنها القدرة على إنشاء عقد الزواج نافذاً من غير حاجة إلى إجازة أحد.

القسم الثاني: ولاية على المال: وهي القدرة على إنشاء العقود الخاصة بالمال وتنفيذها بما فيه مصلحته.

القسم الثالث: ولاية على النفس والمال: وهي تشمل الولاية على النفس أي القدرة على إنشاء العقود غير المالية ومنها عقد الزواج، والولاية على المال أي القدرة على إنشاء العقود الخاصة بالمال وتنفيذها.

وموضوع بحثنا هو الولاية على النفس حيث يقسم الفقهاء ولاية الزواج إلى قسمين: ولاية إجبار، وولاية اختيار، وقد بين الفقهاء من تجب عليه ولاية الإجبار ومن تجب عليه ولاية الاختيار على النحو التالي:

لا خلاف بين الفقهاء[1] الذين أجازوا زواج الصغير والصغيرة بأن ولاية الإجبار تثبت على القاصرين فاقدي الأهلية كالصغير المميز والصغيرة المميزة، والمجنون والمجنونة، والمعتوه والمعتوهة، كما أنها تثبت على ناقصي الأهلية كالصغير المميز والصغيرة المميزة إذا كانت بكراً، فإذا زوج من سبق ذكرهم من له ولاية الإجبار من الكفء وبمهر المثل كان الزواج صحيحاً، وإن كره الصغير الزواج وامتنع.

وقد استدلوا على ذلك بما يلي:

1. قال الله تعالى: ﴿ واللائى يئسن من المحيض من نسائكم إن ارتبتم فعدتهن ثلاثة أشهر واللائى لم يحضن ﴾[2].

---

[1] البحر الرائق: ابن نجيم 136/3، الهداية: المرغيناني 198/1،196، بداية المجتهد: ابن رشد 6/2، الكافي: القرطبي 529/2،522، مغني المحتاج: الشربيني 149/3، 159، نهاية المحتاج: الرملي 229/6، العدة: المقدسي 357، المغني: ابن قدامه 279/7، الشرح الكبير: المقدسي 385/7ـ386.

[2] سورة الطلاق: آية 4.

وجه الدلالة: جعل الله سبحانه وتعالى في الآية الكريمة للنساء اللائى لم يحضن عدة ثلاثة أشهر، ولا تكون العدة ثلاثة أشهر إلا من الطلاق في نكاح أو فسخ، فدل ذلك على أنها تزوج وتطلق، ولا إذن لها.

2. عن عائشة رضي الله عنها قالت: ﴿ تزوجني رسول الله صلى الله عليه وسلم لست سنين وبنى بي وأنا بنت تسع سنين ﴾[1].

وجه الدلالة: يدل الخبر على أن أبا بكر زوج عائشة، وهي في حالة لم تكن ممن يعتبر إذنها بسبب صغر سنها.

3. فعل الصحابة ـ رضي الله عنهم ـ فقد زوج علي بن أبي طالب ابنته أم كلثوم وهي صغيرة من عروة بن الزبير، وزوج عروة بن الزبير ابنة أخيه من ابن أخيه وهما صغيران وغيرها من الآثار التي تدل على أنه يجوز للولي تزويج الصغير والصغيرة دون إذنهما.

كما اتفق الفقهاء[2] على أن الصغير متي أكمل سن البلوغ، يصح زواجه بلفظه من غير اشتراط موافقة الولي أو القاضي، بل يشترط رضاه وقبوله، فلا يملك وليه تزويجه رغماً عنه، وذلك لأنه حر بالغ عاقل فيملك أهلية التصرف كاملة من غير أن تكون لأحد سلطة عليه.

أما المسائل الأخرى فقد اختلف الفقهاء فيمن تجب عليه ولاية الإجبار وولاية الاختيار حسب التقسيم التالي:

أولاً: الولاية على البكر البالغة العاقلة

اختلف الفقهاء في هذه المسألة على مذهبين:

المذهب الأول: ذهب جمهور الفقهاء[3] ـ المالكية والشافعية والحنابلة في رواية ـ إلى أن للولي المجبر أن يزوجها بغير إذنها كالصغيرة ويستحب أن يستأذنها قبل أن يعقد عليها. وقد

---

[1] صحيح البخاري: البخاري 29/7، صحيح مسلم: مسلم 222/5 واللفظ له.

[2] بداية المجتهد: ابن رشد 4/2.

[3] بداية المجتهد: ابن رشد 5/2، الكافي: القرطبي 523/2، إحياء علوم الدين: الغزالي 324/5، إتحاف السادة المتقين 324/5، مغني المحتاج: الشربيني 149/3، نهاية المحتاج: الرملي 229/6، العدة: المقدسي 357، الشرح الكبير: المقدسي 387/7، المغني: ابن قدامه 384/7،380.

استدلوا على ذلك بما روي عن ابن عباس **رضي الله عنه** أن رسول الله **صلى الله عليه وسلم**

قال: ﴿ الأيم أحق بنفسها من وليها، والبكر تستأذن في نفسها وإذنها صماتها ﴾[1].

وجه الدلالة: قسم الرسول عليه السلام النساء قسمين وأثبت الحق لأحدهما، فدل على نفيه عـن الآخر وهـي البكر، فيكون وليها أحق منها بها.

المذهب الثاني: ذهب الحنفية والحنابلة في رواية[2] إلى أنه ليس للأب إجبارها على الـزواج، ولا بـد مـن استئذانها، فإن زوجها من غير استئذان فقد خالف السنة، وكان العقد موقوفاً على رضاها، ومن المستحب أن تستشير وليها، وأن تفوض أمرها إليه فيقوم بإجراء عقد زواجها حتى لا توصف بالخروج عن العادات والتقاليد، ولا تنسب إلى الوقاحة.

وقد استدلوا على ذلك بما يلي:

1. عن أبي هريرة **رضي الله عنه** أن رسول الله **صلى الله عليه وسلم** قال: ﴿ لا تنكح الأيم حتى تستأمر، ولا تنكح البكر حتى تستأذن، قالوا: يا رسول الله ! وكيف إذنها؟ قال: أن تسكت ﴾[3].

2. عن ابن عباس **رضي الله عنه** ﴿ أن جارية بكراً أتت النبي **صلى الله عليه وسلم** فذكرت أن أباها زوجها وهي كارهة، فخيرها النبي **صلى الله عليه وسلم** ﴾[4].

3. لأنها جائزة التصرف في مالها، فلم يجز إجبارها كالثيب والرجل[5].

ثانياً: الولاية على الثيب الصغيرة:

اختلف الفقهاء في هذه المسألة على مذهبين

المذهب الأول: ذهب جمهور الفقهاء[6] ـ الحنفية والمالكية والحنابلة في رواية ـ إلى أن للأب إجبارها على الـزواج، وأضاف الحنفية الجد، وذلك لأنها صغيرة.

---

[1] صحيح مسلم: مسلم 220/5.

[2] الاختيار: الموصلي 92/3، الهداية: المرغيناني 196/1،، العدة: المقـدسي 358، الشرح الكبير: المقـدسي 387/7، المغني: ابن قدامه 380/7، بداية المجتهد: ابن رشد 5/2.

[3] صحيح مسلم: مسلم 219/5.

[4] سنن أبي داود: أبي داود 232/2، سنن النسائي: النسائي 86/6، السنن الكبرى: البيهقي 117/7.

[5] المغني: ابن قدامه 380/7.

[6] الاختيار: الموصلي 94/3، الهداية: المرغيناني 198/1، بداية المجتهد: ابن رشد 5/2، الكافي: القرطبي 522/2، الشرح الكبير: المقـدسي 389/7ـ390، المغني: ابن قدامه 385/7.

المذهب الثاني: وذهب الشافعية والحنابلة في رواية[1] إلى أنه لا ولاية لأحد عليها، فلا يجوز تزويجها بدون إذنها، ولما كان إذن الصغيرة غير معتبر فلا تزوج حتى تبلغ وتأذن لعموم قول الرسول صلى الله عليه وسلم :《 الأيم أحق بنفسها من وليها، والبكر تستأذن في نفسها وإذنها صماتها》[2]، الحديث لم يفرق بين الثيب الكبيرة والصغيرة فمدار ولاية الإجبار عندهم البكارة.

ثالثاً: الولاية على الثيب البالغة العاقلة:

لا خلاف بين الفقهاء[3] في أن الثيب البالغة العاقلة لا يملك أحد تزويجها بغير إذنها، فلا بد لصحة عقد زواجها من رضاها، حيث لا يملك أحد إجبارها على الزواج. وقد شذ عن هذا الإجماع الحسن البصري فقال لوليها تزويجها وإن كرهت. قال إسماعيل بن إسحاق: لا أعلم أحداً قال في البنت بقول الحسن وهو قول شاذ خالف فيه أهل العلم والسنة.

وقد استدلوا على ذلك بما يلي:

1. عن ابن عباس ـ رضي الله عنهما ـ أن رسول الله صلى الله عليه وسلم قال:《 ليس للولي مع الثيب أمر》[4].
2. عن ابن عباس ـ رضي الله عنهما ـ أن النبي صلى الله عليه وسلم قال:《 الأيم أحق بنفسها من وليها، والبكر تستأذن في نفسها وإذنها صماتها》[5]، وفي رواية 《 الثيب أحق بنفسها من وليها 》[6]، وفي رواية أبي هريرة 《 لا تنكح الأيم حتى تستأمر》[7].
3. عن خنساء بنت خذام الأنصارية: 《 أن أباها زوجها وهي ثيب فكرهت ذلك فأتت رسول الله صلى الله عليه وسلم فرد نكاحه》[8]، قال ابن عبد البر هذا الحديث مجمع على صحته

---

[1] مغني المحتاج: الشربيني 149/3، نهاية المحتاج: الرملي 229/6، الشرح الكبير: المقدسي 389/7ـ390، المغني: ابن قدامه 385/7، بداية المجتهد: ابن رشد 5/2.

[2] صحيح مسلم: مسلم 220/5.

[3] الهداية: المرغيناني 196/1، بداية المجتهد: ابن رشد 5/2، الكافي: القرطبي 523/2، إحياء علوم الدين: الغزالي 324/5، إتحاف السادة المتقين: الزبيدي 324/5. مغني المحتاج: الشربيني 149/3، نهاية المحتاج: الرملي 229/6، العدة: المقدسي 359، الشرح الكبير: المقدسي 389/7،المغني: ابن قدامه 385/7

[4] سنن أبي داود: أبي داود 233/2، سنن النسائي: النسائي 86/6، السنن الكبرى: البيهقي 119/7.

[5] صحيح مسلم: مسلم 220/5.

[6] صحيح مسلم: مسلم 220/5.

[7] صحيح مسلم: مسلم 219/5.

[8] صحيح البخاري: البخاري 31/7.

والقول به لا نعلم مخالفاً له إلا الحسن، وكانت الخنساء من أهل قباء، وكانت تحت أنيس بن قتادة، فقتل عنها يوم أحد، فزوجها أبوها رجلاً من بني عمرو بن عوف فكرهته، وشكت ذلك إلى رسول الله صلى الله عليه وسلم فرد نكاحها، ونكحت أبا لبابة بن عبد المنذر[1].

4. لأنها رشيدة عالمة بالمقصود من النكاح مختبرة، فلم يجز إجبارها عليه كالرجل.

مسألة: ما علة ولاية الإجبار؟

مما سبق يتبين لنا أن الفقهاء متفقون على أن علة ولاية الإجبار على المجانين والمعاتيه هي فقد العقل وضعف إدراك المصلحة في التصرفات، وأن علة الولاية على الصغير هي الصغر، حيث لا يفهم القاصر شؤون الزواج ولا المصلحة فيه.

واختلفوا في علة الولاية على الصغيرة فقد ذهب الشافعي وأحمد في رواية إلى أن علة الولاية على الصغيرة هي البكارة، وقال الإمام مالك بأن علة الولاية هي البكارة أو الصغر أيهما وجد كان موجباً للإجبار، بينما قال الحنفية وأحمد في رواية أن علة الولاية على الصغيرة هو الصغر، لأنه سبب العجز الذي لأجله وجدت الولاية، ولأن الولاية على الصغير باتفاق الفقهاء هو الصغر، والعلة واحدة سواء أكان صغيراً أم صغيرةً. يقول ابن رشد في بداية المجتهد: " اختلفوا في موجب الإجبار هل هو البكارة أو الصغر؟ فمن قال الصغر قال: لا تجبر البكر البالغ، ومن قال البكارة: قال تجبر البكر البالغ ولا تجبر الثيب الصغيرة، ومن قال كل واحد منهما يوجب الإجبار إذا انفرد قال: تجبر البكر البالغ والثيب الغير بالغ، والتعليل الأول تعليل أبي حنيفة، والثاني تعليل الشافعي، والثالث تعليل مالك، والأصول أكثر شهادة لتعليل أبي حنيفة "[2].

مسألة: ما علامة الرضا؟

اتفقت المذاهب الفقهية[3] على أنه يجب استئذان الثيب، كما يستحب طلب استئذان البكر البالغ.

---

[1] المغني: ابن قدامه 385/7.

[2] بداية المجتهد: ابن رشد 6/2.

* ذكر الفقهاء سببين آخرين لم نتطرق إليهما لعدم وجودهما في زماننا هما مولى العتاقة ومولى الموالاة.

[3] الاختيار: الموصلي 92/3، الهداية: المرغيناني 196/1، الكافي: القرطبي 523/2، مغني المحتاج: الشربيني 149/3، نهاية المحتاج: الرملي 229/6، العدة: المقدسي 358، الشرح الكبير: المقدسي 387/7، المغني: ابن قدامه 384/7.

وقد استدلوا على ذلك بما يلي:

1. عن ابن عباس رضي الله عنه أن رسول الله صلى الله عليه وسلم قال: ﴿ الأيم أحق بنفسها من وليها، والبكر تستأذن في نفسها وإذنها صماتها﴾[1].

2.عن أبي هريرة رضي الله عنه أن رسول الله صلى الله عليه وسلم قال:﴿ لا تنكح الأيم حتى تستأمر، ولا تنكح البكر حتى تستأذن، قالوا: يا رسول الله ! وكيف إذنها؟ قال: أن تسكت ﴾[2].

3. عن عائشة ـ رضي اله عنها قالت: ﴿ سألت رسول الله صلى الله عليه وسلم عن الجارية يُنْكِحُها أهلها، أتستأمر أم لا؟ فقال لها رسول الله صلى الله عليه وسلم " نعم، تستأمر " فقالت عائشة: فقلت له: فإنها تستحيي، فقال: لها رسول الله صلى الله عليه وسلم : " فذلك إذنها إذا هي سكتت "﴾[3].

4. عن خنساء بنت خذام الأنصارية: ﴿ أن أباها زوجها وهي ثيب فكرهت ذلك فأتت رسول الله صلى الله عليه وسلم ، فرد نكاحه﴾[4]، قال ابن عبد البر: هذا الحديث مجمع على صحته والقول به لا نعلم مخالفاً له إلا الحسن، وكانت الخنساء من أهل قباء، وكانت تحت أنيس بن قتادة، فقتل عنها يوم أحد، فزوجها أبوها رجلاً من بني عمرو بن عوف فكرهته، وشكت ذلك إلى رسول الله صلى الله عليه وسلم فرد نكاحها، ونكحت أبا لبابة بن عبد المنذر[5].

5. عن عطاء قال: " كان النبي صلى الله عليه وسلم يستأمر بناته إذا أنكحهن، قال كان يجلس عند خدر المخطوبة فيقول إن فلاناً يذكر فلانة، فإن حركت الخدر لم يزوجها، وإن سكتت زوجها "[6]

6. لأن الزواج مطلوب لمصلحة الزوجين، فلا يعقل أن يتجاهل الأب أو الولي رغبة البكر البالغ، ولا يحاول أن يتعرف على رأيها في الموضوع.

هذه الآثار وغيرها تبين الفرق بين دلائل الرضا عند البكر وعند الثيب، أما البكر فيكفي في معرفة رضاها السكوت إذا كان الذي يستأمرها هو الولي إلا إذا كان السكوت على سبيل الاستخفاف والاستهزاء، فإن نطقت بالإذن فهو أبلغ وأتم في الإذن من سكوتها، أما إذا كان غير ولي، أو ولياً ولكن غيره أولى منه فلا يكفي السكوت، بل لا بد من الإعلان بالقول، لأنها مع

---

[1] صحيح مسلم: مسلم 220/5.

[2] صحيح مسلم: مسلم 219/5.

[3] صحيح مسلم: مسلم 219/5.

[4] صحيح البخاري: البخاري 31/7.

[5] المغني: ابن قدامه 385/7.

[6] المغني: ابن قدامه 384/7.

الولي تستحي من إظهار رغبتها فيكون سكوتها علامة الرضا، أما مع غيره فلا حاجة للسكوت لذلك لا بد من الكلام[1].

أما إذا ضحكت، فهل الضحك دليل الرضا أم لا؟ قيل: يدل الضحك على الرضا، والضحك أدل على الرضا من السكوت، وقيل: إذا ضحكت بما يدل على السخرية لا يعد رضاً[2].

أما إذا بكت، فهل يدل البكاء على الرضا أم لا؟ فيه روايتان الأولى: يدل على الرضا وبه أخذ الحنابلة والحنفية في قول[3] لما روي عن أبي هريرة **رضي الله عنه** قال: قال الرسول **صلى الله عليه وسلم** ﴿ تستأمر اليتيمة، فإن بكت أو سكتت فهو رضاها، وإن أبت فلا جواز عليها﴾[4]، والبكاء يدل على فرط الحياء. والرواية الثانية: لا يدل على الرضا وبه أخذ المالكية والحنفية في قول[5]، لأنه يدل على الكراهية والسخط، وليس بصمت. وقيل إن كان البكاء بصوت فإنه يدل على عدم الرضا، وإن كان بغير صوت فإنه يدل على الرضا، وقيل يدل على عدم الرد[6].

أما الثيب[7] فإن دليل الرضا عندها يكون بالنطق وإعلان رضاها، إذ هي قد عاشرت الأزواج من قبل ودخلت في الحياة الزوجية، فلا تخجل من إعلان إرادتها.

وأجمعوا على أن الثيب[8] التي لا بد من سماع قولها هي الثيب من زواج صحيح أو فيه شبهة، واختلفوا في غير ذلك، فإن أصبحت المرأة ثيباً من غير جماع كوثبة أو جراحة أو حيضة أو تعنيسة، فهي في حكم الأبكار يكتفى سكوتها. لأنها تستحيي لعدم ممارستها الرجال.

---

[1] الاختيار: الموصلي 92/3، الهداية: المرغيناني196/1، الكافي: القرطبي 524/2، مغني المحتاج: الشربيني 150/3، نهاية المحتاج: الرملي 231/6، المغني: ابن قدامه 386/7.

[2] الاختيار: الموصلي 92/3، الهداية: المرغيناني196/1، المغني: ابن قدامه 387/7.

[3] الاختيار: الموصلي 92/3، المغني: ابن قدامه 387/7.

[4] سبق تخريجه.

[5] الاختيار: الموصلي 92/3، الهداية: المرغيناني 197/1، الكافي: القرطبي 524/2، المغني: ابن قدامه 387/7

[6] الاختيار: الموصلي 92/3، الهداية: المرغيناني 197/1.

[7] الاختيار: الموصلي 93/3، الهداية: المرغيناني 197/1، الكافي: القرطبي 524/2، مغني المحتاج: الشربيني 150/3، نهاية المحتاج: الرملي 231/6، العدة: المقدسي: ص 359، المغني: ابن قدامه 386/3.

[8] الاختيار: الموصلي 93/3، الهداية: المرغيناني 197/1، بداية المجتهد: ابن رشد 6/2، الكافي: القرطبي 523/2، مغني المحتاج: الشربيني 149/3، نهاية المحتاج: الرملي 230/6،229، المغني: ابن قدامه 386/3.

وكذلك الموطوءة في الدبر لم تصر ثيباً ولا حكمها حكمهن، لأنها غير موطوءة في القبل[1]. وفي رواية عند الشافعية أنها كالثيب[2].

أما المرأة الثيب التي زالت بكارتها من وطء حرام، فقد اختلف الفقهاء في هذه المسألة على قولين:

القول الأول: ذهب الإمام أبو حنيفة والمالكية[3] إلى أن حكمها حكم البكر في إذنها، وذلك لأن علة الاكتفاء بصمات البكر الحياء، والحياء من الشيء لا يزول إلا بمباشرته، وهي لم تباشر الإذن في النكاح فيبقى حياؤها منه بحاله، كما أن الناس عرفوها بكراً فيعيبونها بالنطق، فتمتنع عنه فيكتفى بسكوتها كيلا تتعطل مصالحها.

القول الثاني: ذهب الشافعية والحنابلة والصاحبان من الحنفية[4] إلى أن الثيب التي زالت بكارتها من وطء لا يكتفى بسكوتها، بل لا بد من سماع قولها، وذلك لأن حديث ﴿ لا تنكح الأيم حتى تستأمر ﴾[5] يدل على أنه لا بد من نطق الثيب لأنه قسم النساء قسمين فجعل السكوت إذناً لأحدهما، فوجب أن يكون الآخر بحاله، وهذه ثيب فإن الثيب هي الموطوءة في القبل، وهذه ثيب.

رأي القانون:

أخذ القانون الأردني[6] بما ذهب إليه الحنفية في زواج البكر البالغة العاقلة حيث نصت المادة (22) على أنه: " إذا نفت البكر أو الثيب التي بلغت الثامنة عشرة من عمرها وجود ولي لها وزوجت نفسها من آخر ثم ظهر لها ولي ينظر، فإذا زوجت نفسها من كفء لزم العقد، ولو كان المهر دون مهر المثل، وإن زوجت نفسها من غير كفء فللولي مراجعة القاضي بطلب فسخ النكاح ".

---

[1] الاختيار: الموصلي 93/3، الهداية: المرغيناني 197/1، بداية المجتهد ابن رشد 6/2، مغني المحتاج: الشربيني 150/3، نهاية المحتاج: الرملي 230/6، المغني: ابن قدامه 388/3.

[2] مغني المحتاج: الشربيني 150/3، نهاية المحتاج: الرملي 230/6.

[3] الاختيار: الموصلي 93/3، الهداية: المرغيناني 197/1، بداية المجتهد 6/2، الكافي: القرطبي 523/2، المغني: ابن قدامه 388/7.

[4] الاختيار: الموصلي 93/3، الهداية: المرغيناني 197/1، بداية المجتهد 6/2، مغني المحتاج: الشربيني 150/3 نهاية المحتاج: الرملي 230/6، المغني: ابن قدامه 388/3

[5] صحيح مسلم: مسلم 219/5.

[6] مجموعة التشريعات: الظاهر ص 103.

كما أنه لم يشترط موافقة الولي في زواج الثيب البالغة العاقلة حيث جاء في المادة (13) ما نصه: " لا تشترط موافقة الولي في زواج المرأة الثيب العاقلة المتجاوزة من العمر ثمانية عشر عاماً ".

واشترط القانون السوري[1] في زواج المرأة التي ادعت البلوغ بعد اكتمالها الثالثة عشرة من العمر موافقة الأب أو الجد، وكذلك بالنسبة للكبيرة بكراً أو ثيباً للولي أن يبين رأيه، فإذا لم يبين رأيه أو كان اعتراضه غير جدير بالاعتبار زوجها القاضي دون الأخذ برأيه حيث نص في المادة (18) على أنه:

" 1. إذا ادعى المراهق البلوغ بعد إكماله الخامسة عشرة أو المراهقة البلوغ بعد إكمالها الثالثة عشرة وطلبا الزواج يأذن القاضي به إذا تبين له صدق دعواهما واحتمال جسميهما.

2. إذا كان الولي هو الأب أو الجد اشترطت موافقته ".

وفي المادة (20) على أن: " الكبيرة التي أتمت السابعة عشرة من عمرها إذا أرادت الزواج يطلب القاضي من وليها بيان رأيه خلال مدة يحددها القاضي له فإذا لم يعترض أو كان اعتراضه غير جدير بالاعتبار يأذن القاضي بزواجها بشرط الكفاءة ".

أما مشروع القانون الكويتي[2] فقد اشترط موافقة الولي في زواج البكر التي بين البلوغ وتمام الخامسة العشرين، ولم تشترطه في زواج الثيب أو المرأة التي أتمت الخامسة والعشرين من العمر كما نصت عليه المادة (29): " الولي في زواج البكر التي بين البلوغ وتمام الخامسة والعشرين هو العصبة بالنفس حسب ترتيب الإرث، وإن لم توجد العصبة، فالولاية للقاضي. ويسري هذا الحكم على المجنون والمعتوه ذكراً كان أو أنثى ".

والمادة (30) " الثيب أو من بلغت الخامسة والعشرين من عمرها، الرأي لها في زواجها، ولكن لا تباشر العقد بنفسها، بل ذلك لوليها ".

---

[1] قانون الأحوال الشخصية: وزارة العدل ص 25، قانون الأحوال الشخصية: الكويفي ص 28.
[2] قانون الأحوال الشخصية الكويتي.

واعتبر القانون المغربي[1] الولاية حق للفتاة ومنع إجبارها على الزواج سواء كانت بكراً أو ثيباً حيث جاء الفصل (12) ما نصه " 1. الولاية حق للمرأة، فلا يعقد عليها الولي إلا بتفويض من المرأة على ذلك.

2. لا يسوغ للولي ولو أباً أن يجبر ابنته البالغ ولو بكر على النكاح إلا بإذنها ورضاها إلا إذا خيف على المرأة الفساد فللقاضي الحق في إجبارها حتى تكون في عصمة زوج كفء يقوم عليها ".

كما اشترط مشروع القانون الإماراتي[2] اجتماع رأي المرأة ووليها حيث نص في المادة(24) على أنه:

"1. يشترط اجتماع رأي الولي والمولى عليها.

2. وإذا باشرت الفتاة العقد بعد رضا الولي صح العقد، وإذا انفرد أحدهما بالعقد قبل رضا الآخر كان موقوفاً على إجازته ".

الفرع السادس

من له الولاية في الزواج*

بينا سابقاً خلاف الفقهاء فيمن له ولاية الإجبار على الصغار والمجانين، أما الولاية فيمن عداهم فقد اتفق الفقهاء على أنها للعصبة واختلفوا في ترتيبهم على النحو التالي:

أولاً: مذهب الحنفية:

ذهب الحنفية[3] إلى أن الولاية للعصبة على ترتيبهم في الإرث والحجب كالتالي: الابن وابنه وإن نزل ـ وخالف محمد بن الحسن في المعتوهة فقدم الأب على الابن ـ ثم الأب، ثم الجد وإن علا- تقديم الجد على الأخ هو المعتمد في المذهب الحنفي، وذكر الكرخي أن الجد والأخ يشتركان في الولاية عندهما، والصحيح أن تقديم الجد على الأخ متفق عليه بين الإمام

---

[1] الوثائق العدلية: العراقي ص 125، أحكام الأسرة 352. تتمة الفصل (12) " إلا بتفويض من المرأة على ذلك إلا في حالة الإجبار المنصوص عليها 2. لا تباشر المرأة العقد ولكن تفوض لوليها أن يعقد عليها 3. توكل المرأة الوصي ذكراً تعتمده لمباشرة العقد على من هي تحت وصايتها ".

[2] مشروع القانون الإماراتي: وزارة العدل ص 8.

[3] الاختيار: الموصلي 3/95ـ96، البحر الرائق: ابن نجيم 3/133،126، حاشية رد المحتار: ابن عابدين 3/78ـ79.

وصاحبيه-، ثم الأخ الشقيق، ثم ابن الأخ الشقيق، ثم الأخ لأب، ثم ابن الأخ لأب، ثم العم الشقيق، ثم العم لأب، ثم ابن العم الشقيق، ثم ابن العم لأب، ثم أعمام الأب الشقيق، ثم أبناؤه، ثم عم الجد الشقيق، ثم أبناؤه، ثم عم الجد لأب، ثم أبناؤه وإن نزلوا، فإذا لم يكن هناك عصبة، فالولاية عند أبي حنيفة للأم، ثم البنت، ثم بنت الابن، ثم بنت ابن الابن، ثم بنت بنت البنت، ثم الأخت الشقيقة، ثم الأخت لأب، ثم الأخ أو الأخت لأم، ثم أولادهم، ثم ذوو الأرحام فتقدم العمات، ثم الأخوال، ثم الخالات، ثم بنات الأعمام، ثم بنات العمات. فإذا فقد هؤلاء انتقلت الولاية إلى الحاكم. ودليله في جعل الولاية لهؤلاء بعد العصبات هو القرابة الباعثة على الشفقة، وهذه الشفقة موجودة في الأم وقرابتها كما توجد في قرابة الأب، فتثبت لهم ولاية التزويج أيضاً، إلا أن قرابة الأب يقدمون باعتبار العصوبة، فإذا لم توجد انتقلت الولاية إلى قرابة الأم كما في الميراث، حيث تقدم العصبات على ذوي الأرحام.

وذهب أبو يوسف ومحمد إلى أن الولاية بعد العصبات للحاكم، ولا ولاية للأم ولا لأخوات ولا لذوي الأرحام، لأن النص اقتصر في الولاية على العصبات لقوله ـ عليه الصلاة والسلام: ﴿ النكاح إلى العصبات﴾، ولأن الولاية إنما تثبت خوفاً من العار بزواج غير الأكفاء، وذوو الأرحام ينسبون إلى الأم فلا يلحقهم العار بغير الكفء.

ثانياً: مذهب المالكية:

ذهب المالكية[1] إلى أن الولاية معتبرة بالتعصيب، فمن كان أقرب عصبة كان أحق بالولاية، والأبناء عندهم أولى وإن سفلوا ـ وفي رواية عن مالك أن الأب أولى من الابن ـ ثم الآباء، ثم الأخوة الأشقاء، ثم الأخوة لأب، ثم بنو الأخوة الأشقاء، ثم بنو الأخوة لأب، ثم الأجداد للأب وإن علو، ثم العمومة على ترتيب الأخوة وإن سفلوا ثم السلطان، ثم عامة المسلمين.

ثالثاً: مذهب الشافعية:

ذهب الشافعية[2] إلى أن الولاية معتبرة بالتعصيب، إلا أنه لا ولاية للابن عندهم إلا أن يكون عصبة أو حاكماً، فيلي بذلك لا بالبنوة لأنه ليس بمناسب لها، فلا يلي نكاحها كخالها.

---

[1] بداية المجتهد: ابن رشد 13/2، جواهر الإكليل: الأزهري 283/1، شرح الخرشي: الخرشي 180/3-182، الشرح الصغير: الدردير 358/2، الكافي: القرطبي 525/2.

[2] الإقناع: الشربيني 125/2ـ126، الحاوي: الماوردي 127/11 وما بعدها، كفاية الأخيار: الحصني 32/2، مغني المحتاج: الشربيني 150/3ــ152، نهاية المحتاج: الرملي 231/6ـ235.

ولأن طبعه ينفر من تزويجها فلا ينظر لها[1]. وترتيب الأولياء عندهم على النحو التالي: الأب ثم الجد أبو الأب وإن علا، ثم الأخ الشقيق، ثم الأخ لأب، ثم ابن الأخ الشقيق وإن سفل، ثم ابن الأخ لأب وإن سفل، ثم العم الشقيق، ثم العم لأب، ثم ابن العم الشقيق وإن سفل، ثم ابن العم لأب وإن سفل، فإن عدمت العصبات فالحاكم.

رابعاً: مذهب الحنابلة:

ذهب الحنابلة[2] إلى أن الولاية للعصبة على الترتيب التالي: الأب، ثم الجد أبو الأب وإن علا، ثم الابن وابنه وإن نزل، ثم الأخ الشقيق، ثم الأخ لأب، ثم بنوهم وإن نزلوا، ثم الأعمام، ثم بنو الأعمام وإن نزلوا، ثم أعمام الأب، ثم بنو أعمام الأب وإن نزلوا، ثم أعمام الجد، ثم بنو أعمام الجد وإن نزلوا، ثم الأقرب فالأقرب من العصبات، فإن عدمت العصبات فالحاكم.

مواطن الاتفاق والاختلاف:

مما سبق يتبين لنا أن الفقهاء اتفقوا على جعل الولاية في الزواج للعصبات، واختلفوا في تقديم الابن على الأب، فذهب الحنفية والمالكية في المشهور إلى تقديم الابن على الأب، وذهب محمد بن الحسن من الحنفية والمالكية في رواية والحنابلة إلى أن الأب مقدم على الابن أما الشافعية فلم يعتبروا الابن ولياً.

رأي القانون:

أخذت قوانين الأحوال الشخصية برأي الجمهور في قصر الولاية على العصبة، ولكنها اختلفت في ترتيب العصبات: ومنها القانون الأردني[3] فقد أخذ بالترتيب المنصوص عليه في الفقه الحنفي كما جاء في المادة (9): " الولي في الزواج هو العصبة بنفسه وفق الترتيب المنصوص عليه في القول الراجح من مذهب أبي حنيفة ".

---

[1] المغني: ابن قدامه 347/7.

[2] الشرح الكبير: المقدسي 411/7-418، العدة: المقدسي 355، المغني: ابن قدامه 347/7-351.

[3] مجموعة التشريعات: الظاهر ص 102.

وأخذ القانون السوداني[1] في الفقرة الأولى من المادة (32)، ومشروع القانون العربي[2] في المادة (14)، ومشروع القانون الخليجي[3] في المادة (12) برأي الجمهور في قصر الولاية على العصبة حيث نصت على أن: " الولي في الزواج هو العصبة بنفسه على ترتيب الإرث ".

وقد نص القانون التونسي[4] في الفصل (8) على أن: " الولي هو العاصب بنفسه ".

وقد قصر القانون السوري حق الولاية على العصبات المحارم في المادة (21) حيث نصت على أن: " الولي في الزواج هو العصبة بنفسه على ترتيب الإرث بشرط أن يكون محرماً "، كما أخذ بهذا الرأي مشروع القانون الإماراتي حيث يفهم ذلك من نص المادة (31) والتي جاء فيها: " الولي في الكفاءة هو الأب ثم الجد الصحيح ثم الأخ الشقيق دون سواهم ". يلاحظ أن هذه القوانين قصرت الولاية على العصبات المحارم، ومنعت ولاية غير المحارم كابن العم، وهو رأي جديد لم يقل به أحد من الفقهاء، ولعل السبب في ذلك يعود إلى تحكم ابن العم في زواج بنت عمه، ورغبته في الزواج منها دون غيره من الأكفاء ولو كانت غير راضية في بعض قرانا، ولكن هذا المحظور مدفوع بالقانون، حيث منع الأولياء من تزويج الصغار، وجعل للبالغة حق اختيار الزوج، فلم يبق لابن العم مجال للتحكم في منع بنت العم من الزواج، وإنما له الحق في الاعتراض على من تختاره من الأزواج، فإذا وجد القاضي أنه كفء، وأن اعتراض ابن العم في غير محله، أذن بالزواج، لهذا فإن اشتراط المحرمية في الولي خلافاً لأقوال الفقهاء لا مبرر له. كما يلاحظ أن القانون الإماراتي أخذ برأي الشافعية في منع الابن من الولاية، حيث لم ينص على ولاية الابن.

أما القانون المغربي[5] فقد أخذ في قصر الولاية على العصبة، بالترتيب المنصوص عليه في الفقه المالكي، ثم جعل الولاية للكافل ثم القاضي على أن لا يكون هو الزوج نفسه أو أحد أصوله أو فروعه[6] حيث جاء في الفصل (11) ما نصه: " الولي في الزواج هو الابن ثم الأب أو وصيه ثم الأخ فابن الأخ فالجد للأب فالأقربون بعد الترتيب، ويقدم الشقيق على غيره، فالكافل، فالقاضي، فولاية عامة المسلمين ".

---

[1] قانون الأحوال الشخصية لسنة 1991: ص 14.

[2] المجلة العربية: الأمانة العامة ص 20.

[3] جريدة الخليج: ص 11.

[4] مجلة الأحوال الشخصية التونسية.

[5] الوثائق العدلية: العراقي ص125، أحكام الأسرة: ابن معجوز ص 351.

[6] انظر الفصل (10) من مدونة الأحوال الشخصية المغربية.

أما القانون الكويتي[1] فقد فرق بين الولي في زواج البكر بين البلوغ والخامسة والعشرين حيث جعل الولاية عليها وفق الترتيب المنصوص عليه عند جمهور الفقهاء، والولي بالنسبة للثيب أو من بلغت الخامسة والعشرين حيث جعل الولاية في الكفاءة عليها للعصبات المحارم فقط، ولم تجعل لغير المحارم ولاية عليها، فقد جاء في المادة (29) ما نصه: " الولي في زواج البكر التي بين البلوغ وتمام الخامسة والعشرين هو العصبة بالنفس حسب ترتيب الإرث، وإن لم توجد العصبة، فالولاية للقاضي. ويسري هذا الحكم على المجنون والمعتوه ذكراً كان أو أنثى "، والمادة (37) ما نصه " الولي في الكفاءة من العصبة هو الأب، فالابن، فالجد العاصب، فالأخ الشقيق، ثم لأب، فالعم الشقيق، ثم لأب ". وهذا التقسيم لا داعي له كما بينا في الرد على من جعل الولاية قاصرة على المحارم، حيث منع تزويج الصغار، بالإضافة إلى ذلك فإن هذا القانون قد جعل الرأي للثيب أو من بلغت الخامسة والعشرين من عمرها في زواجها، والولي هو الذي يباشر العقد فقط[2].

مسألة: ما الحكم في حالة تعدد الأولياء؟

إذا تعدد الأولياء قدم الأقرب على الأبعد، فيقدم الأب على الجد، فإن استووا في جهة القرابة، قدم الأقرب درجة على الأبعد فيقدم الابن على ابن الابن، فإن استووا في الجهة والدرجة قدم الأقوى في درجة القرابة، فيقدم الأخ الشقيق على الأخ لأب،، فإن استووا في الجهة والدرجة وقوة القرابة كالأخوين الشقيقين، فالصحيح أن كلاً منهما يكون ولياً، فأيهما تولى عقد الزواج كان عقده صحيحاً.

ويستحب أن يزوجها أعلمهم بالفقه، فإن كانوا فيه سواء فأورعهم، فإن كانوا فيه سواء فأسنهم، فإذا زوجها الوليان كل منهما على انفراد وعلم المتقدم منهما كان هو الصحيح، وبطل المتأخر، وإن لم يعلم لم يصحا، لأنه لا وجه لترجيح أحدهما على الآخر[3].

---

[1] مشروع قانون الأحوال الشخصية الكويتي.

[2] انظر المادة(26) والمادة (30) من قانون الأحوال الشخصية الكويتي.

[3] الاختيار: 97/3، البحر الرائق: ابن نجيم 128/3، حاشية رد المحتار: ابن عابدين 80/3، بداية المجتهد: ابن رشد 14/2، شرح الخرشي: الخرشي 182،191/3، الكافي: القرطبي 525/2، الإقناع: الشربيني 126/2، الحاوي: الماوردي 127/11 وما بعدها، كفاية الأخيار: الحصني 33/2، العدة: المقدسي 356، المغني: ابن قدامه 364/7.

رأي القانون:

ذهبت قوانين الأحوال الشخصية إلى أن الولي الأقرب يقدم على الأبعد ـ حسب الترتيب المنصوص عليه فيمن له ولاية الزواج ـ فإن تساووا في الدرجة، كان رضا أحدهم أو توليه مسقطاً لحق الآخرين في الاعتراض.

فقد نص القانون الأردني[1] في المادة (11) على أن: " رضاء أحد الأولياء بالخاطب يسقط اعتراض الآخرين إذا كانوا متساوين في الدرجة ".

والقانون السوداني[2] في (الفقرة 2 من المادة 32)، والقانون السوري[3] في (الفقرة 2 من المادة 22) ومشروع القانون العربي[4] في

المادة (14) ومشروع القانون الخليجي[5] في المادة (12) على أنه: " إذا استوى وليان في القرب فأيهما تولى الزواج بشرائطه جاز ".

وأضاف القانون الخليجي ما نصه: " ويتعين من أذنت له المخطوبة ".

مسألة: ما الحكم في حالة غياب الولي:

ذهب جمهور الفقهاء[6] -الحنفية والمالكية والحنابلة والشافعية في رواية ـ إلى أن الولاية تنتقل إلى الولي الأبعد في حالة ما إذا تقدم خاطب كفء، وكان الولي الأقرب غائباً، ورفض الخاطب أن ينتظر عودة الولي، وكان في انتظاره تفويت لمصلحة المخطوبة، وذهب الشافعية في الراجح وزفر[7] إلى أن الولاية تنتقل إلى القاضي.

---

[1] مجموعة التشريعات: الظاهر ص 103.

[2] قانون الأحوال الشخصية لسنة 1991: ص 14.

[3] قانون الأحوال الشخصية: وزارة العدل ص 25، قانون الأحوال الشخصية: الكويفي ص 28.

[4] المجلة العربية: الأمانة العامة ص 20.

[5] جريدة الخليج: ص 11.

[6] الاختيار: الموصلي 96/3، البحر الرائق: ابن نجيم 135/3، حاشية رد المحتار: ابن عابدين 81/3، الهداية: المرغيناني 200/1، بداية المجتهد: ابن رشد 14/2، شرح الخرشي: الخرشي 187/3، الكافي: القرطبي 526/2، العدة: المقدسي 356، المغني: ابن قدامه 369/7.

[7] الاختيار: الموصلي 96/3، الهداية: المرغيناني 200/1، الإقناع: الشربيني 126/2.

رأي القانون:

أخذ القانون الأردني[1] برأي الجمهور في انتقال الولاية في هذه الحالة إلى الولي الأبعد، فإن تعذر أخذ رأيه انتقل حق الولاية إلى القاضي حيث جاء في المادة (11) ما نصه: " ورضاء الولي الأبعد عند غياب الولي الأقرب يسقط حق اعتراض الولي الغائب ورضاء الولي دلالة كرضائه صراحة ".

وفي المادة (12): " إذا غاب الولي الأقرب وكان في انتظاره تفويت لمصلحة المخطوبة انتقل حق الولاية إلى من يليه، فإذا تعذر أخذ رأي من يليه في الحال أو لم يوجد انتقل حق الولاية إلى القاضي ".

وأخذ بهذا الرأي القانون السوداني[2] في المادة (45)، والقانون السوري[3] في المادة (23)، ومشروع القانون العربي[4] في المادة (16) مشروع القانون الخليجي في المادة (14) حيث نصت على أنه: " إذا غاب الولي الأقرب ورأى القاضي أن في انتظار رأيه فوات مصلحة في الزواج، انتقلت الولاية لمن يليه ".

كما نصت المادة (14) من القانون الخليجي على أنه: " إذا غاب الولي الأقرب غيبة منقطعة، أو جهل مكان إقامته، أو لم يتمكن من الاتصال به، أو عضل، انتقلت الولاية لمن يليه بإذن من القاضي ".

الترجيح:

وإني أرى بأن ما جاء في مشروع القانون الخليجي - وهذا يفهم ضمناً من نص القانون السوداني والقانون السوري ومشروع القانون العربي ومشروع القانون الخليجي - هو الصواب حيث يمكن الاتصال في أيامنا بالولي القريب مع غيابه ضمن وسائل الاتصال المختلفة وأخذ رأيه مع عدم إمكانية حضوره، ويتولى الولي الأبعد إجراء عقد الزواج في حالة موافقة الولي الأقرب مع عدم إمكانية حضوره عقد الزواج. أما إذا لم يتمكن من الاتصال بالولي القريب بأية وسيلة، وانقطعت أخباره، ففي هذه الحالة تنتقل الولاية إلى الولي الأبعد.

---

[1] مجموعة التشريعات: الظاهر ص 103.

[2] قانون الأحوال الشخصية لسنة 1991: ص 15.

[3] قانون الأحوال الشخصية: وزارة العدل ص 26، مشروع قانون الأحوال الشخصية: الكويفي ص 29.

[4] المجلة العربية: الأمانة العامة ص 20.

الفرع السابع

عضل الولي

العضل: منع المرأة من التزويج من الكفء وبمهر المثل إذا طلبت ذلك، ورغب كل واحد منهما في صاحبه[1].

اتفق الفقهاء[2] على أن العضل حرام في حالة منع المرأة من التزوج من الكفء وبمهر المثل إذا طلبت ذلك، ورغب كل منهما في الآخر.

وقد استدلوا على ذلك بما يلي:

1. قال الـلـه تعالى: ﴿ ولا تعضلوهن أن ينكحن أزواجهن ﴾[3].

وجه الدلالة: روي في مناسبة نزول هذه الآية عن معقل يسار أنها نزلت فيه قال زوجت أختاً لي من رجل حتى إذا انقضت عدتها جاء يخطبها فقلت له زوجتك وفرشتك وأكرمتك فطلقتها، ثم جئت تخطبها لا و الـلـه لا تعود إليك أبداً، وكان رجلاً لا بأس به، وكانت المرأة تريد أن ترجع فأنزل الـلـه هذه الآية " فلا تعضلوهن " فقلت الآن أفعل يا رسول الـلـه قال فزوجها إياه[4].

واختلف الفقهاء في حق الأولياء بمنع المرأة من التزوج من الكفء بأقل من مهر المثل على مذهبين:

المذهب الأول: ذهب الجمهور[5] ـ الشافعية والمالكية والحنابلة والحنفية في قول ـ إلى أنه ليس للولي منعها لأن المهر خالص حقها وعوض يختص بها، فلم يكن لهم الاعتراض عليها فيه كثمن عبدها وأجرة دارها، ولأنها لو أسقطته كله بعد وجوبه فبعضه أولى، ولأن الرسول عليه السلام قال لرجل أراد أن يزوجه: ﴿ التمس ولو خاتماً من حديد ﴾، وقال لامرأة زوجت بنعلين: ﴿ أرضيت بنعلين من نفسك قالت نعم، فأجازه النبي صلى الـلـه عليه وسلم ﴾.

---

[1] حاشية رد المحتار: ابن عابدين 82/3، المغني: ابن قدامه 368/7.

[2] بداية المجتهد: ابن رشد 15/2، الشرح الصغير: الدردير 375/2، مغني المحتاج: الشربيني 153/3، نهاية المحتاج: الرملي 234/6، المغني: ابن قدامه 368/7

[3] سورة البقرة: آية 232.

[4] صحيح البخاري: البخاري 38/7.

[5] حاشية رد المحتار: ابن عابدين 82/3، الشرح الصغير: الدردير 376/2، مغني المحتاج: الشربيني 153/3، نهاية المحتاج: الرملي 235/6ـ236، المغني: ابن قدامه 368/7.

المذهب الثاني: ذهب الحنفية في قول[1] إلى أن لوليها منعها من التزويج بدون مهر مثلها، فلا يعتبر عاضلاً، لأنهم يعيرون بذلك، وفيه ضرر على نسائها لنقص مهر مثلها.

أما إذا أرادت أن تتزوج من كفء وأراد وليها تزويجها من كفء آخر، وامتنع من تزويجها من الذي أرادته فما الحكم في هذه المسألة؟

اختلف الفقهاء في هذه المسألة على مذهبين:

المذهب الأول: ذهب الحنابلة والحنفية في الراجح والمالكية في رأي والشافعية في قول[2] إلى أنه يكون عاضلاً لها، لأن أصل تزويجها يتوقف على إذنها.

المذهب الثاني: ذهب الشافعية في الصحيح[3] إلى أن للولي تزويجها بمن أراد، لأنه أكمل نظراً منها، ويستحب للأب أن يستأذنها، وأن لا يفعل ذلك بغير إذنها.

مسألة: من تنتقل إليه الولاية في حالة عضل الولي؟

اختلف الفقهاء في هذه المسألة على مذهبين:

المذهب الأول: ذهب الجمهور[4] ـ الشافعية والمالكية والحنفية في رواية والحنابلة في قول ـ إلى أنه إذا عضل الولي الأقرب انتقلت الولاية إلى السلطان.

وقد استدلوا على ذلك بما يلي:

1. عن عائشة ـ رضي الله عنها قالت: قال رسول الله صلى الله عليه وسلم: ﴿ فإن تشاجروا فالسلطان ولي من لا ولي له ﴾[5].
2. لأن ذلك حق عليه امتنع عن أدائه، فقام الحاكم مقامه كما لو كان عليه دين وامتنع من قضائه.

---

[1] البحر الرائق: ابن نجيم 136/3، حاشية رد المحتار: ابن عابدين 82/3، المغني: ابن قدامه 369/7.

[2] مغني المحتاج: الشربيني 154/3، المغني: ابن قدامه 369/7.

[3] مغني المحتاج: الشربيني 154/3.

[4] حاشية رد المحتار: ابن عابدين 82/3، شرح الخرشي: الخرشي 184/3، شرح الخرشي: الخرشي 189/3، الشرح الصغير: الدردير 376/2، مغني المحتاج: الشربيني 153/3، نهاية المحتاج: الرملي 234/6، العدة: المقدسي 357، المغني: ابن قدامه 369/7

[5] سنن أبي داود: أبي داود 229/2.

3. إن امتناع الولي الأقرب عن التزويج قد يكون لسبب معقول، كأن يرى الممتنع أن الزوج غير كفء، بينما يرى الولي الأبعد أنه كفء، فتدافع رأي الولي الأقرب مع الولي الأبعد، فاحتاج إلى الفصل بينهما، ولذا كانت الولاية إلى السلطان.

المذهب الثاني: ذهب الحنابلة في الصحيح والحنفية في قول والمالكية في رواية[1] إلى أن الولاية تنتقل إلى الولي الأبعد، لأنه تعذر التزويج من جهة الأقرب فملكه الأبعد، كما لو جن الولي الأقرب.

وقد أجيب عن أدلة الجمهور بما يلي[2]:

1. إن الحديث الشريف حجة لنا لقوله عليه الصلاة والسلام: ﴿ السلطان ولي من لا ولي له﴾[3]، وهذه لها ولي، ويمكن حمله على ما إذا عضل الكل لأن قوله صلى الله عليه وسلم :﴿ فإن تشاجروا ﴾[4] ضمير جمع يتناول الكل.

2. أما القياس على الدين، فيجاب عنه من ثلاثة وجوه هي:

أ. أن الولاية حق للولي والدين حق عليه.

ب. أن الدين لا ينتقل عنه، والولاية تنتقل لعارض من جنون الولي وفسقه وموته.

ج. أن الدين لا يعتبر في بقائه العدالة، والولاية يعتبر لها ذلك وقد زالت العدالة بما ذكرنا.

رأي القانون:

أخذت القوانين باتفاق الفقهاء في حرمة منع الزوجة من الزواج من الكفء وبمهر المثل، وأخذت برأي الجمهور - القائل بأنه ليس للولي منع المرأة من التزوج من الكفء بأقل من مهر المثل - في حالة عضل الولي من تزويج موليته من الكفء وبأقل من مهر المثل، وأن الولاية في حالة عضل الولي الأقرب تنتقل إلى السلطان: ومنها القانون الأردني[5] حيث نص في المادة (6) على أن:

---

[1] البحر الرائق: ابن نجيم 136/3، شرح الخرشي: الخرشي 189/3، المغني: ابن قدامه 368/7.

[2] البحر الرائق: ابن نجيم 136/3، العدة: المقدسي 357، المغني: ابن قدامه 368/7.

[3] سنن الترمذي: الترمذي، كتاب النكاح، سنن أبي داود: أبي داود،كتاب النكاح، سنن ابن ماجة: ابن ماجة، سنن الدارمي: الدارمي، كتاب النكاح.

[4] سنن أبي داود: أبي داود،كتاب النكاح، سنن الدارمي: الدارمي، كتاب النكاح.

[5] مجموعة التشريعات: الظاهر ص 102.

" أ. للقاضي عند الطلب حق تزويج البكر التي أتمت الخامسة عشرة من عمرها من الكفء في حال عضل الولي غير الأب أو الجد من الأولياء بلا سبب مشروع.

ب. أما إذا كان عضلها من قبل الأب أو الجد فلا ينظر في طلبها إلا إذا كانت أتمت ثمانية عشر عاماً، وكان العضل بلا سبب مشروع ".

يتبين لنا من نص المادة نقطتان مهمتان هما:

النقطة الأولى: دلالة عبارة بلا سبب مشروع: تدل عبارة بلا سبب مشروع على اعتبار الكفاءة ومهر المثل لأنهما المعتبران عند الحنفية، وحيث أن القانون لم ينص صراحة على اعتبار الكفاءة فقط كما هو مذهب الجمهور تعين الرجوع إلى الراجح من مذهب الحنفية عملاً بالمادة (183) والراجح عندهم أن الولي لا يعتبر عاضلاً في حالتين هما:

الحالة الأولى: إذا أرادت أن تزوج نفسها من غير كفء.

الحالة الثانية: إذا أرادت أن تزوج نفسها بأقل من مهر المثل

النقطة الثانية: أن القانون فرق بين العضل في حالتين هما:

الحالة الأولى: إذا كان العضل من الأب أو الجد، فقد جعل الأمر إلى القاضي عند طلب المخطوبة التي أتمت الثامنة عشر ة سنة، وكان العضل دون سبب مشروع.

الحالة الثانية: إذا كان العضل من غير الأب والجد، فقد جعل الأمر إلى القاضي عند طلب المخطوبة التي أتمت الخامسة عشرة سنة وكان العضل دون سبب مشروع.

وأخذ القانون السوداني[1] برأي الجمهور في أن الولاية تنتقل إلى السلطان في حالة عضل الولي موليته عن الزواج دون سبب مشروع حيث نص في المادة (37) على أنه:

"1. إذا امتنع الولي عن تزويج موليته، فيجوز لها أن تطلب من القاضي تزويجها.

2. يجوز للقاضي أن يأذن بتزويج من طلبت الزواج، إذا ثبت له أن وليها ممتنع عن التزويج، بلا مسوغ شرعي ".

والمسوغ الشرعي عندهم الكفاءة ومهر المثل، فإذا منعها من الزواج من الكفء وبمهر المثل فإنه يعتبر عاضلاً.

كما نص القانون المغربي[2] في الفصل (13) على أنه: " إذا عضل الولي المرأة أمره القاضي بتزويجها، فإن امتنع زوجها القاضي بصداق المثل لرجل كفء ".

[1] قانون الأحوال الشخصية السوداني لسنة 1991: ص 15ـ16.

[2] الوثائق العدلية: العراقي 125، أحكام الأسرة: ابن معجوز 352.

أما مشروع القانون الكويتي[1] ومشروع القانون الإماراتي[2] فقد نصا في المادة (35) والمادة (21) على أنه: " إذا عضل الولي الفتاة، فلها أن ترفع الأمر إلى القاضي ليأمر أو لا يأمر بالتزويج، وكذلك إذا تعدد الأولياء وكانوا في درجة واحدة وعضلوا جميعاً أو اختلفوا ".

أما مشروع القانون الخليجي[3] فقد أخذ بالرأي الثاني القائل بأن الولاية في حالة عضل الولي الأقرب تنتقل إلى الولي الأبعد بإذن القاضي حيث نص في المادة (14) على أنه: " إذا غاب الولي الأقرب .... أو عضل انتقلت الولاية إلى من بإذن القاضي ".

الفرع الثامن

الحكم في حالة عدم تناسب السن بين الخاطبين

لم تشترط الشريعة الإسلامية التقارب في السن بين الخاطب والمخطوبة، بل تركت ذلك كله للعرف، مع أنها اعتبرت أن من أسس اختيار الزوجين التقارب في السن وحثت عليه ـ لما له من دور كبير في تحقيق التفاهم والمودة بين الزوجين والذي يؤدي إلى بقاء الحياة الزوجية ودوامها واستقرارها وسعادتها ـ دون أن تجعله شرطاً ملزماً لكلا الخاطبين، بل تركته للعرف ورغبتهما في الارتباط أو عدمه، ومدى تحقق المصلحة من هذا الزواج مع الفارق في السن.

وبما أن التقارب في السن من أهم أسباب تحقيق التفاهم والمودة والسعادة بين الزوجين، ومن أهم أسباب دوام الأسرة واستقرارها، وذلك لأن لكل مرحلة من مراحل عمر الإنسان مزايا وخصائص معينة، فمرحلة الشباب خاصيتها الاندفاع والعمل الدؤوب، ومرحلة الكهولة خاصيتها التأني والتعقل مع عدم قدرة الجسم على تحمل أعباء الزواج ومسؤولياته، وأن المرأة الشابة تبحث عمن يداعبها وتداعبه، والكهل لا طاقة له بذلك فهو بحاجة إلى من تخدمه، فإن كل ذلك يعكر صفو الحياة الزوجية وقد يدفع بالزوجة إلى الانحراف والخيانة، أو التخلص من زوجها كبير السن، أو طلب الطلاق عند هرمه وعدم قيامه بأعباء المسؤولية نجد بأن قدوتنا الرسول **صلى الله عليه وسلم** نبهنا لذلك ودعانا إلى مراعاة التقارب في السن بين الزوجين من خلال فعله عليه الصلاة والسلام عندما خطب أبو بكر الصديق وعمر بن الخطاب فاطمة بنت الرسول **صلى الله عليه وسلم** قال:

[1] مشروع قانون الأحوال الشخصية الكويتي.
[2] مشروع القانون الإماراتي: وزارة العدل ص 9.
[3] جريدة الخليج: ص 11.

إنها صغيرة ـ مع ثقته عليه السلام بهما ـ فلما خطبها علي بن أبي طالب، وكان سنه مقارباً لسنها زوجها إياه[1].

هذا وقد عالجت الشريعة الإسلامية ما عليه كثير من الآباء ـ في زماننا الحاضر ـ من تزويج بناتهم من رجل طاعن في السن طمعاً في مال أو جاه أو حسب أو غير ذلك، غير مكترث بفارق السن الفاحش بينهما، حيث جعل للفتاة الحق في رفض نكاحها ممن لا ترغب، والرجوع إلى المحاكم لإيقاف هذا الزواج، فقد روي عن عبد الله بن بريدة عن أبيه أنه قال:﴿ جاءت فتاة إلى رسول الله صلى الله عليه وسلم فقالت إن أبي زوجني ابن أخيه ليرفع بي خسيسته، قال، فجعل الأمر إليها، فقالت أجزت ما صنع أبي، ولكن أردت أن أعلم النساء أن ليس إلى الآباء من الأمر شيء﴾[2].

رأي القانون:

أخذت قوانين الأحوال الشخصية برأي الشريعة الإسلامية، فلم تنص على اشتراط التقارب في السن بين الزوجين، وإنما تركت ذلك للعرف، وجعلته حقاً للمرأة، ومن ذلك:

أولاً: قانون الأحوال الشخصية الأردني:

لم ينص القانون الأردني على اشتراط التقارب في السن بين الزوجين، لكنه تنبه إلى قضية التفاوت في السن بينهما إذا كانت الزوجة لم تبلغ الثامنة عشرة من عمرها، لذلك أوجب على القاضي التأكد من رضا الزوجة التي لم تبلغ الثامنة عشرة من العمر، وأن مصلحتها متحققة في ذلك، وليس له إلا السياسة الشرعية التي تبيح للحاكم أن يمنع بعض الأفعال المباحة إذا ترتب عليها ضرر، حيث نص في المادة (7) على أنه: " يمنع إجراء العقد على امرأة لم تكمل ثماني عشرة سنة، إذا كان خاطبها يكبرها بأكثر من عشرين عاماً، إلا بعد أن يتحقق القاضي رضاءها واختيارها، وأن مصلحتها متحققة في ذلك "[3].

ثانياً: قانون الأحوال الشخصية السوري

راعى القانون السوري العرف عندما أعطى القاضي الحق في منع زواج الخاطبين إذا كانا غير متناسبين، ولم تكن مصلحة في هذا الزواج، لأن القاضي يصدر حكمه في ذلك بناء

---

[1] التاج الجامع: ناصف 287/2.
[2] نيل الأوطار: الشوكاني 260/6.
[3] مجموعة التشريعات: الظاهر ص 102.

على العرف حيث نص في المادة (19) على أنه: " إذا كان الخاطبان غير متناسبين سناً، ولم يكن مصلحة في هـذا الزواج، فللقاضي أن لا يأذن به "[1].

ثالثاً: قانون الأحوال الشخصية المغربي

اعتبر القانون المغربي التناسب العرفي في السن بين الـزوجين حقاً للزوجة وحدها حيـث نصـت مدونـة الأحـوال الشخصية الأردني على أنه: " يعتبر التناسب العرفي في السن بين الزوجين حقاً للزوجة وحدها "[2].

رابعاً: مشروع القانون العربي الموحد:

أعطى القانون العربي للزوجة وحدها الحق في قبول الزواج مع التفاوت في السن بينهما حيث نصـت الفقـرة ج من المادة (21) على أن: " التناسب في السن بين الزوجين حق للزوجة وحدها "[3].

أما قوانين الأحوال الشخصية التـي لم تبحـث في موادهـا التناسب في السـن بـين الـزوجين، فقـد أخـذت بأحكـام الشريعة الإسلامية حيث جعلت ذلك متروكاً للعرف، واعتبرته حقاً للزوجة.

---

[1] قانون الأحوال الشخصية: وزارة العدل ص 35، قانون الأحوال الشخصية: الكويفي 28.

[2] الوثائق العدلية: العراقي 125، أحكام الأسرة: ابن معجوز ص 325.

[3] المجلة العربية: الأمانة العامة ص 20.

الفصل الرابع

الشروط القانونية لعقد الزواج

المبحث الأول: الشروط التي تسبق عقد الزواج

المبحث الثاني: شروط تسجيل عقد الزواج

الفصل الرابع

الشروط القانونية لعقد الزواج

إن عقد الزواج من العقود التي حرص الإسلام على توثيقها لما له من قداسة دينية، وأهمية في المحافظة على حقوق الزوجين والأولاد، لذا كانت هناك شروط إدارية تسبق عقد الزواج، وشروط لتسجيل عقد الزواج، فرضها القانون لمنع التلاعب في عقود الزواج، وقد سميناها بالشروط القانونية، لأن الشريعة الإسلامية لم تشترطها، كما أنها لا ترفض مثل هذه القيود، لأنها ضرورية لتوثيق العقد وتسجيله والمحافظة على الحقوق، ولا تؤثر على صحة العقد وانعقاده.

نصت بعض القوانين العربية على هذه الشروط في موادها ولما كانت نصوص المواد التي نصت على هذه الشروط واضحة، فقد اكتفينا بذكرها دون شرح، وذلك في المباحث التالية:

المبحث الأول

الشروط التي تسبق عقد الزواج

أولاً: قانون الأحوال الشخصية السوري:

نص قانون الأحوال الشخصية السوري[1] في المواد (40) و (41) و (42) على الشروط التي تسبق عقد الزواج حيث جاء في المادة (40):

"1. يقدم طلب الزواج لقاضي المنطقة مع الوثائق الآتية:

أ. شهادة من مختار وعرفاء المحلة باسم كل من الخاطب والمخطوبة وسنه ومحل إقامته واسم وليه وأنه لا يمنع من هذا الزواج مانع شرعي.

ب. صورة مصدقة عن قيد نفوس الطرفين وأحوالهما الشخصية.

ج. شهادة من طبيب يختاره الطرفان بخلوهما من الأمراض السارية ومن الموانع الصحية للزواج، وللقاضي التثبت من ذلك بمعرفة طبيب يختاره.

د. رخصة بالزواج للعسكريين ولمن هم في سن الجندية الإجبارية.

هـ موافقة مديرية الأمن العام إن كان أحد الزوجين أجنبياً.

2. لا يجوز تثبيت الزواج المعقود خارج المحكمة إلا بعد استيفاء هذه الإجراءات، على أنه إذا حصل ولد أو حمل ظاهر يثبت الزواج بدون هذه الإجراءات، ولا يمنع ذلك من إيقاع العقوبة القانونية.

والمادة (41): " يأذن القاضي بإجراء العقد فوراً بعد استكمال هذه الوثائق، وله عند الاشتباه تأخيره لإعلانه مـدة عشرة أيام، والقاضي يختار طريقة الإعلان ".

والمادة (42): " إذا لم يجر العقد خلال ستة أشهر يعتبر الإذن ملغى ".

ثانياً: قانون الأحوال الشخصية المغربية

نصت مدونة الأحوال الشخصية المغربية[2] في الفصل (41) على الشروط التي تسبق عقد الزواج حيث جاء فيها: " يتولى العقد عدلان منتصبان للشهادة وذلك بتوفر الأسباب الآتية:

1ـ شهادة من ممثل السلطة الإدارية باسم كل من الخاطب والمخطوبة وسنه ومحل إقامته واسم وليه.

---

[1] قانون الأحوال الشخصية: وزارة العدل ص 27ـ 28، قانون الأحوال الشخصية: الكويفي 32.

[2] الوثائق العدلية: العراقي ص 131، أحكام الأسرة: ابن معجوز ص 359.

2ـ ما يبين حالة الزوج الشخصية.

3ـ ما يثبت انفصام الزوجية بالنسبة لمن سبق زواجها للتحقق من انتهاء عدتها وخلوها من مانع شرعي.

هذا وقد تطرقت بعض القوانين لموضوع الفحص الطبي -ومنها القانون الأردني- حيث أوجب الفحص الطبي قبل الزواج وألزم إجراء فحص التلاسيميا، وسمح بإجراء فحوصات أخرى وفق ما يراه وزير الصحة مناسباً حسب النظام، وقد بدأ العمل به بتاريخ 16/ حزيران / 2004م حيث اعتمدت وزارة الصحة الأردنية مائة مركز صحي في كافة أنحاء المملكة لإجراء الفحوصات فيها، وعشرة مراكز في القطاع الخاص، وهذا ما نراه رأياً سديداً ونؤكد عليه، ونتمنى على بقية القوانين أن تأخذ به -لما له من أهمية في الحد من زيادة الحالات المرضية والحد من انتشارها وحماية الأسرة والأطفال من المعاناة الطويلة في العلاج والآلام النفسية والجسدية ومضاعفات المرض وآثاره غير المصاب والمجتمع-، وتنص على أنه يجب على كل من الخاطب والخطيبة أن يثبتا بتقرير طبي خلوهما من الأمراض المعدية والسارية، ومن الموانع الصحية للزواج، ومن الأمراض التي لا شفاء لها، وتعيق من القيام بمسؤولياته تجاه الأسرة والعلاقات الاجتماعية، وللمحكمة في حالة الشك أن تحيل الزوجين إلى لجنة من الأطباء الثقات، ومعاقبة صاحب الشأن، ومن وقّع على التقرير السابق إذا ثبت خلاف ما جاء به، لأن إصابة أحد الزوجين بمرض معد ينتقل إلى الزوج الآخر والأولاد، أو مرض غير معد لكنه لا علاج له، ولا يرجى منه الشفاء فيه من الضرر ما لا يخفى، كما أن فيه غشاً وتغريراً للسليم منهما، مما يؤثر على استقرار الحياة الزوجية، وقد يؤدي إلى الطلاق.

وإني أقترح أن يتضمن التقرير فحص دم الخاطب والخطيبة لمعرفة فصيلة دم كل منهما، حيث أثبت الطب أنه إذا لم تكن فصيلة دم الزوجة على وفاق مع فصيلة دم الزوج كأن تكون o^- مع o^+ فقد يحصل تشويه في الجنين، أو موت الجنين، أو ولادته مريضاً إلى غير ذلك من الأمور التي يمكن للطب حالياً أن يتنبأ بها نتيجة فحص فصيلة دم كل من الزوجين.

هذا فإن التقرير الطبي لا يمنع من إجراء عقد الزواج، لكنه يعطي صورة واضحة لكل من الزوجين عن شريك حياته، فإما أن يقدم على الزواج عن قناعة وتسليم من غير غش وتغرير متحملاً تبعات قراره، أو يحجم ويمتنع عن الزواج قبل إجراء العقد، فيغني الله كلاً منهما ويعوضه عن الآخر بدلاً من أن يكتشف ذلك بعد الزواج فيؤثر على الحياة الزوجية ويؤدي إلى الطلاق، وهذا لا يخالف الشريعة الإسلامية، بل تتقبله لما له من فوائد في تحقيق

مقاصد الزواج واستقرار الحياة الزوجية وديمومتها، والمحافظة على النفس البشرية من الأمراض والأسقام المعدية،

وحماية المجتمع من انتشار الأمراض والعاهات. والمحافظة على اقتصاد الأفراد والمجتمعات.

المبحث الثاني

شروط تسجيل عقد الزواج

أولاً: قانون الأحوال الشخصية الأردني:

نص قانون الأحوال الشخصية الأردني[1] في المادة (17) على شروط تسجيل عقد الزواج حيث جاء فيها:

" أ. يجب على الخاطب مراجعة القاضي أو نائبه لإجراء العقد.

ب. يجري عقد الزواج من مأذون القاضي بموجب وثيقة رسمية، وللقاضي بحكم وظيفته في الحالات الاستثنائية أن يتولى ذلك بنفسه بإذن من قاضي القضاة.

ج. وإذا جرى الزواج بدون وثيقة رسمية فيعاقب كل من العاقد والزوجين والشهود بالعقوبة المنصوص عليها في قانون العقوبات الأردني وبغرامة على كل منهم لا تزيد عن مائة دينار.

د. وكل مأذون لا يسجل العقد في الوثيقة الرسمية بعد استيفاء الرسم يعاقب بالعقوبتين المشار إليهما في الفقرة السابقة مع العزل من الوظيفة

هـ يعين القاضي الشرعي مأذون عقود الزواج بموافقة قاضي القضاة، ولقاضي القضاة إصدار التعليمات التي يراها لتنظيم أعمال المأذونين.

و. يتولى قناصل المملكة الأردنية الهاشمية إجراء عقود الزواج وسماع تقرير الطلاق للرعايا الأردنيين الموجودين في خارج المملكة وتسجيل هذه الوثائق في سجلاتها الخاصة.

ز. تشمل كلمة القنصل وزراء المملكة الأردنية الهاشمية المفوضين والقائمين بأعمال هذه المفوضيات ومستشاريها أو من يقوم مقامهم ".

ثانياً: قانون الأحوال الشخصية السوري

نص قانون الأحوال الشخصية السوري[2] في المواد (43) و (44) و (45) و (46) على شروط تسجيل عقد الزواج حيث جاء في المادة (43): " يقوم القاضي أو من يأذن له من مساعدي المحكمة بإجراء العقد ".

والمادة (44): " يجب أن يشمل صك الزواج:

---

[1] مجموعة التشريعات: الظاهر ص 104.
[2] قانون الأحوال الشخصية: وزارة العدل ص 28، قانون الأحوال الشخصية: الكويفي 32.

أ. أسماء الطرفين وتاريخه ومكانه.

ب. وقوع العقد وتاريخه ومكانه

ج. أسماء الشهود والوكلاء كاملة ومواطن كل منهم.

د. مقدار المهر المعجل والمؤجل وهل قبض المعجل أم لا.

هـ توقيع أصحاب العلاقة والمأذون وتصديق القاضي.

والمادة (45):

"1. يسجل المساعد الزواج في سجله المخصوص ويبعث بصورة عنه لدائرة الأحوال المدنية خلال عشرة أيام من تاريخ الزواج

2. تغني هذه الصورة عن إخبار الطرفين دائرة الأحوال المدنية بالزواج، ويكون المساعد مسؤولاً عن إهمال أو إرسال الصورة.

والمادة (46): " تعفى معاملات الزواج من كل رسم ".

ثالثاً: قانون الأحوال الشخصية المغربي

نصت مدونة الأحوال الشخصية المغربية[1] في الفصل (42) و (43) على شروط تسجيل عقد الزواج حيث جاء في الفصل (42): ما نصه:" يتضمن رسم الزواج ما يلي:

1. اسم الزوجين ونسبهما وموطن كل منهما وتعريفهما واسم الولي.
2. وقوع العقد وتاريخه ومكانه ومعرفة قدره من طرف الزوجين والولي.
3. بيان شامل عن حالة الزوجة من حيث كونها بكراً أم ثيباً، يتيمة أم ذات أب، واليتيمة مهملة أم عليها وصي أو مقدم من قاض والثيب مطلقة أو متوفى عنها وانقضت عدتها.
4. الإشارة إلى شهادة ممثل السلطة الإدارية مع النص على الرقم الذي تحمله.
5. مقدار المهر مع التنصيص فيه على المعجل منه والمؤجل، وهل قبض عياناً أو اعترافاً.
6. توقيع العدلين بشكلهما وأداء القاضي مع طابعه.

[1] الوثائق العدلية: العراقي ص 131، أحكام الأسرة: ابن معجوز ص 359.

وفي الفصل (43): " يسجل نص العقد بسجل الأنكحة لدى المحكمة وترسل نسخة منه إلى إدارة الحالة المدنية وتحوز الزوجة أو من ينوب عنها الرسم الأصلي في أجل لا يتعدى 15 يوماً من تاريخ العقد، كما للزوج الحق في أخذ نسخة منه ".

رابعاً: قانون الأحوال الشخصية العراقي:

نص قانون الأحوال الشخصية العراقي[1] في المادة (10) على الشروط التي تسبق عقد الزواج، وشروط تسجيل العقد حيث جاء في المادة: " يسجل عقد الزواج في المحكمة المختصة بدون رسم في سجل خاص وفقاً للشروط الآتية:

1. تقديم بيان بلا طابع يتضمن هوية العاقدين وعمرهما ومقدار المهر وعدم وجود مانع شرعي من الزواج على أن يوقع هذا البيان من العاقدين، ويوثق من مختار المحلة أو القرية أو شخصين معتبرين من سكانها.
2. يرفق البيان بتقرير طبي يؤيد سلامة الزوجين من الأمراض السارية والموانع الصحية وبالوثائق الأخرى التي يشترطها القانون
3. يدون ما تضمنه البيان في السجل ويوقع بإمضاء العاقدين أو بصمة إبهامهما بحضور القاضي ويوثق من قبله، وتعطى للزوجين حجة بالزواج.
4. يعمل بمضمون الحجج المسجلة وفق أصولها بلا بينة، وتكون قابلة للتنفيذ فيما بالمهر، ما لم يعترض عليها لدى المحكمة المختصة ".

ونص في المادة (11) على أنه إذا أقر أحد الطرفين بزواجه من الآخر، ولم يكن هناك مانع شرعي أو قانوني، وصدقه الطرف الآخر ثبت الزواج بالإقرار حيث جاء فيها:

"1. إذا أقر أحد لامرأة أنها زوجته، ولم يكن هناك مانع شرعي أو قانوني، وصدقته ثبت زوجيتها له بإقراره.
2. إذا أقرت المرأة أنها تزوجت فلاناً وصدقها في حياته، ولم يكن هناك مانع قانوني أو شرعي ثبت الزواج بينهما، وإن صدقها بعد موتها لم يثبت الزواج ".

يلاحظ أن كثيراً من القوانين العربية تأخذ بهذه الإجراءات مع خلافات بسيطة بينها، غير أن بعض هذه القوانين لم تتطرق لذكر هذه الإجراءات، أما القوانين التي تطرقت لذكرها، فمنها من اختصر، ومنها من توسع بعض الشيء.

[1] الأحوال الشخصية: الكبيسي 2/402ـ403.

المراجع

أولاً: كتب القرآن الكريم وعلومه

1. القرآن الكريم

2. السيوطي: لباب النقول في أسباب النزول: جلال الدين السيوطي، الطبعة الثالثة ـ دار إحياء العلوم ـ بيروت ـ لبنان 1400هـ/1980م.

3. النيسابوري: أسباب النزول: الإمام أبي الحسن علي بن أحمد الواحدي النيسابوري ـ تحقيق طارق الطنطاوي ـ مكتبة القرآن القاهرة ـ مصر.

4. عبد الباقي: المعجم المفهرس لألفاظ القرآن الكريم: محمد فؤاد عبد الباقي ـ دار الفكر بيروت ـ لبنان.

ثانياً: كتب الحديث الشريف وعلومه

5. أبو داود: سنن أبي داود: الإمام الحافظ أبي داود سليمان بن الأشعث السجستاني الأزدي ـ مراجعة وضبط وتعليق محمد محي الدين عبد الحميد ـ دار الفكر.

6. البخاري: صحيح البخاري ـ الإمام أبي عبد الله محمد بن إسماعيل بن إبراهيم بن المغيرة بن بردزيه البخاري الجعفي ـ عالم الكتب ـ بيروت ـ لبنان.

7. البيهقي: السنن الكبرى: لإمام المحدثين أبي بكر أحمد بن الحسين بن علي البيهقي ـ دار الفكر ـ بيروت ـ لبنان.

8. الترمذي: سنن الترمذي ـ الإمام أبي عيسى محمد بن عيسى بن سورة ـ طبعة حقق أصولها المرحومان: أحمد شاكر وفؤاد عبد الباقي ـ وأكملها الشيخ عبد القادر عرفان العشا حسونة ـ مراجعة وتدقيق وضبط: صدقي محمد جميل العطار ـ دار الفكر ـ بيروت ـ لبنان ـ 1414هـ/1994م.

9. الخطيب: الموجز في أحاديث الأحكام: الدكتور محمد عجاج الخطيب ـ المطبعة الجديدة ـ دمشق ـ سوريا ـ 1395ـ1396هـ/1975ـ1976م.

10. الشوكاني: نيل الأوطار من أحاديث سيد الأخيار شرح منتقى الأخبار الإمام محمد بن علي بن محمد الشوكاني دار الجيل 1973م

11. الصنعاني: سبل السلام شرح بلوغ المرام من أدلة الأحكام: الإمام محمد بن إسماعيل الكحلاني الصنعاني المعروف بالأمير - طبعة الرابعة - دار إحياء التراث العربي 1960م.

12. الصنعاني: المصنف: الحافظ أبي بكر عبد الرزاق بن همام الصنعاني، الطبعة الأولى - المكتب الإسلامي - بيروت - لبنان.

13. مالك: الموطأ: الإمام مالك بن أنس - صححه وخرجه وعلق عليه محمد فؤاد عبد الباقي الطبعة الثانية - دار الحديث - 1413هـ/1993م.

14. مسلم: صحيح مسلم بشرح النووي: مسلم بن الحجاج الثقفي - حققه وخرج أحاديثه وفهرسه: عصام الصبابطي، حازم محمد، عماد عامر - الطبعة الأولى - طبع على نفقة الشيخ محمد بن راشد آل مكتوم - دار أبي حيان للطباعة - 1415هـ/1995م.

15. المنذري: الترغيب والترهيب: الإمام الحافظ زكي الدين عبد العظيم بن عبد القوي المنذري، ضبط أحاديثه وعلق عليه مصطفى محمد عمارة - الطبعة الثالثة - دار إحياء التراث العربي - بيروت - لبنان - 1388هـ/1968م.

16. ناصف: التاج الجامع لفصول في أحاديث الرسول: الشيخ منصور علي ناصف - الطبعة الثالثة - دار إحياء الكتب العربية - عيسى البابي الحلبي وشركاه.

17. النسائي: سنن النسائي: الإمام أحمد بن شعيب النسائي - الطبعة الأولى - المطبعة المصرية بالأزهر.

18. النووي: شرح النووي - مطبوع مع صحيح مسلم - حققه وخرج أحاديثه وفهرسه: عصام الصبابطي، حازم محمد عماد عامر - الطبعة الأولى - طبع على نفقة الشيخ محمد بن راشد آل مكتوم - دار أبي حيان للطباعة - 1415هـ/1995م.

19. الهيثمي: مجمع الزوائد: الهيثمي - مكتبة القدسي 1352هـ.

ثالثاً: كتب الفقه:

أ. كتب الفقه الحنفي

20. ابن عابدين: حاشية رد المحتار على الدر المختار شرح تنوير الأبصار: لخاتمة المحققين محمد أمين الشهير بابن عابدين مع تكملة ابن عابدين لنجل المؤلف دار الفكر - بيروت - لبنان - 1992/1412.

21. ابن عابدين: منحة الخالق على البحر الرائق: لخاتمة المحققين محمد أمين الشهير بابن عابدين، مطبوع مع البحر الرائق ـ الطبعة الثانية ـ دار المعرفة ـ بيروت ـ لبنان.

22. ابن نجيم: البحر الرائق شرح كنز الدقائق: العلامة زين الدين ابن نجيم الحنفي ـ الطبعة الثانية ـ دار المعرفة ـ بيروت ـ لبنان.

23. المرغيناني: الهداية شرح بداية المبتدئ: شيخ الإسلام برهان الدين أبي الحسن علي بن أبي بكر بن عبد الجليل الرشداني المرغيناني ـ الطبعة الأخيرة ـ شركة ومطبعة مصطفى البابي الحلبي بمصر.

24. الموصلي: الاختيار لتعليل المختار: عبد الله بن محمود بن مودود الموصلي الحنفي ـ وعليه تعليقات الشيخ: محمود أبو دقيقة ـ الطبعة الثالثة ـ دار المعارف ـ 1395هـ/1975م.

ب.كتب الفقه المالكي

25. ابن تيمية: مجموعة الفتاوى شيخ الإسلام تقي الدين أحمد بن تيمية الحراني: اعتنى بها وخرج أحاديثها عامر الجزار و أنور الباز ـ دار الوفاء ـ الطبعة الأخيرة ـ المنصورة ـ مصر 1418هـ/1997م.

26. ابن رشد: بداية المجتهد ونهاية المقتصد: الإمام أبي الوليد محمد بن أحمد بن رشد القرطبي ـ دار المعرفى ـ بيروت ـ لبنان ـ 1402هـ/1982م.

27. ابن عبد البر: الكافي في فقه أهل المدينة المالكي: شيخ الإسلام أبي عمر يوسف بن عبد البر النمري القرطبي ـ تحقيق وتقديم وتعليق: الدكتور محمد أحيد ولد ماديك الموريتاني ـ الطبعة الأولى مكتبة الرياض الحديثة - الرياض - السعودية ـ 1398هـ/1978م.

28. الأزهري: جواهر الإكليل شرح مختصر الشيخ خليل: الشيخ عبد السميع الآبي الأزهري ـ دار المعرفة ـ بيروت ـ لبنان

29. الحطاب: مواهب الجليل لشرح مختصر خليل: أبي عبد الله محمد بن عبد الرحمن المغربي المعروف بالحطاب ضبطه وخرج أحاديثه: الشيخ زكريا عميرات ـ الطبعة الأولى ـ دار الكتب العلمية ـ بيروت ـ لبنان.

30. الخرشي: الخرشي على مختصر سيدي خليل: وبهامشه حاشية الشيخ العدوي ـ دار صادر ـ بيروت ـ لبنان.

31. الدردير: الشرح الصغير على أقرب المسالك إلى مذهب الإمام مالك: العلامة أبي البركات أحمد بن محمد بن أحمد الدردير - خرج أحاديثه وفهرسه وقرر عليه بالمقارنة بالقانون الحديث: الدكتور مصطفى كمال وصفي - دار المعارف بمصر - 1392هـ.

32. الصاوي: حاشية الصاوي: العلامة الشيخ أحمد بن محمد الصاوي المالكي - مطبوع مع الشرح الصغير - دار المعارف بمصر - 1392هـ.

ج. كتب الفقه الشافعي

33. الرملي: نهاية المحتاج إلى شرح المنهاج: شهاب الدين محمد بن أبي العباس أحمد بن حمزة بن شهاب الدين الرملي الشهير بالشافعي الصغير، ومعه حاشية أبي الضياء الشبراملسي وحاشية أحمد بن عبد الرزاق - الطبعة الأخيرة - دار الفكر - بيروت - لبنان - 1404هـ/1984م.

34. الزبيدي: إتحاف السادة المتقين بشرح إحياء علوم الدين: العلامة السيد محمد بن محمد الحسيني الزبيدي الشهير بمرتضى - دار الفكر.

35. الحصني: كفاية الأخيار في حل غاية الاختصار: الإمام تقي الدين أبي بكر بن محمد الحسيني الحصني الدمشقي الشافعي - الطبعة الثانية - دار المعرفة - بيروت - لبنان.

36. الشافعي: الأم: الإمام محمد بن إدريس الشافعي.

37. الشربيني: الإقناع في حل ألفاظ أبي شجاع: الشيخ محمد الشربيني الخطيب - مكتبة دار إحياء الكتب العربية - مصر.

38. الشربيني: مغني المحتاج إلى معرفة ألفاظ المنهاج: شرح الشيخ محمد الشربيني الخطيب علة متن منهاج الطالبن ت للإمام أبي زكريا بن شرف النووي مع تعليقات الشيخ جويلي بن إبراهيم الشافعي - دار الفكر.

39. الغزالي: إحياء علوم الدين: أبو حامد محمد بن أحمد الطوسي - مطبوع بهامش إتحاف السادة المتقين - دار الفكر.

40. الماوردي: الحاوي الكبير: الإمام أبي الحسن علي بن محمد بن حبيب الماوردي حققه وخرج أحاديثه الدكتور محمود سطرجي - دار الفكر - بيروت لبنان - 1414هـ/1994م.

د. كتب الفقه الحنبلي

41. ابن قدامه: المغني: الإمام العلامة موفق الدين أبي عبد الله ابن أحمد بن محمد بن قدامه على مختصرـ أبي القاسـم عمر بن الحسين بن عبد الله بن أحمد الخرقي ـ دار الكتب العلمية ـ بيروت ـ لبنان.

42. ابن قيم الجوزية: زاد المعاد في هدي خير العباد: للإمام أبي عبد الله محمد بـن أبي بكر الزرعي الدمشقي ـ حقـق نصوصه وخرج أحاديثه وعلق عليه: محمد بيومي، د. عمر الفرماوي، عبد اللـه المنشاوي. ـ الطبعة الأولى ـ مكتبـة الإيمان ـ المنصورة ـ مصر ـ 1420هـ/1999م.

42. المقدسي: الشرح الكبير على متن المقنع: الإمام العالم شمس الدين أبي الفرج عبد الرحمن بـن أبي عمـر بـن أحمـد بـن قدامه المقدسي ـ مطبوع مع المغني ـ دار الكتب العلمية ـ بيروت ـ لبنان.

43. المقدسي: العدة شرح العمدة: بهاء الدين عبد الرحمن بن إبراهيم المقدسي المكتبة العصرية ـ صيدا، بيروت ـ لبنـان ـ 1418هـ/1997م.

هـ كتب المذاهب الأخرى

43. ابن حزم: المحلى بالآثار: الإمام أبو محمد علي بن أحمد بن سعيد بن حـزم الأندلسي ـ تحقيـق عبد الغفـار سـليمان البنداري ـ دار الكتب العلمية ـ بيروت ـ لبنان.

44. القنوجي: الروضة الندية شر ح الدرر البهية: السيد الإمام أبي الطيب صديق بـن حسن بـن عـلي الحسـين القنـوجي البخاري ـ حققه وراجعه عبد اللـه بن إبراهيم الأنصاري ـ طبع على نفقة الشئون الدينية بدولة قطر.

45. المرتضى: البحر الزخار الجامع لمذاهب علماء الأمصار: أحمد بن يحي المرتضى ـ مؤسسة الرسالة.

رابعاً: كتب عامة في الفقه والشريعة والقانون

46. ابن معجوز: أحكام الأسرة في الشريعة الإسلامية وفق مدونة الأحوال الشخصية: محمد بن معجوز ـ الطبعـة الثانيـة ـ 1406هـ/1971م.

47. أبو زهرة: الأحوال الشخصية: الأستاذ محمد أبو زهرة ـ الطبعة الثالثة ـ دار الفكر العربي.

48. أبو زهرة: عقد الزواج وآثاره: الأستاذ محمد أبو زهرة.

49. أبو العينين: الفقه المقارن للأحوال الشخصية بين المذاهب الفقهية الأربعة السنية والمذهب الجعفري والقانون ـ الزوج الطلاق ـ بدران أبو العينين بدران ـ دار النهضة العربية ـ بيروت ـ لبنان.

50. البرديسي: الأحوال الشخصية: الأستاذ محمد زكريا البرديسي، من مطبوعات معهد الدراسات الإسلامية، نشر ـ مؤسسة سجل العرب 1970م.

51. جانم: التدابير الشرعية للحد من الطلاق التعسفي والعدول عن الخطبة في الفقه والقانون: الدكتور جميل فخري جانم ـ رسالة دكتوراه ـ إشراف الدكتور إبراهيم عبد الرحمن إبراهيم ـ جامعة النيلين ـ الخرطوم ـ السودان. 1420هـ/1999م.

52. الجزيري: الفقه على المذاهب الأربعة ـ عبد الرحمن الجزيري ـ دار الفكر ودار الكتب العلمية ـ بيروت ـ لبنان ـ 1406هـ/1986.

53. سابق: فقه السنة: السيد سابق ـ دار الكتاب العربي ـ بيروت ـ لبنان ـ الطبعة الثالثة 1397هـ/1977م.

54. السباعي: شرح قانون الأحوال الشخصية: الدكتور مصطفى السباعي ـ مكتبة دار الثقافة ـ عمان ـ الأردن.

55. السرطاوي: شرح قانون الأحوال الشخصية الأردني ـ القسم الأول عقد الزواج وآثاره ـ: الدكتور محمود السرطاوي ـ الطبعة الأولى ـ دار العدوي ـ عمان ـ الأردن 1402هـ/1981م.

56. الصابوني: شرح قانون الأحوال الشخصية: الدكتور عبد الرحمن الصابوني ـ مطبعة الداودي ـ دمشق ـ سوريا 1395ـ1396هـ/ 1975ـ1976م.

57. الظاهر: مجموعة التشريعات الخاصة بالمحاكم الشرعية: إعداد القاضي راتب عطا الله الظاهر 1409هـ/1989م.

58. العراقي: الوثائق العدلية وفق مدونة الأحوال الشخصية: حماد العراقي، أحمد الحمياني، الحاج أحمد زروق، عبد الرحمن، أحمد الدراجي، رضوان الستازي ـ دار الرشاد الحديثة ـ البيضاء ـ المغرب.

59. عمرو: القرارات القضائية في الأحوال الشخصية حتى عام 1990: جمع وترتيب وتعليق الشيخ عبد الفتاح عايش عمرو ـ دار الإيمان ـ عمان ـ الأردن 1990/.

60. الكبيسي: الأحوال الشخصية في الفقه والقضاء والقانون ـ الزواج والطلاق وآثارهما ـ: الدكتور أحمد الكبيسي ـ مطبعة الإرشاد ـ بغداد ـ العراق.

61. الكويفي: قانون الأحوال الشخصية الصادر بالمرسوم التشريعي رقم 59 لعام 1953م، ومذكرته الإيضاحية المعدل بالقانون رقم 34 لعام 1975 م وأسبابه الموجبة ـ مع مختارات من اجتهادات محكمة النقض السورية في قضايا الأحوال الشخصية: المحامي إبراهيم الكويفي ـ الطبعة الأولى ـ1984م.

62. محيي الدين: الأحوال الشخصية في الشريعة الإسلامية: محمد محيي الدين عبد الحميد ـ الطبعة الأولى ـ دار الكتاب العربي بيروت ـ لبنان ـ 1984/1404.

63.وزارة العدل: قانون الأحوال الشخصية المعدل: وزارة العدل السورية ـ مطبعة الجريدة الرسمية.

خامساً: الدوريات

64. الأمانة العامة: المجلة العربية للفقه والقضاء: الأمانة العامة لمجلس وزراء العرب ـ المملكة المغربية ـ العدد الثاني ـ السنة الثانية ـ أكتوبر /تشرين أول ـ 1985م ـ مطبعة النجاح الجديد ـ الدار البيضاء.

65. تونس: موسوعة التشريعات العربية: أحوال شخصية ـ تونس.

66. جريدة الخليج: الصادرة بدولة الإمارات العربية المتحدة ـ العدد 6378 ـ يوم الأحد 22 جمادي الآخرة 1417هـ/ 3نوفمبر 1996م.

سادساً: كتب اللغة والسيرة والتاريخ

67. ابن كثير: البداية والنهاية ـ الحافظ ابن كثير ـ الطبعة الثانية ـ مكتبة المعارف ـ بيروت ـ لبنان ـ 1411هـ/1990م

68. الطبري: تاريخ الطبري ـ تاريخ الأمم والملوك ـ: أبي جعفر محمد بن جرير الطبري ـ الطبعة الأولى ـ مؤسسة عز الدين 1405هـ/1985م.

69. المبارك فوري: الرحيق المختوم الشيخ صفي الرحمن المبارك فوري: الجامعة السلفية / الهند ـ دار الكتب العلمية ـ بيروت ـ لبنان 1408هـ/1988م.

70. مجمع اللغة العربية: المعجم الوسيط، قام بإخراجه: إبراهيم مصطفى، أحمد الزيات، حامد عبد القادر، محمد علي النجار ـ المكتبة العلمية ـ طهران.

سابعاً: القوانين العربية

71. قانون الأحوال الشخصية الأردني رقم 61 لسنة 1976، المنشور بالجريدة الرسمية على الصفحة 2756 عدد رقم 2668 الصادر بتاريخ 1976/12/1، والذي أصبح قانوناً دائماً بموجب الإعلان المنشور بالجريدة الرسمية على الصفحة 3158 عدد 4149 تاريخ 1996/9/16، المعدل بالقانون المؤقت رقم (82) لسنة 2001م.

72. قانون الأحوال الشخصية التونسي ـ الصادر باسم مجلة الأحوال الشخصية في موسوعة التشريعات العربية ـ لسنة 1957.

73. قانون الأحوال الشخصية السوداني رقم 42 لسنة 1991م.

74. قانون الأحوال الشخصية السوري رقم 59 لسنة 1953 الصادر بتاريخ 1953/9/17م، والمعدل بالقانون رقم 34 لسنة 1975م الصادر بتاريخ 1975/12/31م.

75. قانون الأحوال الشخصية العراقي رقم 188 لسنة 1959م المعدل بالقانون رقم 11 لسنة 1963م، والقانون رقم 21 لسنة 1978م.

76. قانون الأحوال الشخصية المغربي ـ الصادر باسم مدونة الأحوال الشخصية المغربية ـ رقم 34307501 لسنة 1957م، المنشور بالجريدة الرسمية عدد رقم 2354 سنة 1377هـ/1957م.

77. مشروع قانون الأحوال الشخصية الإماراتي ـ مشروع اتحادي رقم () لسنة أعد هذا القانون عام 1979م وأحيل إلى مجلس الوزراء في عام 1982م.

78. مشروع قانون الأحوال الشخصية الكويتي ومذكرته الإيضاحية المنشور في الجريدة الرسمية.

79. مشروع القانون العربي الموحد للأحوال الشخصية.

80. مشروع القانون الموحد للأحوال الشخصية بمجلس التعاون الخليجي لسنة 1991م.